왕초보도 바로 돈 버는
부동산 경매의 기술(최신 개정판)

2,000만 원으로 시작하는 실전 부동산 경매 노하우

왕초보도 바로 돈 버는 부동산 경매의 기술

· 정민우 지음 ·

비즈니스북스

왕초보도 바로 돈 버는 부동산 경매의 기술(최신 개정판)

1판 1쇄 발행 2021년 2월 19일
2판 1쇄 발행 2026년 1월 26일

지은이 | 정민우
발행인 | 홍영태
편집인 | 김미란
발행처 | (주)비즈니스북스
등 록 | 제2000-000225호(2000년 2월 28일)
주 소 | 03991 서울시 마포구 월드컵북로6길 3 이노베이스빌딩 7층
전 화 | (02)338-9449
팩 스 | (02)338-6543
대표메일 | bb@businessbooks.co.kr
홈페이지 | http://www.businessbooks.co.kr
블로그 | http://blog.naver.com/biz_books
페이스북 | thebizbooks
인스타그램 | bizbooks_kr
ISBN 979-11-6254-459-4 03320

* 잘못된 책은 구입하신 서점에서 바꾸어 드립니다.
* 책값은 뒤표지에 있습니다.
* 비즈니스북스에 대한 더 많은 정보가 필요하신 분은 홈페이지를 방문해 주시기 바랍니다.

비즈니스북스는 독자 여러분의 소중한 아이디어와 원고 투고를 기다리고 있습니다.
원고가 있으신 분은 ms1@businessbooks.co.kr로 간단한 개요와 취지, 연락처 등을 보내 주세요.

| 프롤로그 |

부자를 꿈꾼다면 지금 당장 경매를 시작하라!

2025년 새 정부가 들어서며 강남·서초·송파·용산구 2,200여 개 단지, 약 40만 가구를 토지거래허가구역으로 지정했다.

하지만 효과가 나타나지 않았고 오히려 서울 한강 벨트 라인의 상승폭이 커졌다. 정부는 다시 10·15 부동산 안정화 정책을 내놓았다. 서울시 모든 구, 경기 동남권까지 토지거래허가구역으로 묶은 것이다. 정부가 이토록 광범위하게 서울 수도권을 한꺼번에 지정한 적은 없었다.

토지거래허가구역으로 지정된 지역은 집이나 땅을 거래할 때 지자체장의 허가가 필요하다. 주택은 2년간 실거주 목적의 매매만 허용되며 자금조달계획서도 제출해야 한다. 여기에 대출 한도가 크게 축소되어 토지거래허가구역제도 지정 이후 서울 전역, 분당, 용인 수지 등 경기 인기 지역 아파트 진입 장벽은 더 높아졌다.

거래는 크게 위축되었고 은행권도 부동산 담보 대출에 소극적으로 변하면서 내 집 마련이나 상급지 이동을 포기하는 사람이 속출하고 있다.

사상 초유의 광범위한 강력 규제로 이제 서울, 수도권 투자가 사실상 어려워졌다. 그렇다고 저축만 하자니 현금 가치 하락의 위험을 피할 수 없다. 통장에 쌓아둔 돈은 인플레이션이라는 독을 먹고 서서히 죽어간다. 이런 상태로 계속 기다리기만 해서는 상대적 박탈감은 커지고 내 집 마련, 상급지 이동의 꿈은 더 멀어질 뿐이다.

강력한 규제 안에서 원하는 지역의 부동산을 어떻게 매입할 수 있을까? 답은 간단하다. 경매를 활용하면 된다. 민사 집행법에 따른 경매를 이용하여 부동산을 취득하는 것은 토지 거래 허가를 받지 않아도 되기 때문이다. 심지어 실거주 의무와 자금조달계획서를 제출할 의무도 없다.

그뿐만이 아니다. 급격한 상승기나 하락기에도 상대방의 일방적 의사에 따른 계약 파기가 없고, 중개수수료도 없다. 법원 주관으로 일반 매매보다 안전하다.

문제는 이러한 경매 제도를 사람들이 여전히 잘 활용하지 못하고 있다는 것이다. 경매는 절대 어렵거나 고수의 영역이 아니다. 누구나 열심히 공부하고 경험을 쌓으면 경매에 성공할 수 있다. 내가 바로 그 증거다. 어려운 유년 시절, 평범하지 못한 삶을 살았던 내가 지금은 예전과는 완전히 다른 삶을 살고 있다. 바로 경매라는 제도 덕분이다.

처음 경매에 뛰어들었을 때 손에 들고 있었던 것은 전세금 1,500만 원이 전부였다. 이렇게 적은 종잣돈으로 경매를 시작해 40세 이전에 이미 수십억 자산을 만들었다. 전에는 그저 평범한 직장인이었지만, 지금은 경매는 물론이고 신탁공매, 미분양 부동산 매입, 대위변제, NPL(Non Performing Loan, 부실채권) 등 부동산 투자와 관련된 모든 기술을 사용해 다양한 종류의 투자를 하고 있다. 또한, 실전 경험을 바탕으로 한 강의를 진행하고 있는데 전국에서 수많은 투자자가 모여든다.

경매는 채권자에게는 채권 회수의 기회를, 채무자에게는 빚을 탕감받는 기회를 선사한다. 한정된 자원이 아니라 지금 이 순간에도 새로운 물건이 계속 나오고 있다. 자본주의 사회를 돌아가게 하는 마르지 않는 샘물이다. 나에게 필요하거나 현 상황과 맞는 부동산을 찾아내 내가 원하는 수익률에 맞춰 입찰하면 되는 게임이다. 운에 기대는 것이 아니라 매입 가격을 내가 정하는 합리적인 게임이다. 그렇다면 이 공정한 게임에서 이기기 위해 우리는 어떻게 경매라는 투자에 접근해야 할까?

1. 매입 단계부터 안전마진을 확보하라

추후 실거주를 염두에 두어도 좋고 월세가 매달 들어온다면 팔리지 않아도 문제없다. 그래야 시장 상황에 덜 흔들리고 장기 보유가 가능해 인플레이션을 방어하는 자산이 될 수 있다. 한 문장으로 정리하면 '누가 산다고 하면 팔고, 안 팔려도 그만이다.'라는 생각으로 접근할 수 있어야 한다. 단, 원룸 오피스텔은 안 된다. 최소한 서울의 소형 아파트를 대체할 수 있는 투룸 이상이어야 한다.

2. 서울, 수도권 지하철역 가까운 오피스텔을 경매로 매입하라

핵심은 아파트를 대체할 수 있어야 한다. 오피스텔은 상대적으로 환금성이 낮다. 월세가 꾸준히 들어온다면 팔리지 않아도 리스크가 없으므로 멀리 보고 투자하는 게 좋다. 여기서 멀리 본다는 것은 당장의 시세차익보다 수익률 개념으로 접근하라는 것이다. 그러면 시세차익은 따라오게 된다.

3. 월세 수익 나오는 매물, 아파트나 오피스텔만 고집하지 마라

아파트나 오피스텔 이외에도 경매는 다양한 매물이 있다. 굳이 아파트나 오피스텔만 고집할 필요가 없다는 말이다. 월세가 나오는 수익형 부동산 경매를 통해 6~10% 내외 수익률을 만들 수 있고 대출을 활용한다면 수익률은 더 높아진다. 이처럼 다양한 경매 사례에 대해서는 본문 안에 더 자세히 설명해 두었다.

나는 십수 년 전 초심으로 돌아가 초보 입장에서 경매 투자에 필요한 지식과 마인드, 실제 사례를 통한 접근법을 이 책에 담고자 했다. 부동산 경매는 비단 투자를 하기 위해서만이 아니라 자본주의 사회를 살아가기 위해서라도 알아야 한다. 내 재산을 만들고, 늘리고, 전·월세 보증금을 지키기 위해 반드시 알아야 할 필수 지식이다.

시중에 경매 관련 책이 많지만 대부분 어렵게 쓰여 있거나 권리분석에 치우쳐 있다. 나는 무엇보다 효율성을 중요하게 여긴다. 조사에 30분을 투자한다면 1,000만 원은 남아야 속이 편하다. 실제로 아파트 경매 사건은 검색하는 데 10분, 시세 조사하는 데 10분, 입찰가 산정하는 데 10분이면 충분하다. 단 한 번의 낙찰로도 몇 달 치 월급을 충분히 넘어설 수 있다. 물론 입찰하는 족족 낙찰받으리라는 기대는 하지 않는다. 그래서 다양한 부동산에 끊임없이 입찰하고 낙찰받기 위해 노력한다. 이를 반복하며 경제적 자유를 이뤘고 수많은 독자와 수강생들이 경매를 알고 나서 부동산을 바라보는 시야가 달라졌다.

실패의 두려움 때문에 부자가 될 기회를 놓치고 말 텐가? 아무리 많은 지식을 갖추고 있더라도 실행하지 않으면 늘 그 자리다. 많은 사람들이 토허제와 대출 규제로 멈춰 있는 사이, 경매를 아는 사람들은 핵심지 아파트, 오피스텔, 지식산업센터, 다가구 그리고 건물 같은 수익형 부동산을 좋은 가격에 낙찰받고 있다.

여러분에게 필요한 것은 지식보다 실행력이다. 경매는 비교적 소액으로 현금흐름을 만들 수 있으며, 2026년 이후 금리가 내려가거나 월세가 올라간다면 수익률 상승에 따른 양도 차익까지 기대할 수 있다. 규제가 심하고 경기가 좋지 않을 때는 기대감을 낮추고, 투자라는 게임에 임해야 한다.

가슴 뛰는 물건을 찾아라. 지루하고 재미없는 투자는 작심삼일로 이어진다. 하지만 단돈 몇백만 원이라도 돈을 벌어보면 시간 가는 줄 모르고 경매 사건을 검색하는 자신을 발견하게 될 것이다. 권리분석은 위험을 피하기 위한 최소한의 공부면 족하고 패찰을 하더라도 포기하지 않고 꾸준히 입찰해야 한다. 한 두 번만에 낙찰받는 운이 좋은 사람들도 있지만 대다수는 몇 번씩 도전을 해야 한다. 꾸준히 입찰하다 보면 어느 순간 낙찰이라는 선물을 받게 될 것이다. 특히 경매 투자는 처음 한 번의 낙찰이 어렵지 두 번째부터는 훨씬 쉬워진다는 것을 명심하자.

직장 생활은 길어야 20년 남짓이지만, 경험에 의한 투자 지식은 평생 써먹을 수 있다. 한 살이라도 젊을 때 많은 투자 경험을 해보라. 절실할수록 더 경험하게 되고, 평생 활용할 수 있는 지식이 쌓일 것이다.

새 정부 들어 통화량 증가에 따른 인플레이션 심화는 필연적이다. 특히 타 국가 대비 원화 가치 하락폭이 더 커졌다. 이런 시기에 원할 때 6~10% 수익률을 올릴 수 있는 사람과 예금·적금으로 2~3%에 만족해야 하는 사람의 차이는 갈수록 커질 것이다.

이 책을 집어 든 이유는 무엇인가. 내 집 마련? 아니면 재테크? 당신이 그 목표를 이룰 수 있도록 열심히 안내하겠다. 누구나 할 수 있다는 말은 절대 과장이 아니다. 다만, 열심히 공부하고 조사하는 수고가 필요하다. 하루 한두 개씩 꾸준히 검색하고 조사하고 입찰한다면 그 대가는 생각보다 클 것이다.

그러니 2026년 부동산 경매를 통해 기회를 찾아보자. 내 집 마련을 원하거나 시세 차익을 원하는 사람, 이제 막 현금흐름 만들기에 도전하는 초보자가 할 수 있는 경매 투자를 이 한 권에 담았다. 입찰 방법 등 필요한 부분만 찾아봐도 좋지만 몇 번이고 반복해서 읽고 이 책 한 권을 내 것으로 만들기를 추천한다. 경매는 자본주의 사회에서 알아야 할 필수 지식이자 재테크의 기본이다.

이 책이 여러분의 투자 마인드를 완전히 바꿔놓았으면 한다. 정부의 고강도 아파트 규제에서 자유로운 부동산 경매 투자에 주목하라. 성공적인 투자의 첫걸음은 변화를 감지하고, 투자 대상을 비교하고, 당장 할 수 있는 나만의 투자법을 찾는 데서 시작한다.

기회는 준비된 자에게만 온다는 사실을 명심하자. 놓치지 않은 그 기회가 여러분에게 편안하고 여유로운 삶을 가져다줄 것이다. 딱 한 번 사는 인생 아닌가. 우리에겐 최고의 인생을 추구하고 누릴 권리가 있다.

정민우(달천)

차례

제2장

핵심만 쏙쏙! 경매에 관해 알아야 할 모든 것

제3장

손품, 발품만 열심히 팔아도 1,000만 원 더 번다

제4장

위험과 기회를 알면 수익률이 달라진다

제5장

제2의 월급 만드는 임대수익 도전하기

제1장

2,000만 원으로 시작하는 세상 쉬운 경매 투자

2,000만 원만 있어도 부동산 경매는 할 수 있다.
진짜 필요한 것은 돈이 아니라
바로 뛰어들 수 있는 실행력이다.

2026년, 매물이 쏟아져 나온다

부동산을 싸게 사는 안전한 방법, 경매

경매를 활용하면 부동산을 시세보다 싸게 살 수 있을까? 그렇다. 지역, 부동산의 종류, 시기에 따라 차이가 있으나 아파트, 빌라, 오피스텔, 상가, 건물 등 어떤 부동산이든 시세보다 싸게 매입할 수 있다.

현재 아파트 시장은 실수요가 이끌고 있다. 이는 아파트 추가 투자 수요가 크게 감소했다는 뜻이다. 시장의 열기를 식히고자 정부가 계속해서 고강도 부동산 규제책을 내놓았는데, 정부의 이러한 부동산 대책은 일반 매매만이 아니라 경매 시장에도 영향을 미쳤다. 대출 규제가 강화되고 취득세·보유세·양도세가 중과된 영향이다. 다주택자는 아파트를 살 때, 보유할 때, 팔 때 모두 고율의 세금이 매겨진다. 취득세가 최대 12%에 이르고 양도소득세는 차익의 80% 이상에 달한다.

이런 상황이 지속되며 많은 투자자가 조용히 사라졌다. 나는 이를 오히려 기회로 본다. 지역에 따른 차이가 있지만 수도권 부동산 시장은 내려갈 일보다 오를 일만 남은 데다 경쟁률이 전보다 낮아져 낙찰 가능성이 높아졌기 때문이다. 정부의 강력한 규제 정책에 대응하면서 시장의 틈새를 공략할 수 있는 방법이 바로 경매다.

경매의 장점 중 한 가지는 취득가를 내가 정할 수 있다는 것이다. 세금이 오르면 그만큼을 고려한 가격으로 입찰하면 된다. 또한 매도인이 계좌를 주지 않거나 변심할까 봐 걱정할 필요가 없다. 중개수수료를 낼 필요도 없고 공신력 있는 국가기관인 법원에서 매각을 진행하므로 매매 거래보다 안전하다. 더욱이 경매는 토지 거래 허가나 자금 조달 계획 등의 규제에서도 자유롭다.

또 다른 장점으로는 상품이 다양하다는 것을 꼽을 수 있다. 부동산에는 아파트만 있는 게 아니다. 일테면 오피스텔, 건물 등을 경매로 사서 차익을 얻을 수도 있다. 아파트처럼 원하는 시기에 팔기가 쉽지 않아 환금성은 다소 떨어지지만 상대적으로 안전하며 기대 수익도 최소 2~3배로 높다. 이처럼 자신 있게 말할 수 있는 이유는 내가 지금도 경매로 아파트, 오피스텔, 상가, 지식산업센터, 건물, 숙박시설 등 다양한 부동산에 투자하고 있기 때문이다.

경매는 왜 할까?

경매의 본질을 생각해보자. 경매는 한마디로 '파는 것'이다. 돈을 빌린 사람의 부동산을 팔아서 돈을 빌려준 사람에게 돌려주는 제도다.

예를 들어 당신이 내 집 마련을 위해 3억 원의 돈을 모았고 5억 원짜리 아파트를 담보로 은행에서 2억 원을 빌렸다고 해보자. 이때 당신은 '채무자'가 되고 은행은 '채권자'가 된다. 당신은 대출 만기일까지 매달 약속한 이자를 내야 하고 만기일에는 빌린 돈 전부를 상환해야 한다. 그런데 이를 지키지 못할 경우 은행은 기한의 이익이 상실됐다는 통지를 한 후 당신의 아파트를 경매에 부친다. 경매가 진행되어 누군가에게 매각(낙찰)되면 은행은 매각 대금에서 당신에게 빌려준 원금과 이자(정상이자+연체이자)를 법원으로부터 받는다. 이를 '채권을 회수한다'라고 표현한다.

절차와 방법에 차이가 있을 뿐 자본주의 국가라면 어디나 채권회수 제도가 있다. 달리 말해서, 경매 제도가 있기에 우리가 은행에서 큰돈을 빌릴 수 있는 것이다. 돈을 빌리고자 하는 사람이 아무리 돈을 많이 벌고 좋은 직업을 가졌다고 해도 부동산 등의 담보물이 없으면 은행은 빌려주지 않는다. 개인만이 아니라 법인도 마찬가지다.

은행이 경매를 진행하려면 소송을 거쳐 판결문을 받아야 하는데 이보다 훨씬 쉬운 방법이 있다. 이때 근저당권이 주로 활용된다. 돈을 빌려줄 때 부동산에 근저당권을 설정하면 채권 회수에 문제가 있을 경우 간단한 절차를 거쳐 법원에 신청하는 것만으로 해당 담보물(부동산)의 경매를 진행할 수 있다.

2026년 경매 시장을 주목해야 하는 이유

일반적으로 내수 경기가 좋지 않을수록 부동산 시장도 영향을 받으며 이 시기에 경매 매물이 더 많이 나온다. 반면 경기가 좋거나 시장 상승기에는 경매 매물도 줄어들뿐더러 좋은 매물을 찾기가 어렵다. 굳이 경매라는 절차를 거치지 않더라도 급매로 충분히 처분할 수 있기 때문이다.

그렇다면 현재는 어디에 속할까? 수출은 잘 되지만 고환율로 물가가 오르고 내수 경기는 여전히 좋지 않은 시기다. 최소 수백만 명의 자영업자와 실업자들이 영향을 받고 있다. 그 결과 경매 매물이 역대급으로 나오고 있다. 최근 미국의 금리 인하에도 불구하고 우리나라는 가산금리 인상 등의 여파로 고금리가 지속되고 있다. 2026년부터 금리가 한두 차례 내려가더라도 그 온기가 자산 시장에 전해지기까지는 시간이 필요하다. 하지만 금리가 더 이상 오르기 어려운 시점에서의 투자는 부동산 경매를 하는 사람에게 더 많은 기회를 준다. 이자비용과 경쟁이 그만큼 줄어들기 때문이다. 현재 전세계적으로 돈(화폐)의 가치가 낮아지고 있고 이에 따라 주식, 부동산 등 위험자산에 자금이 몰리고 있다.

2025년 12월 기준 전국에서 진행 중인 경매 매물을 보면 3만여 건

〈그림 1-1〉 진행 중인 전체 경매 사건(2025년 12월 기준)

검색결과 : 본원 전체 / 지원 전체 | 총 31,996건 (2025. 12. 29 ~ 2026. 03. 31)

물건통계

전체(31,996)	배당종결(1)	재매각(536)	재진행(1,974)	신건(4,888)
유찰(24,598)	변경(508)	취하(406)	기각(98)	정지(20)
정지(73)	잔금납부(11)			

용도통계

아파트(3,415)	주택(1,241)	다세대(빌라)(4,334)	다가구(원룸등)(332)	근린주택(553)
오피스텔(3,436)	도시형생활주택(2,362)	농가주택(8)	근린시설(413)	근린상가(3,177)
공장(531)	숙박시설(455)	주유소(43)	병원(20)	아파트상가(558)
창고(109)	아파트형공장(640)	목욕탕(17)	상가(사우나)(14)	노유자시설(43)
장례식장(1)	대지(937)	임야(2,350)	전(2,827)	답(2,162)
과수원(165)	잡종지(68)	공장용지(31)	도로(141)	구거(4)
유지(9)	목장용지(33)	수도용지(3)	철도용지(2)	체육용지(2)
제방(5)	하천(18)	유원지(2)	창고용지(11)	축사(61)
콘도(12)	학교(3)	주차장(13)	묘지(33)	어업권(9)
농가관련시설(77)	종교시설(32)	기타(6)	염전(6)	양어장(18)
종교용지(1)	자동차관련시설(25)	문화및집회시설(3)	공원(2)	분뇨처리및자원순환시설(7)
교육연구시설(7)	승용자동차(258)	승합자동차(43)	화물자동차(119)	중장비(19)
차량기타(22)	덤프트럭(11)	선박(159)	SUV(143)	

출처: 스피드옥션

이라는 걸 알 수 있다. 아파트와 오피스텔 각 3,500여 건, 빌라 4,500여 건, 도시생활주택이 2,300여 건, 상가 4,000여 건, 다가구/단독주택 1,200여 건, 지식산업센터 600여 건, 공장 500여 건이 바로 그것이다.

이 중 수도권 아파트로 범위를 좁혀보면 서울 172건, 경기 745건, 인천 419건 등 수도권에서 진행 중인 아파트 경매 매물만 1,336건에 달한다. 5개 광역시는 부산 243건, 대전 105건, 대구 190건, 광주 150건, 울산 60건의 경매가 진행 중이다.

아파트 경매뿐 아니라 수년간 이어진 고금리, 내수 경기 부진의 여파로 상가 등 수익형 부동산의 경매 매물이 급증했다. 나는 이 많은 경매 매물 중 내 가슴을 뛰게 하고 나의 현재 상황에 맞는 물건을 선별하는 과정이 즐겁다. 그래서 오늘도 망설임 없이 조사하며, 될 때까지 입찰해서 낙찰받는다.

목표 수익률을 정하고 시작하라

시세차익이 크더라도 세금으로 다 나갈 수 있다

부동산으로 얻는 수익은 크게 두 가지로 분류할 수 있다. 첫째는 시세차익이고 둘째는 월세 수입이다.

시세차익을 위한 대표적인 부동산이 아파트인데 실제 월세를 놓아 보면 수익률이 매우 낮다. 심지어 보유 기간의 세금(재산세, 종부세)과 대출 이자, 건강보험료 상승분 등을 고려하면 오히려 손해를 보게 되기도 한다. 그럼에도 많은 사람이 입지 좋은 아파트에 투자하고 싶어 하는데, 그 이유는 상승기에 오르는 폭이 다른 부동산에 비해 크고 하락기가 오더라도 상대적으로 잘 버텨주기 때문이다. 수요가 많아서 환금성도 좋다. 이런 이유로 이른바 갭 투자(전세보증금을 레버리지로 활용해 아파트를 사는 방법)가 성행했다. 갭투자는 전세가 하락 리스크가 있지만 특정 지역의 수요와 공급, 입주 물량, 거래 동향 등을 알고 들어가면 어렵지 않게 수익을 올릴 수 있었다.

하지만 상황이 달라졌다. 아파트 시장은 이른바 똘똘한 한 채로 귀결되고 있다. 이재명 정부 부동산 정책 중 가장 강력한 10·15 규제책은 서울 전역과 경기 동남권 12곳까지 토지거래허가구역제도(이하 토허제)를 지정해서 웬만해선 집을 살 수 없도록 묶어버렸다.

현재 다주택을 보유한 사람은 1주택자 대비 고율의 세금을 피할 방법이 없다. 2주택 이상을 보유한 사람은 취득 단계부터 이전의 몇 배에 달하는 세금을 내야 하며 보유세율도 대폭 상향됐다. 투자를 잘해서 시세차익을 많이 거둔다고 해도 단기 매도해야 하거나 다주택자라면

〈표 1-1〉 10·15 대책의 주요 내용

구분	기준 금액	세율
1주택자	6억 이하	1%
1주택자	6억 초과 9억 이하	1~3%
1주택자	9억 초과	3%
구분	**조정대상지역 외**	**조정대상지역 내**
2주택자	1~3%	8%
3주택자	8%	12%

차익의 대부분(50~80%)을 세금으로 내야 한다. 즉 싸게 사서 비싸게 팔아 차익이 발생하더라도 장부상의 숫자에 불과하다는 얘기다.

사전에 명확한 목표 수익률을 정해야 남는 투자를 할 수 있다

시세차익형 투자에서는 수익률에 의미를 두고 매입하는 경우가 드물다. 전세를 끼고 샀든 월세를 줬든, 팔 때 차익만 많이 발생하면 되기 때문이다. 그런데 앞으로는 전세 매물이 급감하면서 반전세 또는 월세 시대가 생각보다 빠르게 올 수 있다. 집주인은 임차인에게 세금 상승분을 전가하려 할 것이고 정부는 법 개정을 해서라도 막으려 할 것이다. 게다가 사람들이 선호하는 서울 입주 예정 물량은 2026년 약 1만 6,000 가구 내외, 2027년 8,000여 가구로 급감한다. 2028년은 5,000여 가구 수준이다. 정부는 2030년까지 전국에 135만 호의 주택 공급 계획을 발표했으나 서울·수도권은 실제 입주로 이어지기까지 최소 수년의 기간이 필요하다. 민간 건설사들은 급등한 땅값과 공사비, 금융 리스크까지 떠안아야 하므로 앞으로의 공급도 희망적이지 않다.

반면 임대수익형 부동산 투자는 상황이 조금 다르다. 애초에 취득 목적이 월세를 받는 것이기 때문이다. 시세차익도 추후 고려 사항이 될 순 있지만 가장 중요한 것은 보유 기간 동안 받을 수 있는 월세다. 따라서 부동산을 매입하기 전 시세차익형 부동산과는 달리 접근하여 목표 수익률을 반드시 정해야 한다. 그래야 그 수익률에 맞춰 매입가를 정할 수 있다.

예를 들어 여러분이 1억 원을 투자해 연 6% 수익률을 목표로 한다고 해보자. 그러면 오피스텔에 투자하고자 할 때 '월세가 최소 50만 원은 나와야 한다'라고 기준을 세울 수 있다. 이 기준을 적용하면 월세 50만 원이 나오는 경매 부동산의 경우 연 수익률 6%를 목표로 할 때 1억 원에 입찰할 수 있다는 뜻이다.

1억 원×6%=600만원

600만 원÷12(개월)=50만 원

왜 수익률에 신경 써야 할까?

현재 서울 주요 지하철 역세권 오피스텔 중에는 6% 수익률이 나오는 상품이 드물다. 그러면 그냥 포기해야 할까? 아니다. 몇 가지 방법이 있다. 다만 그에 따른 단점도 존재한다.

- 수도권 또는 지방으로 눈을 돌린다.

→ 공실률이 높아질 수 있으므로 리스크가 커진다는 단점이 있다.

- 상가, 지식산업센터 등 대체 상품을 찾는다.

→ 주거용에 비해 리스크가 크다.

- 기대 수익률을 낮춘다.

→ 일테면 6%에서 5.5%로. 현실적이지만 욕심을 버리기가 쉽지 않다.

- 경매·공매·급매 등을 활용해 최대한 싸게 매입한다.

→ 꾸준한 현장 조사와 입찰이 필요하므로 시간이 필요하고 번거로움이 있다.

수익형 부동산, 즉 월세를 받을 수 있는 상품으로 대표적인 것이 상가, 오피스텔 그리고 지식산업센터다. 그중 상가의 수익률이 가장 높고, 그다음이 지식산업센터, 오피스텔 순이다. 수익률이 높다는 것은 그만큼 리스크 역시 높다는 뜻이다. 반대로 수익률이 낮다는 것은 그만큼 리스크가 낮다고 보면 된다. 예를 들어 최근 서울의 초역세권 오피스텔은 아파트를 대체할 수 있는 투자 상품으로 인기인데, 수익률이 낮은 반면 사람들이 주거용으로 활용하기에 가성비가 좋다고 여기기

〈표 1-2〉 부동산 유형별 리스크와 수익률

리스크	부동산 수익률		수익률
HIGH ↑	8% 이상	(수도권, 지방) 원룸 건물, 다가구	HIGH ↑
	6~7%	공장, 지방 상가, 지방 지식산업센터	
	5~6%	2층 이상 상가, 수도권 지식산업센터	
	4~5%	서울 지식산업센터, 수도권 오피스텔	
	3~4%	구분(1층) 상가, 도심 오피스텔, 빌라	
LOW	2~3%	아파트, 꼬마 건물	LOW
	0~1%	토지	

때문이다. 이는 일정 수요가 뒷받침되므로 안전하다고 볼 수 있다(나는 원룸 오피스텔보다 서울의 아파트를 대체할 수 있는 방 3개 이상의 역세권 오피스텔에 경매 투자를 해왔다).

상품별로 수요의 차이도 있다. 상가는 주로 장사를 하는 개인 또는 개인사업자, 지식산업센터는 주로 법인사업자가 임차인이 된다. 그에 비해 오피스텔은 필요에 따라 주거용과 업무용으로 사용할 수 있으므로 개인, 개인사업자, 법인사업자 누구에게든 임대할 수 있다.

수익률이 높다는 것은 투자금 대비 많은 월세를 받을 수 있다는 뜻이다. 이는 누구나 꿈꾸는 투자일 것이다. 그런데 수익률을 계산할 때 흔히 빠지는 함정이 있다. 바로 공실률이다. 대다수가 하는 수익률 계

〈그림 1-2〉 한·미 기준금리 추이

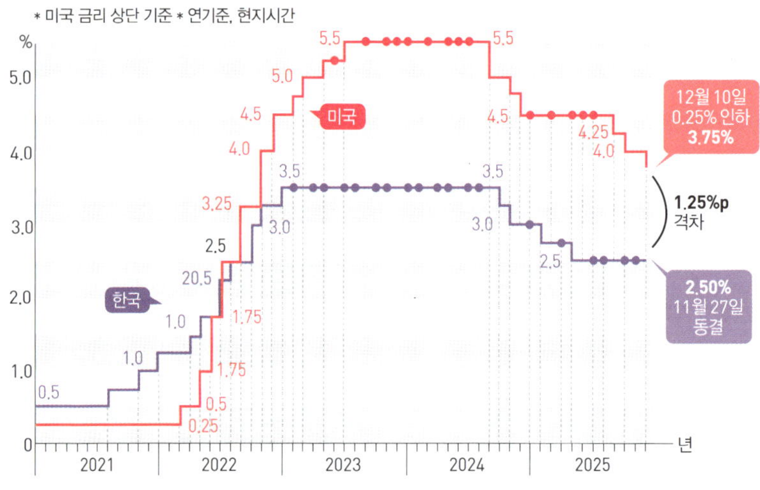

출처: 한국은행, 미국연방준비제도(FED)

산은 1년 내내 월세가 들어온다는 점을 전제로 한다. 하지만 아무리 수익률이 높아도 보유 기간 중 몇 달 이상이 공실 상태라면 수익률은 크게 낮아질 수밖에 없다. 그래서 너도나도 안전한 부동산을 찾는 것이다.

2025년 12월 기준 미국과의 금리차는 1.25%다. 1,470원에 육박하는 고환율 상황에서는 미국보다 먼저 금리를 내리기는 거의 불가능하다. 2026년 미국이 금리 인하를 시작해야 우리나라도 내릴 수 있는 여지가 생길 것이다.

금리가 하락한다는 것은 돈의 가치가 그만큼 낮아진다는 뜻이다. 물론 저축이 중요하고 복리의 마법도 좋다. 하지만 지금처럼 1년 만기 정기예금 금리 3% 내외의 환경에서는 복리가 큰 의미를 갖지 못한다. 돈의 가치가 낮아진다는 사실을 간과하고 예금·적금만 고집한다면 부자의 길로 들어서는 건 요원한 일이다. 나는 물가 상승률을 감안하여 정기예금 금리의 3배 정도가 되면 적극적으로 투자를 고려한다. 보유 기간 월세는 물론 추후 시세차익을 보려면 최소한 은행 이자 수익의 2~3배 수준을 넘어서야 한다(나는 미국채 10년물 금리의 두 배를 최소한의 수익률로 본다). 그러한 부동산을 선별하고 낙찰받기 위해 노력하는 것이 우리가 해야 할 일이다.

낙찰 확률 높이는 입찰가 산정 노하우

비용과 수익률을 계산해본다

입찰을 원하는 수강자나 지인들에게 자주 받는 질문이 있다.

"최저가에서 얼마 정도 더 써야 할까요?"

질문부터 잘못됐다. 이런 식의 접근은 패찰을 부를 뿐이다.

질문을 이렇게 바꿔보자.

"이 물건을 낙찰받아 얼마의 수익을 얻고 싶은가?"

명심해야 할 것이 있다.

당신이 아직 낙찰 경험이 한 번도 없는 초보라면 얻고자 하는 기대

수익을 최소한으로 정하라. 당신의 두세 달 치 월급 정도로 정하면 어떨까? 나는 10년 전에 이렇게 시작했고, 입찰하면 패찰보다 낙찰 횟수가 훨씬 많았다. 처음에는 수익금의 기대치를 낮추고 경험치를 쌓는데 집중하게 됐는데 그 결과는 놀라웠다. 단기간에 수십 건의 낙찰 경험이 쌓이면서 시야가 넓어지고 수익도 자연스레 커지게 되었다.

부동산을 취득할 때는 낙찰가(매입가) 이외에도 다양한 비용이 들어간다. 총 예상 비용은 입찰 전에 계산해보는 대략적인 수치일 뿐이며, 정확한 금액은 낙찰 이후 대출 가능 금액이 확정되어야 알 수 있다. 예컨대 취득하는 부동산의 종류, 개인, 법인, 무주택 또는 다주택, 신용등급에 따라 대출 한도와 금리에서 큰 차이가 난다. 예를 들어 똑같은 10억 원짜리 아파트를 살 때 누구는 취득세를 1,100만 원가량 내지만 누구는 1억 2,000만 원 이상을 내야 한다. 무엇보다 비용과 수익률을 미리 계산하는 이유는 현재 내가 가진 종잣돈과 실투자금의 차이를 알아야 무리한 투자를 하지 않을 수 있기 때문이다.

낙찰가 이외에 들어가는 비용은 크게 '취득세, 등기비용, 명도비용, 이자비용'으로 정리할 수 있다.

- 취득세: 취득세는 부동산 취득 시 내는 세금이며, 매입가와 면적에 따라 달라진다. 개인의 경우 1주택자가 6억 이하 주택을 취득할 때는 1%, 6억 초과~9억 이하 주택은 2%, 9억 초과 주택은 3%다. 2주택자는 8%, 3주택 이상 소유자는 12%이며, 법인의 경우는 일괄 12%다. 취득세 외에 지방교육세(취득세의 10%) 및 전용면적 85㎡를 초과하는

경우나 고급주택을 취득할 경우 취득세의 20%에 해당하는 농어촌특별세가 추가로 부과된다.

반면 85㎡ 이하 주택은 농어촌특별세가 없다.

- 등기비용: 등기비용은 등기 등록되는 모든 자산에 부과되며, 낙찰가의 0.3~0.4%로 잡는다. 여기에는 말소등록세, 인지세, 국민주택 채권매입(할인)액 등이 포함된다. 셀프 등기로 하면 등기비용을 아낄 수 있다. 말소등록세는 건수로 부과되며, 인지세는 주택의 경우 계약서상 기재금액이 1억 원 이하일 때는 납부하지 않는다. 인터넷 경매 사이트에서 물건별 예상 등기비용을 확인할 수 있다.
- 명도비용: 전용면적 기준 평당 12~15만 원으로 산정한다. 재계약 또는 임차인이 있어서 전액 배당이나 일부 배당을 받는 경우에는 거의

〈표 1-3〉 비용과 수익률 계산하기

취득세	개인: 낙찰가의 1~3%(1주택), 8%(2주택), 12%(3주택 이상)
	법인: 낙찰가의 12%(단 공시가 2억 이하 취득세 중과 미적용)
등기비용	낙찰가의 0.3~0.4% 내외
명도비용	평당 12~15만 원(전용면적 기준)
이자비용	대출을 활용하는 경우 잔금 납부일에서 명도일(또는 임대차 개시일)까지 이자비용이 발생한다.

※ 실투자금 = (낙찰가+취득세+등기비용+명도비용+이자비용)−대출금−(임대보증금)
※ 수익률 = (월 임대료×12) / (총비용 −임대보증금)
※ 레버리지 수익률 = (월 순수익×12)/실투자금

발생하지 않는다.

- 이자비용: 이자비용은 잔금을 납부하면서 대출받은 금액에 대한 이자를 말한다. 부동산은 대개 고가이므로 대출 한 푼 없이 자기 돈 100%를 투입해 매입하는 경우는 드물다. 그래서 이자비용도 부동산 취득 시 꼭 넣어야 하는 비용에 포함했다.

모의 입찰을 해본다

입찰가를 산정하기가 너무 어렵다면 모의 입찰을 자주 해보길 바란다. 모의 입찰은 다음과 같은 순서대로 해볼 수 있다.

❶ 입찰할 경매 사건 정하기

보면서 가슴이 뛰는 부동산이라면 더 좋다.

❷ 조사하기

처음에는 손품만 팔아도 좋지만, 시간이 되면 발품까지 동원해 조사한다. 투입되는 시간이 많을수록 입찰가를 합리적으로 산정할 수 있다.

❸ 입찰하기

이 단계가 중요한데 마음속으로 '나는 3억 5,000만 원에 입찰할 거야'라고 하는 건 아무런 의미가 없다. 반드시 종이에 입찰가를 적어야 한다. 실제 입찰할 때처럼 기일입찰표를 정성스레 작성하면 더 효과적이다. 실제 입찰보증금이 들어가지 않는다고 입찰가를 대충 써내면 모의 입찰의 효과는 크게 떨어진다. 타이머를 5분 정도로 맞추고 낙찰받아 반드시 수익을 내겠다는 마음가짐으로 작성해 보자.

❹ 피드백

낙찰 결과와 내가 작성한 입찰가를 비교한다. 이 과정을 통해 자신이 공격적인 투자자인지 보수적인 투자자인지 알 수 있다.

- 나의 입찰가 〉 낙찰가: 공격적인 성향이므로 입찰가를 낮출 필요가 있다.
- 나의 입찰가 〈 낙찰가: 보수적인 성향이므로 입찰가를 높일 필요가 있다.

낙찰가와 내 입찰가의 차이가 크지 않다면 감을 잡은 것이다. 만일 차이가 터무니없이 크다면 뭔가 잘못 조사한 것이다. 또는 개발 호재나 악재 등 시세 급등락의 이유를 나만 모르는 경우도 있을 수 있다.

입찰 대상이 상가, 오피스텔 등 수익형 부동산이라면 지역별로 수익률 수준을 알 수 있다. 예를 들어 2026년 현재 기준 수도권 중 하남, 청라, 송도 지역 오피스텔 낙찰 수익률 수준은 약 5~7%까지 나온다. 대출은 소득 수준과 신용 상태에 따라 다르지만 오피스텔은 일반적으로 낙찰가의 50~80%가 나온다.

다음은 송도의 한 오피스텔 경매 결과다. 방 3개에 화장실 2개가 있는 구조로 월세 시세는 120~130만 원 정도 수준이다. 낙찰가 2억 9,100만 원에 월세 120만 원으로 계산하면 수익률은 약 5%가 나온다.

〈그림 1-3〉 송도 지역 경매 정보 예

인천지방법원
2024 타경

물번2 [매각]

경매15계 032-860-1615

법원정보보기 관할법원안내

매각기일 (목) 2025-10-30 10:00:00 ~

(22018) 인천광역시 연수구 송도동 311 랜드마크시티센트럴더샵

[도로명주소] 인천광역시 연수구 랜드마크로 68 (송도동,랜드마크시티센트럴더샵)

용도	오피스텔	채권자	인천수산업협동조합	감정가	410,000,000원
		채무자		최저가	(70%) 287,000,000원
대지권	24.15㎡ (7.31평)	소유자		보증금	(10%) 28,700,000원
건물면적	84.96㎡ (25.7평)	매각대상	토지/건물일괄매각	청구금액	539,410,821원
사건접수	2024-06-28	배당종기일	2024-09-26	개시결정	2024-07-02

기일현황 전체보기

회차	매각기일	최저매각금액	결과
신건	2025-09-12	410,000,000원	유찰
2차	2025-10-30	287,000,000원	매각
/입찰2명/낙찰291,000,000원(71%) 2등 입찰가 : 288,800,000원			
	2025-11-06	매각결정기일	허가
	2025-12-12	대금지급기한	

사진 더보기

38쪽의 〈그림 1-4〉는 청라의 오피스텔 경매 결과다. 이곳은 월세 시세가 90~95만 원이다. 낙찰가 1억 7,000만 원에 월세를 90만 원으로 계산하면 수익률은 약 6.3%가 나온다.

38쪽의 〈그림 1-5〉 매물의 경우 현재 보증금 500만 원에 월세 55만 원을 내는 임차인이 있다. 보증금을 전액 배당받으므로 명도비용도 0원이다. 낙찰가 9,550만 원에 월세 55만 원으로 계산하면 수익률은 약 6.9%다.

이와 같은 예를 살펴보면 하남, 청라 오피스텔에 입찰할 때는 최소한의 목표 수익률을 5~7% 내외로 잡아야 한다는 결론이 나온다. 2025년 기준이며 우리나라 기준금리, 대출 금리 변동에 따라 목표 수

〈그림 1-4〉 청라 지역 경매 정보 예

인천지방법원
2024 타경

경매11계 032-860-1611

법원정보보기 관할법원안내

매각기일 (금) 2025-11-14 10:00:00 ~

(22762) 인천광역시 서구 청라동 159-1 청라롯데캐슬

[도로명주소] 인천광역시 서구 청라커낼로 252 (경서동,청라롯데캐슬)

용도	오피스텔	채권자	화성제일신용협동조합	감정가	220,000,000원
		채무자		최저가	(70%) 154,000,000원
대지권	26.86㎡ (8.13평)	소유자		보증금	(10%) 15,400,000원
건물면적	58.57㎡ (17.72평)	매각대상	토지/건물일괄매각	청구금액	40,805,383원
사건접수	2024-11-26	배당종기일	2025-03-07	개시결정	2024-12-09

기일현황 전체보기

사진 더보기

회차	매각기일	최저매각금액	결과
신건	2025-09-29	220,000,000원	유찰
2차	2025-11-14	154,000,000원	매각
	낙찰171,100,000원(78%) 2등 입찰가 : 160,550,000원		
	2025-11-21	매각결정기일	허가
	2025-12-24	대금지급기한	

〈그림 1-5〉 청라 지역 경매 정보 예

인천지방법원
2024 타경

경매3계 032-860-1603

법원정보보기 관할법원안내

매각기일 (금) 2025-11-07 10:00:00 ~

(22760) 인천광역시 서구 청라동 152-2 청라레이크뷰

[도로명주소] 인천광역시 서구 크리스탈로 94 (경서동,청라레이크뷰)

용도	오피스텔	채권자	우리은행	감정가	119,000,000원
		채무자		최저가	(70%) 83,300,000원
대지권	7.76㎡ (2.35평)	소유자		보증금	(10%) 8,330,000원
건물면적	36.97㎡ (11.18평)	매각대상	토지/건물일괄매각	청구금액	80,929,036원
사건접수	2024-12-11	배당종기일	2025-03-03	개시결정	2024-12-12

기일현황 전체보기

사진 더보기

회차	매각기일	최저매각금액	결과
신건	2025-09-22	119,000,000원	유찰
2차	2025-11-07	83,300,000원	매각
	낙찰95,500,000원(80%) 2등 입찰가 : 88,300,500원		
	2025-11-14	매각결정기일	허가
	2025-12-17	대금지급기한	납부
	2025-12-29	배당기일	진행

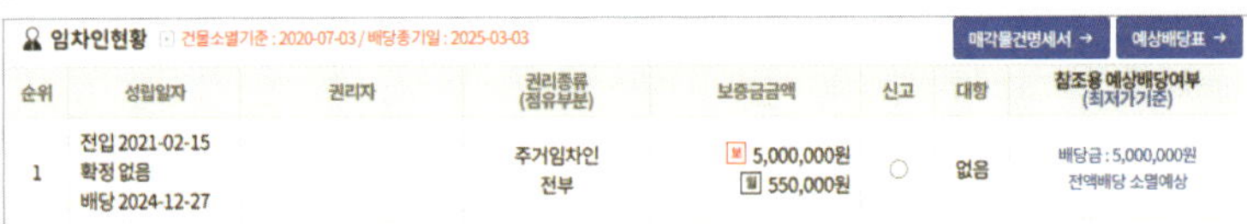

임차인현황 건물소멸기준 : 2020-07-03 / 배당종기일 : 2025-03-03

매각물건명세서 → 예상배당표 →

순위	성립일자	권리자	권리종류 (점유부분)	보증금금액	신고	대항	참조용 예상배당여부 (최저가기준)
1	전입 2021-02-15 확정 없음 배당 2024-12-27		주거임차인 전부	보 5,000,000원 월 550,000원	○	없음	배당금 : 5,000,000원 전액배당 소멸예상

익률도 스스로 조정할 수 있어야 한다.

경매는 운에 기대는 것이 아니다. 고수일수록 특정 지역, 특정 부동산 상품의 수익률 수준을 잘 알고 있다. 입찰 대상에 대한 확신의 정도가 고수와 초보를 가른다.

실투자금 계산하기

낙찰대금 외에 크게 들어가는 돈이 취득세다. 똑같은 5억 원에 집을 산다고 하더라도 누구는 550만 원을 내면 되지만 누구는 6,000만 원 이상을 내야 한다. 취득세는 부동산 거래 금액과 개인·법인, 면적, 주택 수 등에 따라 최저 1.1%에서 최고 13.2%(다주택자)까지 차이가 크다.

오피스텔은 '주택 외 매매'로 크기나 가격과 상관없이 4.6%로 보면 된다. 등기비용, 명도비용, 이자비용 등과 같은 추가 비용도 있다.

실투자금을 계산할 때는 대출 가능 금액을 알아야 한다. 이는 소득자료, 신용 상태, 기존 대출 등을 보면 더 정확해진다. 또한 실거주 여부, 레버리지 비율, 전세·월세 세팅 방식에 따라 실투자금이 달라진다.

〈표 1-4〉 부동산 취득세율

구분		취득세	농어촌특별세	지방교육세	합계 세율
6억 이하 주택	85㎡ 이하	1%	비과세	0.1%	**1.1%**
	85㎡ 초과	1%	0.2%	0.1%	**1.3%**
6억 초과 9억 이하 주택	85㎡ 이하	2%	비과세	0.2%	**2.2%**
	85㎡ 초과	2%	0.2%	0.2%	**2.4%**
9억 초과 주택	85㎡ 이하	3%	비과세	0.3%	**3.3%**
	85㎡ 초과	3%	0.2%	0.3%	**3.5%**
주택 외 매매(토지, 건물 등)		4%	0.2%	0.4%	**4.6%**
원시취득, 상속(농지 외)		2.8%	0.2%	0.16%	3.16%
무상취득(증여)		3.5%	0.2%	0.3%	4%

출처: 국토교통부

〈표 1-5〉 실투자금을 파악할 때 고려해야 할 비용

등기비용	낙찰가의 0.2% 내외
명도비용	평당 15만~20만 원(전용 면적 기준)
이자비용	약 2개월의 대출 이자 (잔금 납부일부터 명도일 또는 임차인 입주일까지 평균 소요 기간)
실투자금	낙찰가+취득세+등기비용+명도비용+이자비용−대출−임대보증금

출처: 국토교통부

실투자금 = 낙찰가 + 취득세 + 각종 비용(등기비용, 명도비용, 이자비용) − 대출 - 임대보증금

돈에 맞는 물건을 찾지 말고 물건에 돈을 맞춰라

2,000만 원이면 당장 경매 시작할 수 있다

경매 투자에 필요한 종잣돈은 의외로 크지 않다. 입찰보증금에 약간의 부대비용을 감당할 수 있는 수준이면 된다. 나는 그 액수를 2,000만 원으로 보고 있다. 너무 적은 것 아니냐고? 뒤에서 실제 내 사례를 들려줄 테니 참고하시라.

만약 통장에 2,000만 원이 있다면 어떤 부동산을 사고 싶은가? 당신이 부동산 초보라면 오래된 빌라나 소형 오피스텔, 지방 읍면 단위의 변두리 아파트 또는 아주 싸게 나온 상가 등을 볼 것이다. 가진 돈

안에서 안전하게 입찰할 수 있는 물건을 찾을 것이기 때문이다.

하지만 부동산 고수는 절대 그렇게 하지 않는다. 2억 원대 또는 그 이상의 물건을 본다. 돈에 맞는 물건을 찾는 게 아니라 마음에 드는 물건에 돈을 맞추는 것이다. 부동산은 대출을 활용할 수 있는 상품이니 말이다.

처음부터 큰돈을 싸 들고 투자에 나서는 사람은 드물다. 나 역시 돈이 없었음에도 언제나 물건에 돈을 맞춰왔다. 통장에 3,000만 원이 있을 때 감정가 4억 원이 넘는 지식산업센터에 입찰해서 낙찰을 받았고(대출 약 85%, 레버리지 수익률 20% 이상), 700만 원이 있을 때도 감정가 10억 원 내외의 수익형 부동산을 봤다. 월세를 받다가 매각하여 투자금을 회수하고 이를 밑천으로 조금 더 큰 물건을 낙찰받아 파이를 키우는 방식으로 다소 공격적인 투자를 이어왔다.

이렇게 얘기하면 '대출 비율이 너무 높은데 위험하지 않을까?' 하는 생각이 들 것이다. 하지만 나는 낙찰받은 부동산이 팔릴 때까지 기다릴 수 없었다. 낙찰을 이어가지 않으면 내 삶은 여기까지라는 생각으로 끊임없이 입찰했다. 내게 가장 큰 리스크는 가만히 있는 것이다. 배움도, 경험도, 발전도 없이 더딘 삶을 살아가는 건 내가 원하는 게 아니었다. 더구나 돈의 가치가 점점 하락하고 있다는 것까지 생각하면 나는 어떻게든 움직여야 했다.

그래서 통장에 잔고가 없을 때도 가슴을 뛰게 하는 경매 물건을 찾기 위해 수시로 경매 사이트에 접속한다. 그렇게 해서 입찰하고 싶은 물건을 발견하면 레버리지를 최대한 활용한다. 마이너스 통장과 신용 대출은 기본이고 사업자 대출을 받거나 내가 가지고 있는 부동산을 담보로 추가 대출을 받기도 한다. 또는 2년마다 오르는 전세보증금을 활용하거나 현재 월세가 나오는 부동산을 전세로 돌려 투자금을 마련하기도 한다. 그래도 투자금이 부족할 때는 함께 투자하는 지인들과 가족, 친구들을 설득해서 차용증을 써주고 돈을 빌린다(이쯤 되면 미쳤구나 싶을 것이다). 물론 언제까지 갚겠다는 약속을 하고 반드시 지킨다. 그 기간의 이자까지 착실히 쳐서 말이다.

당장 투자하지 못하는 이유를 대라면 열 가지도 댈 수 있다. 하지만 나는 안 되는 이유를 어떻게든 해결하는 방향으로 행동했다. 수중에 돈이 부족하다는 것이 나의 경매 입찰 의지를 꺾지는 못한 것이다.

그리고 지금까지 꽤 좋은 성과를 거뒀다. 언제나 시세보다 싸게 매입했기에 내가 원할 때 수월하게 매도하거나, 전세금을 올려 받아 재투자할 수 있었다. 수익이 큰 만큼 세금도 많이 냈다. 무엇보다 신용을 철저히 지켰기에 오늘에 이르렀다. 그렇게 신뢰를 쌓아가며 성실히 투자했기에 시간이 지날수록 큰 물건에도 도전할 수 있었고 많은 경험을 쌓아 지금은 하고 싶은 일을 하며 살 수 있게 됐다.

이런 말을 들으면 무슨 생각이 드는가?

'대출을 최대한으로 받으라고? 제정신으로 하는 소리인가? 그렇게 공격적으로 하다가는 언젠가 탈이 나고 말 거야.'

이런 말들이 들려오는 듯하다. 나는 이 책에서 '괜찮아요'라거나 (밑도 끝도 없이) '당신을 응원합니다'라거나 '당신 탓이 아니에요' 같은 말을 해줄 생각은 없다. 또한 그런 생각을 하는 사람까지 변화시킬 자신은 없다. 나는 한 번 뿐인 삶, 쪼들리며 사는 것을 원치 않을 뿐이다.

고정관념의 틀을 깬다는 것, 누가 뭐라 하든 자신의 결정을 믿고 끝까지 밀어붙인다는 것이 말처럼 쉬운 일은 아니다. 나 역시 밤잠을 설친 날도 많고 정보만 실컷 제공해주고 좋은 물건을 빼앗긴 적도 있다. 하지만 모두 돈으로 살 수 없는 소중한 경험이다. 최소 수천만 원에서 수억 원, 때로는 수십억 원 상당의 부동산에 끊임없이 도전했다. 이를 위해서는 최선을 다해 조사해야 하는데, 이때 그동안의 패찰과 낙찰, 수익을 낸 경험이 큰 역할을 한다. 내 돈이 들어가면 놀라울 정도로 집중력이 살아나고 시각이 보수적으로 변한다. 벌지 못하는 건 참을 수 있어도 잃는 것은 용납할 수 없다. 그게 사람의 본성이다.

경험이라는 소중한 자산

수중에 돈이 있든 없든, 나는 부동산 매도 계약을 하면 잔금을 받기도 전에 다른 경매 투자건을 찾아본다. 그래야 더 많은 기회와 마주할 수 있고 돈이 쉬지 않고 일하게 할 수 있기 때문이다. 가슴 뛰는 부동산을 발견했지만 입찰보증금이 없거나 계약할 돈이 없을 때 얼마나 마음이 아픈지 모른다.

돌이켜보니 나는 낙찰받은 물건을 오랫동안 보유하지 못했다. 자금을 회전시켜야 했던 데다 다소 급한 성격 탓에 기다리지 못하고 던지는 경우가 많았다. 이는 수익률에 매우 좋지 않은 영향을 미쳤는데 단기 매도는 높은 세율의 양도세를 내야 하기 때문이다.

현재 최고 양도세율은 82.5%다. 소득세 최고세율 45%에 30% 추가 과세가 적용되며, 여기에 지방소득세(전체 세율의 10%, 즉 여기서는 7.5%)가 추가되기 때문이다. 단기 매매의 경우도 지방소득세 포함 최대 77%에 이른다.

만약 투자를 잘해서 1억 원이 남았다면 8,000만 원을, 10억 원이 남았다면 8억 원을 세금으로 내야 한다는 뜻이다. 이쯤 되면 정상이 아닌 세금이다. 빨리 팔아 시세 상승분을 누리지 못하고 세금만 왕창 내온 터라 자산은 한동안 불어나지 않았다.

이것도 경험이다. 책을 통해 얻은 것이 아니라 뼛속 깊이 각인된 살아 있는 경험이다. 내가 투자를 하는 데 가장 소중한 가치로 삼는 게 바로 돈보다 경험이다. 입찰 대상에 포커스를 맞추고 어떻게든 낙찰받으려 노력하고 물건에 돈을 맞추려고 이리저리 뛰다 보면 자연스레 경험이 늘어난다. 그 과정에서 나는 아파트부터 빌라, 오피스텔, 지식산업센터, 공장, 모텔, 다가구, 건물까지 거의 모든 종류의 부동산을 다룰 수 있었다.

늘 투자할 돈이 부족한 것은 누구나 마찬가지다. 정부의 강력한 세금 정부 정책과 규제 정책, 은행의 대출 규제 역시 당신에게만 적용되는 게 아니다. 똑같은 조건에서 성과를 내는 사람과 포기하는 사람의 차이는 단순하다.

리스크가 있더라도 현재 상황에서 최선의 선택을 하느냐 마느냐다. 대다수의 사람은 리스크를 조금도 안으려 하지 않는다. 자신이 원하는 조건이 모두 갖춰져야 움직이려고 한다. 그러나 아쉽게도 투자하기 완벽한 상황은 평생 오지 않는다. 만약 그런 상황이 온다고 해도 누구나 '지금이 기회!'라고 알아보며 덤벼들 것이 분명하다. 그러면 수익률은 형편없이 낮아질 것이고 무척 비싼 값을 치러야 할 것이다. 반대로 현재 상황에서 최선을 다해 실행하고 그 속에서 작은 성공의 경험을 누적하는 데 집중하는 사람은 시간이 지날수록 다른 삶을 살게 된다.

잘 아는 동네부터 관심 가져라

당신이 부동산 투자에서 왕초보라면 한쪽으로 치우친 기사나 언론, 유튜브 영상 등 남의 말에 흔들릴 것이다. 그러다 보면 교통 호재나 개발 정보 등 한두 가지 이슈에 꽂혀서 투자하기 쉽다. 이런 위험에 빠지지 않으려면 회사나 집 인근 등 자신이 잘 아는 지역에서 출발하는 것이 좋다.

첫째, 누구나 아는 호재에 휘둘리지 않는다

간혹 보면 서민들 가슴을 울렁이게 하는 부동산 관련 이슈들이 등장한다. '○○ 지역에 개발 호재가 있다'라거나 '현 정부의 대북 친화정책으로 파주 지역 땅이 좋다'라거나 하는 것들이다. 찾아보니 진짜 올랐다. '와, 이거 대박이다. 나도 사고 싶다!' 하는 생각이 대번에 든다. 그런데 그게 나만 아는 정보일까? 이미 너도나도 뛰어들었기에 가격이 올라간 거다. 모두가 아는 곳, 잘 알려진 곳에 투자하는 것은 대개 리스크가 크다.

둘째, 초보라면 아무리 싸도 상가는 쳐다보지 않는다

시작은 부담이 없는 게 좋다. 초보일수록 아파트, 빌라, 오피스텔, 지식산업센터, 다가구 주택으로 투자 종목을 한정하길 권한다. 처음 투자하는 거라면 그중에서도 아파트를 추천한다. 다만 소액 투자를 원하거나 시세를 잘 아는 지역이라면 빌라나 오피스텔, 지식산업센터도 괜찮다. 상가는 모든 부동산 상품 중에서도 가장 위험하다. 지인 중 상가 투자만 10년 이상 하신 분이 있는데 그렇게 오래 했음에도 여전히 어렵다고 한다. 그만큼 리스크와 변동성이 큰 게 상가 투자다.

셋째, 잘 모르는 지역은 입찰하지 않는다

초보일수록 잘 모르는 지역은 피할 필요가 있다. 감정가 10억 원의 부동산이 몇 번 유찰돼 5억 원 이하로 내려가면 많은 경매 초보자가 관심을 가지고 본다. 그저 시세보다 많이 떨어졌다는 이유로 말이다. 하지만 초보자가 단꿈에 빠질 수 있는 시간은 그리 길지 않다. 단언컨대 초보자가 여러 번 유찰된 경매 물건을 낙찰받을 확률은 거의 없다. 낙찰 경험을 한두 번 쌓을 때까지는 먼 곳보다 친근하거나 잘 아는 지역에서 시작하자. 지역 범위는 그 뒤에 늘려도 충분하다. 관심을 꾸준히 가지지 않아서 그렇지 예전에 살던 곳, 직장이나 집 근처에서만 찾아도 물건은 차고 넘칠 것이다. 투자는 단순해야 한다. 어려울수록, 잘 모를수록 그리고 거리가 멀수록 리스크는 커진다. 퇴근길에 들를 수 있을 정도면 더 좋다. 자신이 잘 아는 동네부터 투자해서 범위를 넓혀 나가자.

경험이 쌓이고 자신 있는 지역이 늘어날수록 운신의 폭도 커지고 투자가 조금씩 수월해진다. 성공한 투자자들을 보면 자신의 가용 범위 안에서 부동산 종류와 매입 루트를 천천히 늘려갔다. 처음부터 대박을 노리면 타석에 섰을 때 힘만 잔뜩 들어가고 결국 삼진 아웃을 당하게 된다.

경험상 부동산 투자는 주식이나 코인처럼 대박은 없다. 하지만 '소박'이 쌓이면 '중박'이 되고, 시간이 흘러 중박이 쌓이다 보면 '대박'같은 선물이 한두 개씩 나온다. 투자는 한 방이라는 생각은 애초에 하지 말자. 욕심을 버리고 꾸준히 하는 게 투자다. 나도 아파트부터 시작해서 오피스텔, 빌라, 지식산업센터, 상가, 모텔, 건물, 공장 등으로 범위를 넓혀왔다. 누구도 내게 제대로 가르쳐준 적이 없고 기대도 하지 않았다. 온전한 경험으로 실무 지식을 쌓은 덕에 투자에 대한 나만의 기준을 세울 수 있었다.

물론 한두 번의 성공적인 투자로 멋진 삶을 사는 사람들도 있다. 하지만 그 한두 번의 기회를 잡기 위해 오랜 기간 웅크려 기회를 노려왔다는 사실에 주목하는 사람은 많지 않은 것 같다. 그저 운이 좋았다고 치부하는 게 속이 편할 테니 말이다.

정책의 변화, 외부 충격, 금리의 급격한 상승과 하락 등 투자 환경은 언제든 바뀔 수 있다. 따라서 한 가지 투자 방법에만 매몰되면 위기가 왔을 때 적절히 대응하기 어렵다. 유연한 사고와 다양한 경험을 쌓기 위한 노력을 멈추지 말자. 돈은 벌거나 잃을 수 있지만, 건강과 경험은 온전히 당신의 재산이 된다.

리스크는 기회와 동의어다

아주 간단한 절세의 기술

5월 1일은 근로자의 날이다. 징검다리 연휴에는 대부분 휴가를 떠나거나 놀러 가기 위한 계획을 세운다. 나는 이날 법원으로 향했다. 서울의 한 아파트에 입찰하기 위해서다. 관공서와 회사들은 쉬지만 법원은 휴무일이 아니다. 법원에 따라 입찰을 진행하는 곳도 많다.

나는 7명의 입찰가 중 최고가인 5억 640만 원을 써내 낙찰받았다. 서울 목동 소재의 소규모 단지 아파트지만 투자 가치가 충분하다고 판단했다. 정남향에 지하 주차장 등 관리가 잘 되고 있었고, 방 3개와 화

〈그림 1-6〉 아파트 경매 정보 예

소재지	(07975) 서울특별시 양천구 [도로명] 서울특별시 양천구				
용도	아파트	채권자	우OOO	감정가	558,000,000원
대지권	35.0683㎡ (10.61평)	채무자		최저가	(80%) 446,400,000원
전용면적	84.1969㎡ (25.47평)	소유자		보증금	(10%)44,640,000원
사건접수	2018-09-21	매각대상	토지/건물일괄매각	청구금액	369,675,381원
입찰방법	기일입찰	배당종기일	2019-01-17	개시결정	2018-09-21

기일현황

회차	매각기일	최저매각금액	결과
신건	2019-04-02	558,000,000원	유찰
2차	2019-05-01	446,400,000원	매각
	/입찰7명/낙찰506,400,000원(91%)		
	2019-05-08	매각결정기일	허가
	2019-06-14	대금지급기한 납부 (2019.06.10)	납부
	2019-07-16	배당기일	완료

출처: 스피드옥션

장실 2개의 넓은 거실 구조도 좋았다.

명도 협의도 쉽게 마쳤다. 전 소유자는 사업을 하는 분이었는데 강화도에 이사 갈 아파트를 마련해두고 있었다. 나는 집을 빨리 비워주는 게 고마워 이사비용을 나름대로 넉넉히 챙겨드렸다.

명도 협의를 빠르게 마쳤으니 잔금도 빨리 치르고 바로 전세를 놓아 투자금을 회수할 수 있었지만, 나는 6월 2일에 잔금을 납부했다. 여기엔 두 가지 이유가 있다. 첫째는 바로 매도할 것이 아니기에 인테리어를 새로 하면 전세보증금을 그 비용 이상 충분히 받을 수 있다고 생각해서다. 그리고 두 번째 이유는 부동산 세금(재산세, 종합부동산세) 부과 기준일이 6월 1일이기 때문이다.

6월 2일에 잔금을 치렀기에 이 아파트에 대해서는 1년간 재산세와 종부세를 절약할 수 있었다. 그 덕에 최소 수백만 원을 아낄 수 있었다. 잔금 지급 후 6개월이 지난 시점에 1억 원 이상 상승하더니 현재는 실거래가 기준 약 5억 원이 올랐다(5억 원을 저축으로 모으려고 생각해 보면 끔찍하다). 이는 애초에 싸게 산 데다 서울 아파트의 시세 상승까지 더해진 결과다.

취득세 및 인테리어 비용으로 약 4,000만 원을 지출했는데 1년 반이 지났을 무렵 전세 시세가 내가 쓴 낙찰가 시세가 됐다. 서울 요지의 34평 아파트를 4,000만 원으로 세팅한 것이다. 2026년 기준 실거래가는 10억 원을 넘어섰다.

5,000만 원으로 5억 아파트를 낙찰받다

현재 15억 이하 서울 아파트 대출 한도는 LTV 40%에 최대 6억이다. 약 5억 원에 낙찰받았으니 매입가 기준으로 2억 원을 대출받을 수 있다. 따라서 적어도 3억 원은 있어야 입찰이 가능하단 계산이 나온다.

대출 가능 금액 = 5억 원×40% = 2억 원

하지만 통장에 수억 원씩 쌓아놓고 사는 사람은 생각보다 많지 않다. 그런데도 왜 경매 시장에는 입찰하는 사람들이 넘쳐날까?

투자의 개념으로 본다면 얼마든지 가능하다. 내가 이 아파트 사건에 입찰할 때 통장 잔고는 5,000만 원이 채 되지 않았다. 겨우 입찰보증금 정도를 가지고 있었던 셈이다. 그런데 어떻게 자신 있게 입찰해서 낙찰까지 받을 수 있었을까?

이유는 확신과 전세가다. 최소 1억 원 이상의 차익은 얻을 수 있다는 확신이 있었고 전세 시세가 4억 7,000만 원 내외였다. 높은 이자율의 대출을 받더라도 어떻게든 잔금을 치르고 전세를 주면(처음 전세를 놓을 때까지는 이자비용이 부담되겠지만) 실투자금은 5,000만 원 정도가 된다고 판단했다. 전세가는 그 아파트의 사용 가치이므로 매매가보다 비교적 정확하다.

대출 이자를 아까워하지 말자

부동산은 다른 재화에 비해 고가의 상품이다. 그러니 대출에 대한 생각과 대출을 받는 스킬이 중요하다는 것은 아무리 강조해도 지나치지 않다. 금융기관에서 취급하는 모든 대출 한도는 당신의 신용 상태에 기반하므로 당신을 평가한 지표이기도 하다.

앞으로 투자를 오래 하고 싶다면 대출은 은행에서만 받을 수 있다는 고정관념부터 깨길 바란다. 나는 필요에 따라 내가 낙찰받은 부동산을 담보로 90% 내외의 대출을 받기도 했다. 상가, 지식산업센터, 모텔 건물 등 상업용 부동산은 70~80% 이상 대출받는 게 예사다.

하지만 아파트, 빌라 등 주거용 상품은 정부의 강도 높은 대출 규제를 받는다. 가끔은 제도권 금융기관이 아닌 곳에서도 대출을 받는데 이자율이 6~12%에 달하기도 한다. 시중은행 이자와 비교하면 매우 높다.

여기서 반응이 엇갈릴 것 같다.

'그렇게 높은 이자를 부담해야 한다고? 그러다 잘못되면?'

대다수가 두려움 때문에 투자에 나서지 못한다. 그러나 나는 행동하는 편이다. 내 투자에 대한 확신이 있다면 두려움보다 해보자는 생각이 훨씬 크다. 하지만 반드시 계획된, 감당 가능한 리스크를 떠안아야 한다. 이자 부담은 최대 몇 달만 이겨내면 된다. 전세금을 받아 대출금을 전액 상환할 것이기 때문이다. 이럴 때는 내게 금리의 높고 낮음이 중요치 않다. 중도상환 수수료가 더 중요한 체크 사항이 된다.

한번 생각해보라. 1억 원 이상 벌 수 있다는 확신이 있는데 이자 1,000만 원 더 주는 게 뭐 아깝겠는가.

이렇게 하라는 게 절대 아니며, 옳다 그르다의 문제도 아니다. 생각의 차이다. 많은 사람이 투자할 대상은 많은데 통장 잔고는 늘 부족하다고 한탄한다. 한 번의 투자를 마무리하는 데 4년이 걸린다면 4년 동안 꼼짝없이 멈춰 있어야 할까? 그렇지 않다. 나는 돈이 없을수록 더 자주 움직여야 한다고 생각한다. 생각이 멈춰 있으면 돈도 멈추게 되고, 돈이 멈추면 자산 증식도 멈춘다. 자본주의 사회에서는 돈을 찍어내는 것도 중요하지만 찍어낸 돈이 잘 도는 게 더 중요하다.

부자는 훨씬 유리하다. 돈이 많으니 대출 규제를 신경 쓰지 않아도 되기 때문이다. 좋은 부동산 매물을 발견하면 그냥 현금으로 사면 된다. 하지만 나처럼 대다수의 사람은 억 단위의 부동산을 사기에는 자금이 늘 부족하다.

나는 1억 원 벌어 이자 1,000만 원 더 내고 10억 원 벌어 이자 1억 원 내는 것을 아까워하지 않는다. 이래서 어렵고 저래서 안 되고, 리스크가 조금이라도 있으면 움직이지 못하는 사람들이 많다. 불확실성을 싫어하고 손실을 두려워하는 것은 인간의 본성이다. 그러니 100% 안전한 투자를 하고 싶어 하는 심정도 충분히 이해한다. 그런데 바로 그 덕분에 약간의 리스크를 감수하는 이들이 기회를 얻는다.

당신이 망설이다 기회를 놓치거나 투자를 실행하지 못하는 건 높은 금리 때문이 아닐 것이다. 자신과 투자 대상에 대한 확신이 부족하기 때문이다. 그러면 다른 사람의 말에 휘둘리기 쉽다. 당신이 가지고 싶은, 투자하려는 대상이 무엇인가? 수도권 아파트? 배당 수익, 이자 소득, 월세가 나오는 부동산? 뭐가 됐든 하나를 깊이 파고들어 확신을 가져야 한다. 혼자 하기 어렵다면 좋은 멘토를 만나는 데 온 힘을 쏟으시라. 마음먹기에 따라 양질의 블로그 글, 유튜브 영상, 좋은 칼럼 등을 공짜로 볼 수 있는 시대다. 내가 원하는 상품의 전문가들과 소통할 수 있는 채널 역시 다양해졌다. 가짜와 진짜를 구별하고 긍정적인 투자 마인드와 강한 정신력을 유지하기 위해 부단히 노력하라.

돈 되는 꿀팁

경매에 관한 고정관념을 깨면 수익이 보인다

경매가 대중화됐지만, 아직도 막연한 두려움을 가진 사람들이 많다. 부동산 투자를 오래 한 사람들 중에서도 경매에는 손을 대지 않는다는 이들도 있다. 왜 그러는지 이유를 물어보면 다음과 같은 얘기를 한다.

"좋은 부동산은 없고 하자 있는 물건들만 나오는 거라고 들었는데…."

"권리관계가 복잡한 거 아니에요?"

"용어가 너무 복잡해서 시작할 엄두가 안 나요."

"잘못 낙찰받으면 엄청나게 고생한다고 해서 도전하기 두려워요."

"전 소유자나 채무자들 괴롭혀서 내쫓는 거 아니에요?"

"잘못 받으면 조폭들하고도 상대해야 한다고 하던데…."

아직도 부동산 경매를 잘못 인식하는 사람들이 많다. 지금이라도 경매에 대한 선입견을 깨야 한다.

특히 낙찰 이후 명도를 겁내는 사람들이 많다. 명도란 낙찰받은 부동산에 살고 있는 사람과 짐을 내보내는 것을 말한다. 처음 분양을 받거나 중개소를 통해 부동산을 살 때는 이런 절차가 필요치 않지만, 경매 부동산은 거주자가 자발적으로 떠나는 경우가 드물기 때문에 낙찰자가 부동산 점유권을 확보해야 한다. 바로 이런 점 때문에 어렵다고 생각하는데, 실상은 그렇지 않다. 간단한 대화나 내용증명, 협상력, 절차에 필요한 양식을 보내는 것만으로도 얼마든지 매끄럽게 명도를 마칠 수 있다.

부동산 경매에 쓰이는 용어들은 우리 일상에서 거의 쓰지 않는 것들이다. 경매 절차도 복잡한 것 같고 공부를 열심히 해야만 정복할 수 있는 것처럼 보인다. 직장을 다니며 시간을 내서 공부하고 입찰한다는 게 말처럼 쉬운 일도 아니다.

이런 이유로 경매를 시작조차 못 하는 사람들이 많다. 하지만 여기서 알아둬야 할 것이 있다. 몇 가지 어려워 보이는 문제 때문에 많은 장점을 가진 부동산 경매를 포기한다는 것은 경제적 자유로 가는 길 중 하나를 버리는 셈이라는 것이다.

경매는 전혀 어렵지 않고 복잡하지도 않다. 두려워할 필요가 없으며 가장 안전한 투자법 중 하나다.

하자가 많은 물건들만 경매로 나온다던데요?

경매 물건은 왜 나오는 것일까? 대부분의 부동산은 채무자가 돈을 빌릴 당시에 담보가 설정된 것이다. 채무자가 돈을 갚지 못할 상황에 처하게 된다면 채권자는 어떻게 해야 할까? 수천만 원 또는 억 단위 이상의 돈을 떼이고도 가만히 있을 사람은 드물 것이다. 빌려준 돈을 돌려받기 위해 담보된 부동산을 처분해야 한다. 집에 중대한 하자가 있고 안 좋은 물건이라서 경매로 나오는 것이 아니란 얘기다. 경매 시장에는 인테리어 비용을 억 단위로 들여 수리한 아파트가 나올 수도 있고, 역세권의 입지 좋은 로열층 아파트가 나올 수도 있으며, 부동산에서 일반 매물로는 볼 수 없는 유명한 상가나 노른자위의 자투리 땅이 나올 수도 있다. 낙찰 이후에도 어려울 게 없다. 권리분석과 시세 분석만 철저히 해서 낙찰만 받는다면 그다음 절차는 법원에서 알아서 진행해준다.

물론 매주 쏟아지는 경매 부동산 중에는 가치가 낮거나 아무리 싸더라도 입찰해서는 안 되는 물건들도 많다. 그렇다고 이들을 외면 할 것도 아니다. 지금은 인기 없는 부동산이라 할지라도 아주 싸게 낙찰받아 이를 가공할 수 있다면 수익을 낼 기회는 얼마든지 있기 때문이다.

권리관계가 너무 복잡한 거 아니에요?

입찰 전 살펴봐야 할 것은 권리분석이다. 권리분석이란 낙찰자에게 인수되는 권리가 있는지 없는지를 파악하는 것이다. 경매로 나오는 물건 중에는 특수 물건이라 해서 권리관계가 복잡한 것들도 있다. 이런 물건들은 경매 사이트에서 빨간 글씨로 '특수 물건'이라고 표시해주니 어렵게 느껴진다면 입찰을 하지 않으면 된다.

그 외 대부분은 권리상 문제가 전혀 없거나, 문제가 있더라도 어렵지 않게 해결할 수 있는 것들이다. 복잡한 특수 물건을 낙찰받아 해결한다고 해서 수익이 더 큰 것도 아니니 쉽고 단순하게 스트레스 없이 가자. 쉽고 간단한 분석만으로도 수익을 낼 수 있는 물건들은 정말 많다. 이 책에서 설명하는 내용을 그대로 실천하기만 한다면 경매가 더는 어렵거나 두렵게 느껴지지 않을 것이다.

전 소유자나 임차인이 끝까지 버티면 어떻게 하죠? 험악한 사람들이 위협할까 봐 무서워요

한마디로 쓸데없는 걱정이다. 명도는 법적 절차만 잘 따르면 아무 문제 없이 해결된다. 부동산 경매를 시행하는 곳이 어디인가? 바로 법원이다. 법원이 채무자를 대신해 부동산 담보 물건을 처리해주고, 돈을 받아야 하는 채권자에게 돌려준다. 어떤 거래보다 안전하고 정확하며 신뢰할 수 있다.

임차인과 큰 마찰이 생길 이유도 없다. 보증금을 한 푼도 돌려받지 못하고 억울하게 쫓겨나는 경우는 많지 않은 데다 그러할 경우 지급할 이사 비용을 미리 책정하면 된다. 임차인을 위한 주택임대차보호법도 다른 법에 비해 강력하다. 너무 모르거나 악의적으로 들어오지 않는 한 최소한의 금액을 받을 수 있도록 해준다. 계약 기간을 다 채우지 못하고 부동산을 비워야 하는 상황이 올 수도 있지만, 경매 절차가 마무리되기까지 충분한 시간이 있기에 어느 정도 대비 할 수 있게 한다.

종종 점유자가 과도한 이사 비용을 요구할 때가 있는데 이 역시 걱정할 필요가 없다. 경매에는 낙찰자가 사용할 수 있는 강력한 무기가 존재한다. 바로 부동산 인도명령제도다. 직접 신청해도 되고 잔금일에 등기 전문 법무사사무소에 얘기하면 10만 원 정도의 비용을 받고 대신 신청해준다. 절차가 간단하고 시간도 오래 걸리지 않는다. 인도명령이 결정되어 양쪽 당사자에게 송달되면 강제집행 신청을 할 수 있다. 법으로 정해져 있는 만큼 절차대로 진행하면 점유자를 내보내는 것은 전혀 어려운 일이 아니다.

부동산 경매는 단점보다 장점이 훨씬 많다. 잘못된 인식으로 부동산 경매를 멀리하는 것은 좋은 기회를 날려버리는 것과 같다. 조금만 공부하고 관심을 갖는다면 내 집 마련은 물론이고 규제 지역 주택을 경매로 매입하는 것, 월세 받기, 자산을 늘리는 도구, 전·월세 보증금 지키기 등으로 활용해 자산을 늘려갈 수 있다.

레버리지 활용도 실력이다

모든 부동산의 대출이 막힌 건 아니다

고정 소득이 있음에도 대출받는 것을 두려워하는 사람들이 많다. 종잣돈도 없고 대출도 싫다면 무슨 돈으로 투자할 수 있다는 말인가? 우리는 어린 시절부터 빚은 무서운 것이고 저축만이 살길이라고 교육받았다. 성실하게 아껴 써야 하고 남의 돈을 쓰는 것은 멀리하는 게 좋다고 배웠다. 하지만 시대가 달라졌다. 보통의 재주를 가진 사람이 그렇게 열심히만 살다가는 경제적 자유는 고사하고 노인이 되어서도 일을 해야 할 확률이 높다. 나이를 먹을수록 의료비 지출이 늘어날 것이고, 물가와 세금이 현재 소득보다 커지기 마련이다.

아직도 감을 잡지 못했는가? 실물자산으로 최대한 인플레이션을 헤지해야 한다. 그래야 다음 기회가 있다.

부동산은 자산 중 가장 안정적이고 비싼 재화다. 타고난 금수저이거나 월 소득이 크게 높지 않다면 대출을 많이 받아 사는 게 정상이다. 자금이 부족하면 아무리 좋은 부동산을 발견해도 살 수 없다. 그래서 돈이 돈을 번다는 말이 나오는 것이다.

정부에서도 무조건 모든 부동산 상품에 대출 규제를 가하는 게 아니다. 현재 정부에서 강력한 대출 규제를 하는 부동산은 정확히 말해 서울, 수도권 12개 지역 내 아파트다. 내가 최근 매입한 부동산 중에서 상가와 지식산업센터 모두 낙찰가의 80%의 대출을 받았다. 적용받은 금리는 3.8~5% 사이다.

좋은 대출 vs. 나쁜 대출

은행도 바보가 아니다. 최소 억 단위의 큰돈을 빌려줄 때는 사전에 담보가치와 대출 신청자의 소득 및 신용 상태를 본다. 차주의 신용등급이 최소 6등급 이내에는 들어와야 1금융권(시중은행)에서 대출이 가능하다. 등급 기준은 연체 이력 여부, 기존 대출, 소득과 재산에 비해 빚은 적정한지 등을 종합적으로 고려해 수치화한다.

대출은 크게 포지티브 론(positive loan)과 네거티브 론(negative

loan)으로 나눌 수 있다. 사는 순간부터 감가되는 물건이나 사치품 등을 구입할 목적으로 돈을 빌리는 것은 네거티브 론이고 가난의 지름길이다. 반대로 자산으로서 가치가 있는 상품의 구입, 배움, 사업의 확장, 내 집 마련 등을 위해 돈을 빌리는 것은 포지티브 론이다.

우리는 신용 사회를 살아가고 있다. 당신의 신용 상태가 수익률에 영향을 미친다. 대출 한도와 금리에 직접적인 영향을 주는 것이다. 만일 당신이 5% 이자율로 돈을 빌려 10%의 수익을 얻을 수 있다면 이것은 아주 좋은 대출이다. 이런 일들이 한두 개씩 모여 당신을 경제적 자유로 이끌어준다. 그러니 증빙 가능한 소득과 몸값을 높이기 위해 애쓰는 게 좋다. 소득이 높을수록 레버리지를 크게 활용할 수 있고 조건이 좋아지니 투자가 더 쉬워진다.

대출 자체가 나쁜 게 아니다. 대출 한도와 금리는 자본주의 사회에서 당신을 평가한 증거 중 하나다. 그러니 신용을 목숨처럼 여겨야 한다. 돈을 전혀 빌리지 않는 것보다 잘 빌리고 잘 갚아야 신용등급이 좋아진다.

주식은 노 레버리지, 부동산은 풀 레버리지

나는 그동안 능력 이상으로 무리하게 대출을 활용해왔음을 고백한다. 그만큼 절박했고 확신이 있었기에 가능한 일이었다. 내가 생각하는 가장 큰 위험은 대출 금액 자체가 아니라 아무것도 하지 않는 것이다. 현재의 부자들은 여러 금융기관과 거래처, 사람들과 좋은 신용 상태를 오랫동안 유지해온 이들이다. 그래서 필요할 때 최적의 조건으로 원하는 만큼 돈을 빌릴 수 있다. 부자들도 단위만 다를 뿐 물건만 좋다면 어떻게든 더 낮은 이자율에 대출을 받으려고 노력을 아끼지 않는다.

나는 부동산뿐 아니라 주식과 채권 등에도 투자하고 있는데 개인적인 생각은 이렇다.

'주식은 노(no) 레버리지, 부동산은 풀(full) 레버리지!'

주식만큼은 절대 레버리지를 사용하지 않는다. 부동산보다 상대적으로 변동성이 커서 개인이 대응하기가 어렵기 때문이다. 종일 화면만 쳐다볼 수도 없는 노릇이고 일개 개인이 기관과 외국인을 상대하기엔 역부족이란 생각이 든다. 개인이 주식으로 돈 벌 수 있는 방법은 좋은 기업의 주식을 사놓고 기다리는 수밖에 없다. 신경 쓰고 사고팔기를 반복함으로써 거래세와 세금만 내는, 별 볼 일 없는 투자를 하지 않으려면 어쩔 수 없는 일이다. 입지 좋은 부동산과 좋은 기업의 주식은 시간이라는 양분을 먹고 자란다.

돈 되는 꿀팁

대출 가능 금액은 어떻게 정해질까?

대출 자체를 두려워하는 사람이 많다. 하지만 최소한의 자본으로 최대한의 결과를 내기 위해서 대출은 필수다. 나는 한 건의 투자를 위한 현재의 통장 잔고가 충분하더라도 대출을 최대한 받는다. 투자는 한 번 하고 팔 때까지 멈춰 있는 게 아니라 평생 해야 하는 것이기 때문이다. 여러 건을 경험하기 위해서라도 대출은 필수다.

대출 가능 금액은 낙찰 후 낙찰자의 소득자료를 제출해야 정확히 나오지만 대출 한도를 어느 정도는 알아야 자금 계획을 세울 수 있다.

경매에서 대출 금액에 영향을 미치는 조건을 알아보자.

- 낙찰자의 신용도: 신용이 낮으면 금리가 올라간다. 반대로 신용이 높으면 당연히 금리가 내려간다.
- 낙찰자의 직업: 비슷한 연수입이라도 매출, 순이익 등락이 심한 자영업자보다 고정적인 소득이 있는 직장인의 대출 조건이 유리하다.
- 낙찰자의 기존 대출 여부: 소득 대비 부채가 차지하는 비중을 나타내는 총부채상환비율(DTI), 부채원리금상환비율(DSR) 등을 계산해서 기존 대출이 많으면 대출 한도가 줄어들거나 대출이 거절될 수 있다.
- 입찰 대상 물건의 종류: 아파트는 제공되는 시세가 비교적 정확한 편으로 대출을 받는 데 무리가 없지만, 빌라는 담보가치에 비해 대출액이 낮게 나오는 경우가 있다.
- 감정가 이상 낙찰일 경우: 감정가 이상 과도한 금액으로 낙찰받은 경우에는 낙찰가 기준으로 대출이 나오지 않는다. 금융기관의 자체 감정을 통해 대출 가능 금액을 산출한다.
- 보유 부동산 현황: 무주택, 1주택 또는 다주택인지에 따라 주택담보대출비율(LTV)이 달라지고 규제 지역 부동산 보유 시 대출이 거절되기도 한다.

대출 한도는 개인의 소득, 신용, 기존 대출 금액 등에 따라 달라진다. 부동산 정책이 자주 바뀌기에 정책적인 리스크도 있다.

법원에 가면 대출 상담사들이 경매법정 안팎에서 명함을 건네주기도 한다. 현재 대출 시장과 조건 및 한도에 대해 가장 잘 아는 사람들이 적극적으로 물어봐도 좋다.

〈표 1-6〉 10 · 15 규제 이후 주택담보대출 한도

서울 · 수도권 · 규제지역 주택가격	대출한도
15억 원 이하	6억 원
15억 원 초과 25억 원 이하	4억 원
25억 원 초과	2억 원

출처: 국토교통부

본인의 소득과 현재 상황을 충분히 설명하고 입찰하고자 하는 경매 사건번호, 대출 한도에 대해 문의하면 대부분 답변해준다. 단 명함에 있는 번호로 무작정 전화해서 "대출 얼마나 나올까요?"라는 질문은 하지 말자. 부동산과 차주에 대한 기초 정보가 없으면 답변하기 어렵다.

- 사건 번호
- 본인의 소득 수준
- 기존 대출 여부
- 보유한 부동산 현황(생애 최초 LTV 70% 적용 가능, DSR 40% 규제 통과시)

최소한 위와 같은 기본 사항을 구두나 문자로 알리거나 소득 금액증명원 등 소득 관련 자료를 보내야 조금 더 정확한 대출 가능 금액을 알 수 있다.

기회는 항상 있고, 바로 지금이다

긍정적인 마인드로 기회를 잡아라

부동산에는 사이클이 있다. 그리고 정부의 규제 강화와 완화는 반복된다. 그런 와중에도 중·장기적으로 시세가 끝을 모르고 꾸준히 오르는 지역도 있다. 나는 단기간에 여러 채를 매입할 때도 있고 한동안 잔뜩 웅크려 기다릴 때도 있다.

투자에는 정해진 틀이 없다. 시장 상황은 하루가 다르게 변하고 여러 가지 변수가 있기에 순간순간 대응해야 한다. 고작(?) 대출 규제라는 변수에 쉽게 포기할 정도라면 부동산으로 부를 쌓기는 어렵다.

경매 시장에 15년 이상 머물며 느낀 점은 단 한 해도 빠짐없이 기회가 있었다는 것이다. 처음 시작할 때는 물론이고 10년 전에도, 5년 전에도, 그리고 지금도 '경매 시장에는 먹을 게 없다'라는 말이 나오는데 직접 경험해보지 않은 사람들은 아마 2030년에도 비슷한 얘기를 하고 있을 것이다. 마음먹기에 따라 나도 얼마든지 수익을 낼 수 있다는 긍정적인 마인드를 가지길 바란다.

경쟁자가 많이 정리된 2021~2023년

전세계적으로 막대한 양의 돈이 풀렸다. 먼저 2021년 시장을 보자. 2020년 코로나 팬데믹 이후 우리나라도 유동성이 넘쳐났기에 자산 가치 급등과 자금조달계획서 및 토지거래허가 배제, 부동산 법인 참여 등으로 경매 낙찰가가 고공행진을 이어갔다. 그 결과 2021년 이후 시세가 레벨업 됐고 실수요 외 대출 규제가 더욱 강화됐다. 실수요 초보자들에게는 좋은 소식이었다. 토허제 지정 등 정부의 규제가 강화 되면서 실수요자 및 초보자가 비교적 쉽게 할 수 있는 것은 아파트 청약과 경매뿐이었다.

규제 지역과 상관없이 아파트를 경매로 취득하면 여전히 갭투자가 가능하고, 주거용 경매 시장은 철저히 실수요자 중심으로 시장이 재편됐다. 고가 낙찰이 다소 줄어들고, 수도권 중위 아파트 가격 기준 최소 수천만 원 이상 싸게 살 수 있는 확률이 높아졌다. 비과세 전략으로 2년마다 갈아타기를 시도하면 몇 번의 움직임으로 어느 정도의 자산을 모을 수 있었다.

특히 이 시기 수도권 아파트 폭락론에 동요하지 않고 부동산에 대한 관심과 경험을 이어 나갔다면 내 집 마련을 이미 했거나 그를 위한 발판 정도는 마련할 수 있었을 것이다. 다행인 것은 아직 늦지 않았고 자산 증식의 기회가 충분히 있다는 것이다.

2025년부터 서울 아파트 경매 건수가 늘어나고 있다

2025년 1월부터 4월까지 서울 소재 부동산 중 임의경매로 낙찰된 건수만 약 1,000여 건이다. 이는 전년 동기 대비 740여 건보다 30% 넘

〈그림 1-7〉 대출 못 갚아 임의경매로 매각된 서울 부동산

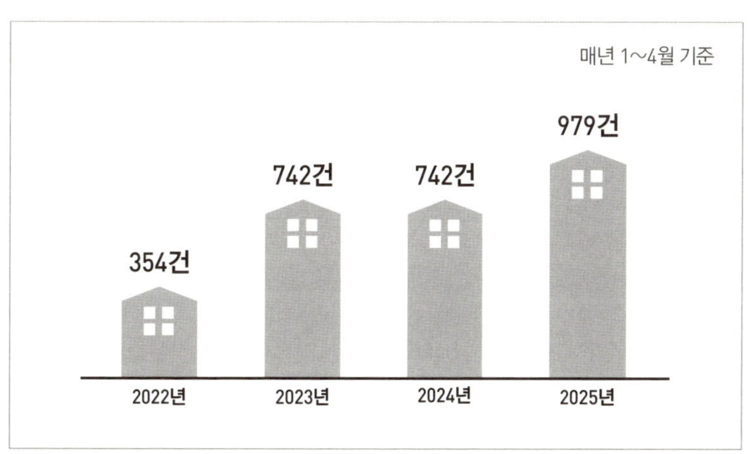

출처: 법원 등기정보광장

게 급증한 수치다. 서울 아파트 경매 건수가 크게 늘어난 이유는 금리의 영향이 크다.

2022년 전후로 2%대 고정금리 주택담보대출을 받아 집을 산 이들의 대출이 5년 만기를 맞으면서 갱신 과정에서 변동금리로 전환되어 대출 금리가 크게 상승했다. 이에 따라 급증한 이자 부담으로 어려움을 겪는 가구가 증가했다.

지난 5년간 금리 상승기에도 고정금리 혜택 덕분에 이자 부담이 크지 않은 가구가 많았다. 하지만 2025년 들어 변동금리로 전환되면서 상황이 달라졌다. 이들 중 상당수는 30~40대의 젊은 층으로 주로 서울 외곽 수도권의 중소형 아파트를 매수했다. 안타깝게도 해당 지역의 현재 아파트 시세는 물가 상승률을 고려하면 크게 오르지 못한 경우가 많아 매각하더라도 빚을 갚기 어려운 상태다.

낙찰가가 낮아질수록 담보물 청산 가치 또한 하락하게 되며 그만큼 그들이 입는 피해는 커진다. 생활 반경이 서울 또는 수도권이고 아직 무주택자라면 인서울 진입을 목표로 경매를 활용하는 선택은 후회 없는 전략이 될 것이다.

부동산 경매하기 전 알아두면 좋을 것들

- 싸고 안전한 상품은 없다(가격이 낮을수록 리스크가 크다).
- 원하는 부동산의 목표 수익(률)부터 확실히 정하자.
- 가진 돈에 부동산을 맞추지 말고 대출을 최대한 받더라도 제대로 된 부동산을 사자. 그것이 인플레이션 헤지를 위한 첫걸음이다.
- 내가 원하는(기준에 맞는) 부동산을 발견했다면, 즉시 행동하자.
- 경험이 부족할수록 대출과 세금을 두려워한다. 경험이 쌓이고 성과가 나오기 전까지는 두려움과 불안함에 '이렇게까지 해야 하나'하는 생각이 들기도 할 것이다. 그 시기를 견뎌야 한다. 사람은 누구나 불확실성을 두려워한다.
- 인플레이션 시기, 최근 환율이 크게 올랐고 원화 가치 하락폭이 가파르다. 아무것도 하지 않고 가만히 있는 것이 가장 큰 리스크다.

제2장

핵심만 쏙쏙! 경매에 관해 알아야 할 모든 것

경매를 하기 전에 알아야 할 것은 많지 않다.
경매란 채권회수를 위해 파는 행위라는 것,
그리고 세 가지 서류와 네 가지 가격뿐이다.

입찰 전, 낙찰 후 무엇을 해야 하나

당신이 꼭 알아야 하는 경매 상식

경매나 공매로 입찰하기 위해서는 시세 조사를 해야 한다. 낙찰을 받으려면 충분한 조사에 바탕을 둔 확신이 필수적이다. 초보 투자자들은 입찰을 해보기도 전에 세금, 명도 등의 부담으로 실행에 옮기지 못하는 경우가 있는데 전혀 걱정할 필요가 없다. 일단 첫 낙찰에 최선을 다해야 한다. 그다음은 알아서 굴러가니 걱정하지 않아도 된다. 입찰하기 전, 그리고 낙찰이 되고 나서 무엇을 하면 좋을지 알아보자.

- 경매 절차

입찰 → 낙찰 → 매각허가결정 → 매각허가확정 → 잔금 납부 → 배당

입찰 전: 시세 파악 후 입찰가 산정

손품 조사에 시간이 얼마나 걸리느냐의 차이가 있을 뿐 대다수의 사람이 손품을 통해서는 비슷한 결과를 얻는다. 편하게 앉아서 조사하는 데는 한계가 있다는 얘기다. 그런데도 소수만이 직접 발품을 판다. 일단 귀찮기 때문이다. 퇴근 후 또는 주말을 이용해서 현장에 가보겠다고 생각하지만 미루고 미루다가 결국 흐지부지 되는 경우가 많다. 주말엔 좀 쉬고 싶고 경조사도 챙겨야 하며 가족과 시간도 보내야 하는 등 많은 핑곗거리가 생긴다. 이런 일을 예방하려면 환경설정을 해야 한다.

인간의 '의지'는 '환경'을 이기지 못한다. 나는 주로 토요일에 해당 지역 중개사무소 몇 곳의 소장님들과 미리 약속을 잡아둔다. 그냥 가는 것보다 약속을 해두면 지키기 위해 노력하게 되기 때문이다. 혹시라도 약속을 어기면 해당 지역의 입찰은 어렵게 된다. 또한 계획 없는 현장조사는 시간 낭비가 될 뿐이니 이동 동선을 미리 짜두어야 한다. 서너 군데만 돌아도 하루가 저물어 계획했던 곳을 모두 조사하지 못할 때도 있지만, 그래도 계획은 없는 것보다 있는 게 훨씬 낫다. 현장 조사를 꾸준히 하는 사람 중에 성과를 내지 못하는 사람을 보지 못했다.

제대로 하는 손품과 발품만이 입찰 대상에 확신을 준다고 믿는다.

입찰 준비를 위한 조사에는 왕도가 없다. 조금 더 찾아보고 현장에 한 번 더 가본 사람이 유리할 수밖에 없다. 두려워하지 마시라. 현재의 고수들도 한때는 초보였다. 당신의 의지에 달려 있는 것이니 꾸준히 입찰 대상을 서치하고 조사하는 습관을 들여야 한다.

대상이 무엇이든 사전 조사를 할 때는 시세 파악이 먼저다. 예를 들어 아파트라면 '전세가'와 '현재 시세'를 정확히 아는 것이다. 미래의 부동산 가격이 어떻게 변할지는 누구도 알 수 없고, 감정가는 적정 입찰가를 산정하는 데 큰 의미가 없다. 감정평가를 하는 시점과 경매를 진행하는 시점 사이에 최소 6개월 이상의 공백 기간이 있기 때문이다.

누구는 지난달의 실거래가를 기준으로 입찰하고, 누구는 현재 시세(네이버 매물 등)를 기준으로 입찰하며, 또 누구는 감정가(또는 과거 시세)를 기준으로 입찰한다면 결과는 뻔하지 않겠는가. 낙찰가와 적지 않은 차이로 패찰을 계속한다면 자신이 제대로 알아보지 않은 것이다. 감정가 등 철 지난 가격을 들이미는 사람이 현재 시세를 기준으로 하는 사람을 이길 순 없다.

욕심이 과한 사람들도 많다. 대다수의 직장인이 한 달 내내 일해서 월급 수백만 원을 버는데 한두 번의 입찰로 수천만 원을 쉽게 벌 수 있으리라 기대하는 식이다. 이런 마인드라면 100전 99패다. 아주 가끔 운이 좋은 사람들도 있지만 투자는 운에 기대는 게 아니다.

나는 현실주의자다. 어떤 투자든 절대로 운에 기대지 않는다. 당신이 초보이면서 돈 천만 원을 우습게 생각한다면 어떤 일을 해도 쉽지 않을 것이다. 그래서 평소의 마인드가 중요하다.

시세에 대한 확신이 있고 이후 경매 절차에 대한 두려움이 없다면 경매로 낙찰받는 것은 시간문제다. 적어도 나의 경우는 그랬다. 욕심을 내려놓고 하루에 세 건 입찰했는데(내심 두 건은 패찰하고 한 건 정도만 좋은 가격에 낙찰받기를 바랐지만), 뜻밖에 세 건 모두 낙찰받은 적도 있다.

초보 경매 투자자의 목표는 경험이 1순위고, 돈 버는 것은 2순위에 놓아야 한다. 그래야 시간이 흐르며 둘 다 충족할 수 있다. 많은 사람들이 경매가 두려워서 혹은 현장에 가기 귀찮아서 실행하지 않을 때 나는 수십, 수백 번 입찰해 패찰과 낙찰을 반복했다. 이것 말고는 도저히 현재 상태에서 벗어날 방법은 찾지 못했기 때문이다. 현실을 벗어나고 싶다는 생각과 오랜 결핍이 내게 강제로 행동할 수 있는 최적의 투자 환경을 제공해준 셈이다.

낙찰 후: 잔금 마련과 명도 준비

낙찰을 받고 나서는 무엇을 해야 할까? 가장 먼저 대출을 알아보는 것이고, 동시에 사건 열람을 하는 것이 좋다. 낙찰일로부터 매각허가확정일까지 2주의 기간이 주어진다. 매각 절차에 흠결이 있거나 이해관계인의 항고 등 어떤 하자가 있다면 매각이 취소될 수도 있기에 이 기간에는 낙찰자가 잔금을 내지 못한다. 그렇다고 가만히 있어선 안 된다. 대출 조건을 알아보거나 해당 경매계로 가서 사건 기록을 열람해 점유자를 파악하고 명도 계획을 세워야 한다.

그런 다음 점유자와 접촉을 시도한다. 나는 패찰을 했지만 채무자를 만나보는 경우가 있다. 해당 부동산에 있는 채무를 내가 대신 갚아주는 조건으로 경매를 취하하게 해서 일반매매로 가져올 수도 있기 때문이다. 물론 반대 상황도 겪었다. 낙찰을 받았는데 나 같은 투자자가 채무자를 만나 경매를 취하시킨 경우다. 초보자들은 경매 투자에서 낙찰만이 소유권을 가져올 수 있는 유일한 방법이라고 생각한다. 하지만 경매가 진행 중인 부동산 등기부에 경매개시결정 등기가 있어도 얼마든지 경매를 취하하고 소유권을 가져올 수 있다. 심지어 말소 조건으로 대출도 나온다.

또는 낙찰받고 기분 좋게 법원을 걸어 나올 때 2등 입찰자가 나에게 잔금을 내지 말아 달라는 제안을 하기도 한다. 내가 잔금을 내지 않으면 차순위 매수신고자에게 순서가 돌아가겠지만, 나는 꼼짝없이 보증금을 날리게 되니 그 제안을 그냥 받아들일 수는 없다. 입찰보증금을 포함해서 애초에 생각했던 수익금 수준을 더한 제안이라면 판단해서 결정하면 된다. 등기 이후 매각 시 수익이 클지, 초단기 매도로 수익을 얻을지 비교하는 것이다.

경매 사건을 보면 가끔 미납 사건이 눈에 띌 것이다. 권리분석이나 시세 파악을 잘못해서 잔금을 내지 못하는 사람도 있지만, 일부러 잔금을 납부하지 않는 경우도 많다. 다음에 나오는 사례처럼 차순위 매수신고인에게 일정 부분 보상을 받고 지위를 넘겨주는 경우가 그중 하

〈그림 2-1〉 춘천 거래 잔금 납부 사례

나다. 이렇듯 낙찰 이후 잔금 전에 여러 이해관계인의 물밑 작업이 치열하게 이루어지기도 한다. 경매를 오래 할 거라면 잔금을 내기 전까지 여러 변수가 있다는 점을 이해하고 잔금을 서둘러 낼지 천천히 낼지도 판단해봐야 한다.

〈그림 2-1〉의 경매 사건은 월 50~60만 원 정도의 월세를 보고 낙찰받았으나 고의로 잔금 납부를 하지 않았다. 차순위 입찰자에게 그에 상응하는 대가를 제공받았기 때문이다.

낙찰받은 부동산의 점유자와 접촉하는 방법은 다양하다. 법원 입찰 현장에서 만나는 직접적인 방법이 있고 현관문에 포스트잇을 붙여두는가 하면 해당 주소로 우편물이나 내용증명을 보내기도 한다. 만날 때까지 밤낮을 바꾸어가며 찾아가는 사람도 있고, 한 번도 찾아가지 않는 사람도 많다. 별다른 조치 없이 강제집행 절차에 바로 착수하는 사람도 있지만 한 번 정도는 현장에 가보기를 권한다. 그래야 점유자에 따라 적절한 대처 방법을 알 수 있고 시간과 비용을 최소화할 수 있기 때문이다.

요약 정리!
부동산 경매 절차

경매 신청

부동산 경매가 진행되기 위해서는 채권자의 신청이 있어야 한다. 채무자가 빌린 돈의 원금과 이자를 약정한 날짜에 갚지 못하면, 채권자는 기한의 이익을 상실했다는 통지를 한 후 부동산 소재지 관할 법원에 채무자의 부동산을 팔아달라고 요청할 수 있다. 법원을 통해 매각되면 낙찰자는 잔금을 낼 것이고, 이 돈으로 채권자는 빌려준 돈을 회수할 수 있다. 이것이 부동산 경매의 목적이다.

법원은 채권자의 경매신청서와 첨부 서류를 검토하고 심사하여 적법하다고 인정되면 경매개시결정을 하고 관할 등기소 등기관에게 경매가 개시됐다는 사실을 등기부에 공시하도록 촉탁한다. 등기부에 경매개시결정이 찍히는 순간 채무자의 재산에 압류 효력이 발생한다. 즉 해당 부동산에 경매가 시작됨을 누구든지 볼 수 있게 알리는 것이다.

집행법원은 채무자(소유자)에게 '당신의 재산이 경매로 진행된다.'라는 사실을 반드시 알려주어야 한다. 이를 '경매개시결정 정본을 송달한다.'라고 표현한다. 송달이 되지 않으면 경매는 진행될 수 없고 만일 진행된다고 해도 추후 무효 사유가 된다.

강제경매와 임의경매

우리가 돈을 빌리는 방법에는 크게 두 가지가 있다.

첫째, 차용증을 써주고 빌리는 방법이다. 돈을 빌려준 사람을 채권자라고 하고, 돈을 빌린 사람을 채무자라고 한다. 채권자와 채무자는 선과 악으로 구분되는 개념이 아니다. 다만 채무자가 자기 책임을 다하지 못할 때는 법이 개입할 수 있다. 예를 들어 채권자가 차용증을 근거로 법원에 경매를 신청하면 법원은 확인 절차를 거쳐 채무자에게 빌린 돈을 갚으라고 선고한다. 채권자는 법원으로부터 대여금을 반환하라는 확정판결을 받아 채무자의 재산에 경매를 신청할 수 있으며 이를 '강제경매'라 한다. 하지만 판결문을 받을 때까지 최소 몇 달에서 수년의 시간이 소요되기도 하는데 악의를 가진 채무자라면 그 기간에 자신의 부동산을 타인에게 양도하거나 거액의 근저당권을 설정할 수도 있다. 그래서 채권자는 통상 채무자 소유의 부동산을 가압류한 후 절차를 진행한다.

둘째, 자신의 집(또는 등기된 자산)을 담보로 빌리는 방법이다. 금융기관은 돈을 빌려주면서 근저당권을 설정한다. 은행에서 담보대출을 받을 때 여러 가지 계약서를 작성하는데 대표적인 것이 근저당권 설정계약서다. 채무자가 이자를 내지 못하면 기한의 이익을 상실하게 되고, 채권자인 은행은 소송 없이 채무자의 부동산을 팔아달라고 법원에 신청할 수 있다. 이렇게 진행되는 경매를 '임의경매'라 한다. 별도의 집행권원이 없더라도 담보권의 실행으로 경매가 진행된다. 또는 법원의 판결문, 확정된 지급명령, 화해조서, 공정증서, 공증문서 등으로 강제경매를 신청해서 채무자의 부동산을 압류한 후 매각할 수도 있다.

민사집행법 제81조 첨부서류

① 강제경매신청서에는 집행력 있는 정본 외에 다음 각호 가운데 어느 하나에 해당하는 서류를 붙여야 한다.

1. 채무자의 소유로 등기된 부동산에 대하여는 등기사항증명서
2. 채무자의 소유로 등기되지 아니한 부동산에 대하여는 즉시 채무자명의로 등기할 수 있다는 것을 증명할 서류. 다만, 그 부동산이 등기되지 아니한 건물인 경우에는 그 건물이 채무자의 소유임을 증명할 서류, 그 건물의 지번·구조·면적을 증명할 서류 및 그 건물에 관한 건축허가 또는 건축신고를 증명할 서류

배당요구 종기 결정 및 공고

매각 대금으로 채권자에게 돈을 나누어주는 것을 '배당'이라고 한다. 받을 돈이 있는 채권자는 1명일 수도, 여러 명일 수도 있다. 따라서 돈 받을 순서를 정해야 하는데, 그 순서는 법원에서 작성하는 배당표에 따른다. 각 경매 사건마다 배당표를 만들기 위해 법원은 배당요구 종기일까지 해당 부동산의 채권자들에게 배당에 필요한 서류를 제출하라고 통지한다.

여기서 두 가지로 나뉜다. 반드시 배당요구를 해야 하는 채권자와 배당요구를 하지 않아도 배당을 받을 수 있는 채권자다.

반드시 배당요구를 해야 배당 받을 수 있는 채권자는 다음과 같다.

- 집행력 있는 정본을 가진 채권자
- 주택임대차보호법에 의한 소액임차인과 확정일자부 임차인
- 저당권자, 가압류채권자, 민법 및 상법 기타 법률에 따라 우선변제권이 있는 채권자
- 근로기준법에 의한 임금채권자
- 상법에 의한 고용 관계로 인한 채권이 있는 자
- 경매시기결정 등기 후 체납된 조세 및 기타 공과금 채권
- 경매시기결정 등기 후 담보가등기권자와 전세권자, 기타 일반채권자

배당요구를 하지 않아도 되는 채권자는 다음과 같다.

- 경매를 신청한 채권자
- 첫 경매개시결정 등기 전에 이미 등기를 마친 담보권자
- 임차권등기권자
- 체납처분에 의한 압류 등기권자
- 배당요구 종기까지 한 경매 신청에 의해 이중 개시결정이 된 경우 뒤의 압류채권자
- 국세, 지방세 및 압류한 교부 청구권자
- 최선순위가 아닌 용익권자, 저당권자, 담보가등기권자로서 경매로 등기가 소멸하는 채권자

민사집행법 제84조 배당요구의 종기결정 및 공고

① 경매개시결정에 따른 압류의 효력이 생긴 때(그 경매개시결정전에 다른 경매개시결정이 있은 경우를 제외한다)에는 집행법원은 절차에 필요한 기간을 감안하여 배당요구를 할 수 있는 종기(終期)를 첫 매각기일 이전으로 정한다.

② 배당요구의 종기가 정하여진 때에는 법원은 경매개시결정을 한 취지 및 배당요구의 종기를 공고하고, 제91조 제4항 단서의 전세권자 및 법원에 알려진 제88조 제1항의 채권자에게 이를 고지하여야 한다.

③ 제1항의 배당요구의 종기결정 및 제2항의 공고는 경매개시결정에 따른 압류의 효력이 생긴 때부터 1주 이내에 하여야 한다.

매각 준비

감정평가

부동산을 팔려면 시세가 얼마인지 알아야 한다. 이에 공인된 감정평가기관에 의뢰하여 회신된 평가 금액을 최초 매각 가격으로 정한다.

현황조사

법원은 집행관에게 해당 부동산의 현황, 점유 관계, 차임과 보증금, 기타 현황에 대한 현황조사보고서 작성을 명한다. 집행관은 2주 이내에 조사를 완료하여 제출해야 한다.

매각물건명세서 작성

부동산의 표시, 점유자의 권원과 기간, 월차임, 전입신고일 또는 사업자등록일, 확정일자 등을 기재한 문서다. 현황조사보고서, 감정평가서와 함께 누구든지 볼 수 있도록 법원에 비치한다.

민사집행법 제84조 배당요구의 종기결정 및 공고

④ 법원사무관등은 제148조 제3호 및 제4호의 채권자 및 조세, 그 밖의 공과금을 주관하는 공공기관에 대하여 채권의 유무, 그 원인 및 액수(원금·이자·비용, 그 밖의 부대채권(附帶債權)을 포함한다)를 배당요구의 종기까지 법원에 신고하도록 최고하여야 한다.

민사집행법 제85조 현황조사

① 법원은 경매개시결정을 한 뒤에 바로 집행관에게 부동산의 현상, 점유관계, 차임(借賃) 또는 보증금의 액수, 그 밖의 현황에 관하여 조사하도록 명하여야 한다.

매각기일 및 입찰 방법 등의 지정, 공고

매각 방법은 매각일 14일 전에 공고하며, 입찰 예정자가 매각기일에 기일입찰표를 제출하는 방법으로 한다. 법원경매정보 사이트, 여러 유료 경매 사이트, 신문 공고 등을 통해 해당 부동산의 매각물건명세서와 현황조사보고서, 감정평가서 등의 경매 정보를 확인할 수 있다.

민사집행법 제104조 매각기일과 매각결정기일 등의 지정

① 법원은 최저매각가격으로 제102조 제1항의 부담과 비용을 변제하고도 남을 것이 있다고 인정하거나 압류채권자가 제102조 제2항의 신청을 하고 충분한 보증을 제공한 때에는 직권으로 매각기일과 매각결정기일을 정하여 대법원규칙이 정하는 방법으로 공고한다.

② 법원은 매각기일과 매각결정기일을 이해관계인에게 통지하여야 한다.

③ 제2항의 통지는 집행기록에 표시된 이해관계인의 주소에 대법원규칙이 정하는 방법으로 발송할 수 있다.

④ 기간입찰의 방법으로 매각할 경우에는 입찰기간에 관하여도 제1항 내지 제3항의 규정을 적용한다.

민사집행법 제106조 매각기일의 공고내용

매각기일의 공고내용에는 다음 각호의 사항을 적어야 한다.

1. 부동산의 표시
2. 강제집행으로 매각한다는 취지와 그 매각 방법
3. 부동산의 점유자, 점유의 권원, 점유하여 사용할 수 있는 기간, 차임 또는 보증금약정 및 그 액수
4. 매각기일의 일시·장소, 매각기일을 진행할 집행관의 성명 및 기간입찰의 방법으로 매각할 경우에는 입찰기간·장소
5. 최저매각가격
6. 매각결정기일의 일시·장소
7. 매각물건명세서·현황조사보고서 및 평가서의 사본을 매각기일 전에 법원에 비치하여 누구든지 볼 수 있도록 제공한다는 취지
8. 등기부에 기입할 필요가 없는 부동산에 대한 권리를 가진 사람은 채권을 신고하여야 한다는 취지
9. 이해관계인은 매각기일에 출석할 수 있다는 취지

입찰(매각일)

해당 물건지의 관할 법원에서 매각을 실시하며 본인이 직접 입찰할 때 필요한 것은 다음 세 가지다.

- 입찰보증금(최저 매각 금액의 10%)
- 도장
- 신분증

법원별로 입찰 마감 시간은 차이가 있는데 보통 11시가 조금 넘어서 마감하고, 오후 1시 전에 결과가 나온다. 매각 담당 집행관이 입찰자들의 입찰 가격을 비교해 공개하는데, 최고가를 써낸 사람이 최고가매수신고인(낙찰자)이 된다. 최고가매수신고인과 차순위매수신고인(차순위매수신고 자격에 해당하는 자가 신청한 경우)을 제외한 입찰자의 매수보증금은 즉시 반환한다.

민사집행법 제103조 강제경매의 매각방법

② 부동산의 매각은 매각기일에 하는 호가경매(呼價競賣), 매각기일에 입찰 및 개찰하게 하는 기일입찰 또는 입찰기간 이내에 입찰하게 하여 매각기일에 개찰하는 기간입찰의 세 가지 방법으로 한다.

매각허가결정 및 확정

법원은 경매 절차에 특별한 하자가 없다면 입찰일로부터 7일 후 매각허가결정을 한다. 그리고 이해관계인의 항고가 없으면 허가결정일로부터 7일 후 매각허가확정이 된다. 최고가매수신고인은 매각허가결정이 내려지면 매수인의 자격을 취득하며, 법원의 결정에 이의가 있는 이해관계인은 즉시항고를 할 수 있다.

민사집행법 제120조 매각결정기일에서의 진술

① 법원은 매각결정기일에 출석한 이해관계인에게 매각허가에 관한 의견을 진술하게 하여야 한다.

② 매각허가에 관한 이의는 매각허가가 있을 때까지 신청하여야 한다. 이미 신청한 이의에 대한 진술도 또한 같다.

민사집행법 제123조 매각의 불허

① 법원은 이의신청이 정당하다고 인정한 때에는 매각을 허가하지 아니한다.

② 제121조에 규정한 사유가 있는 때에는 직권으로 매각을 허가하지 아니한다. 다만, 같은 조 제2호 또는 제3호의 경우에는 능력 또는 자격의 흠이 제거되지 아니한 때에 한한다.

잔금 납부 및 소유권 이전 또는 재매각

매각허가결정이 확정되면 법원은 잔금 지급 기한을 정하여 매수인(낙찰자)에게 우편으로 통지한다. 지급 기한은 확정일로부터 1개월 이내다. 매수인은 입찰 시 납부한 보증금을 제외한 나머지 잔금을 법원이 정한 기간까지 납부해야 한다. 잔금 납부일이 소유권 취득일이 된다.

한편 낙찰자가 지급 기한 이내에 잔금을 내지 않으면 입찰할 때 냈던 보증금 10%는 원칙적으로 돌려받을 수 없다. 이렇게 되면 계약이 불발된 것으로 보고 법원은 다시 팔기 위한 준비를 하는데 이를 '재매각'이라 한다. 재매각 시에는 입찰보증금을 20% 이상으로 상향 조정한다.

민사집행법 제142조 대금의 지급

① 매각허가결정이 확정되면 법원은 대금의 지급기한을 정하고, 이를 매수인과 차순위매수신고인에게 통지하여야 한다.

② 매수인은 제1항의 대금지급기한까지 매각대금을 지급하여야 한다.

배당

낙찰자가 잔금을 납부하면 법원은 배당기일을 정해 채권자에게 배당표 순서에 따라 돈을 나누어준다. 배당은 경매의 목적이자 마지막 절차로, 배당이 완료되면 해당 경매 사건은 종결된다.

민사집행법 제148조 배당받을 채권자의 범위

제147조 제1항에 규정한 금액을 배당받을 채권자는 다음 각호에 규정된 사람으로 한다.

1. 배당요구의 종기까지 경매신청을 한 압류채권자
2. 배당요구의 종기까지 배당요구를 한 채권자
3. 첫 경매개시결정 등기 전에 등기된 가압류채권자
4. 저당권·전세권, 그 밖의 우선변제청구권으로서 첫 경매개시결정 등기 전에 등기되었고 매각으로 소멸하는 것을 가진 채권자

〈표 2-1〉 배당 순서

순위	구분	권리 종류
0	경매 집행비용	경매 진행에 따른 비용
1	필요비, 유익비	경매 목적 부동산에 투입된 필요비, 유익비
2	소액보증금 선순위 임금채권	임대차보호법에 의한 보증금 중 일정액 근로기준법에 의한 근로자 임금채권 (3개월치 임금, 3년분 퇴직금 등)
3	당해세	경매 목적물 자체에 부과된 국세와 지방세
4	담보물권	확정일자부 임차인의 보증금 담보물권: 근저당, 가등기, 전세권, 임차권
5	일반 임금채권	2순위 변제 후 잔여금액
6	조세채권	담보물권 후순위 조세채권
7	공과금	건강보험료, 국민연금, 산재보험료 등
8	일반채권	가압류, 가처분 등의 일반채권

출처: 대한민국 법원

임차인의 배당 순서

① 대항력 및 확정일자를 갖춘 임차인

임차인이 배당요구의 종기까지 배당요구를 한 경우, 그 우선변제권 발생일을 기준으로 근저당권 등 다른 배당채권자와의 선후에 따라 배당순위가 결정되고, 이에 따라 배당금이 정해진다(주택임대차보호법 제3조의2 제2항 참조).

② 임차권등기를 한 임차인

- 경매개시결정 전에 임차권등기를 마친 임차인은 배당요구 없이도 당연히 배당을 받게 된다(민사집행법 제148조 제3호 참조).
- 경매개시결정 후에 임차권등기를 마친 임차인은 배당요구의 종기까지 배당요구를 한 경우에만 배당에 참가할 수 있다(민사집행법 제148조 제2호 및 민사집행규칙 제91조 제1항 참조).

③ 최우선변제권을 가지는 소액임차인

소액임차인이 첫 경매개시결정 등기 전에 대항력을 갖추고 배당요구의 종기까지 배당요구를 한 경우에는 보증금 중 일정액을 다른 담보물권자보다 우선하여 배당받는다(주택임대차보호법 제8조 제1항 참조).

경매 신청 단계부터 첫 입찰일까지 보통 6개월 이상의 시간이 걸린다. 이해관계인이 많거나 채무자 등에게 송달이 되지 않으면 1년 이상이 걸리기도 한다. 일반적인 경매 사건이라면 명도를 완료하기까지 잔금일로부터 평균 2개월 정도가 소요된다.

이상의 내용을 도식화하면 〈그림 2-2〉와 같다.

〈그림 2-2〉 경매 절차

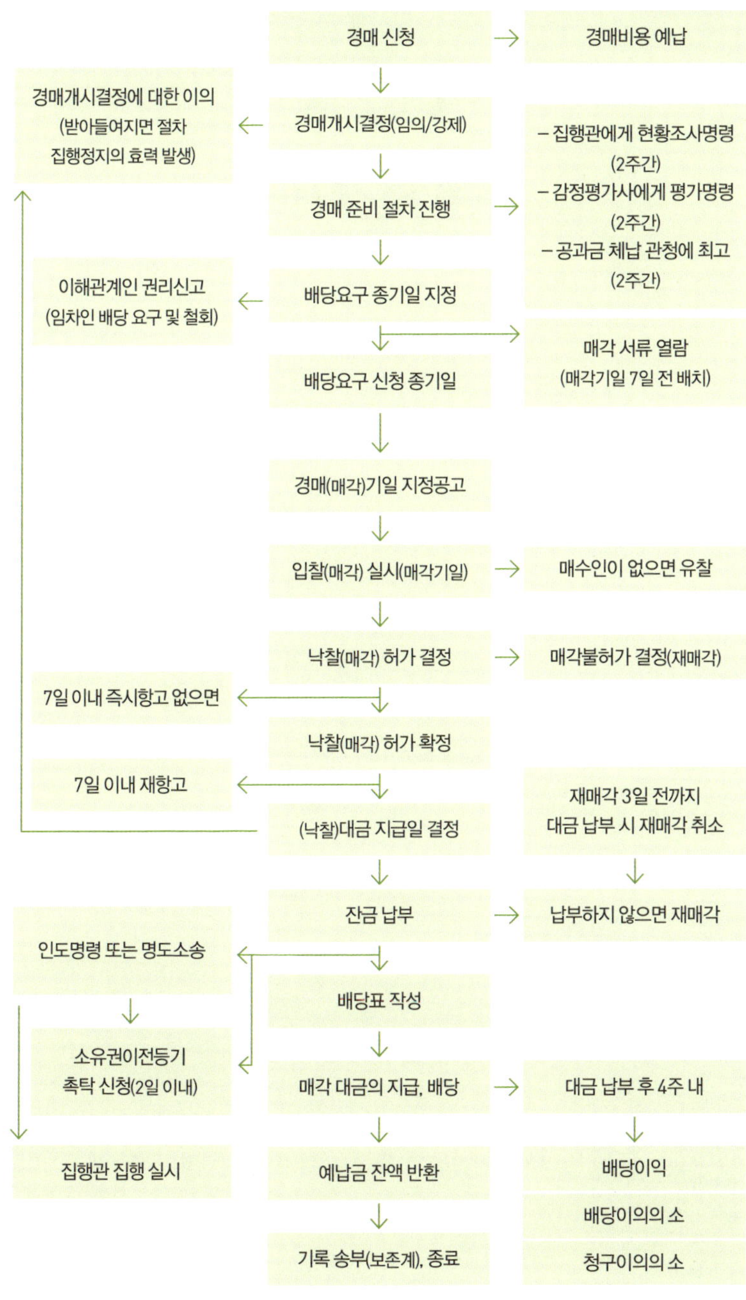
경매 신청
경매비용 예납
경매개시결정에 대한 이의
(받아들여지면 절차
집행정지의 효력 발생)
경매개시결정(임의/강제)
– 집행관에게 현황조사명령
(2주간)
– 감정평가사에게 평가명령
(2주간)
– 공과금 체납 관청에 최고
(2주간)
경매 준비 절차 진행
이해관계인 권리신고
(임차인 배당 요구 및 철회)
배당요구 종기일 지정
매각 서류 열람
(매각기일 7일 전 배치)
배당요구 신청 종기일
경매(매각)기일 지정공고
입찰(매각) 실시(매각기일)
매수인이 없으면 유찰
낙찰(매각) 허가 결정
매각불허가 결정(재매각)
7일 이내 즉시항고 없으면
낙찰(매각) 허가 확정
7일 이내 재항고
(낙찰)대금 지급일 결정
재매각 3일 전까지
대금 납부 시 재매각 취소
잔금 납부
납부하지 않으면 재매각
인도명령 또는 명도소송
배당표 작성
소유권이전등기
촉탁 신청(2일 이내)
매각 대금의 지급, 배당
대금 납부 후 4주 내
집행관 집행 실시
예납금 잔액 반환
배당이익
배당이의의 소
기록 송부(보존계), 종료
청구이의의 소

입찰 불가 대상

경매는 대한민국 국민 누구나 도전할 수 있는 투자 방식이지만 입찰 자체가 제한되는 사람들이 존재한다. 공정성과 절차 보호를 위해 법에서 명확히 입찰 불가 대상을 정해두고 있기 때문이다. 대표적인 입찰 제한 대상은 다음과 같다.

'경매 부동산의 소유자(채무자)'는 입찰할 수 없다

채무자는 돈을 빌리고 갚지 못한 사람으로 경매 진행의 원인 제공자다.

자신의 부동산을 살 여력이 있다면 먼저 돈을 갚는 게 이치에 맞다. 예외로 소유자와 채무자가 다른 경우(보증인, 담보 제공 등)에는 소유자가 경매 입찰에 참여할 수 있다.

※ 이 외에 미성년자, 해당 부동산의 소유자는 입찰이 가능하다. 예를 들어 빚을 진 채무자 남편은 입찰이 불가능하지만 부동산 소유자 아내는 입찰할 수 있다. 단, 법정대리인 동의 없는 미성년자는 입찰 불가하다.

'재매각 시 종전 낙찰자'는 입찰할 수 없다

이전 낙찰자가 잔금을 내지 않아 경매가 진행되는 것이므로 다시 참여할 수 없다. 이를 허용한다면 앞으로의 경매 진행을 계속해서 고의로 방해할 수 있는 여지가 있기 때문이다.

'해당 사건의 매각 절차와 관련된 집행관, 부동산을 평가한 감정인'은 입찰이 허용되지 않는다

매각 절차에 관여한 집행관이나 감정인은 사건 정보를 사전에 알 수 있는 위치에 있으므로, 공정성을 해칠 우려가 있어 입찰이 제한된다.

꼭 알아야 할 세 가지 경매 서류

경매 필수 서류, 무엇을 봐야 할까?

열심히 공부하는 당신, 머지않아 더 많은 물건을 다룰 수 있게 될 것이다. 처음에는 공부할 게 너무 많다는 생각에 무엇부터 봐야 할지 정하기가 어렵겠지만, 쉽게 생각하자. 리스크를 피하기 위해서는 다음 3종의 문서만 살펴도 충분하다.

그 서류는 감정평가서, 현황조사서, 매각물건명세서이며 법원경매정보 사이트에서 누구나 확인할 수 있다. 각 서류에 어떠한 내용이 들어 있는지, 그 내용을 어떻게 받아들이고 활용할 수 있는지 알아보자.

〈그림 2-3〉 필자가 의뢰한 부동산의 감정평가표

(부동산)감정평가표

이 감정평가서는 감정평가에 관한 법규를 준수하고 감정평가이론에 따라 성실하고 공정하게 작성하였기에 서명날인합니다.

감 정 평 가 사 　 박광렬 　 박 광 렬 (인)

(주)경일감정평가법인 　 대표이사 　 이 창 용 (서명 또는 인)

감정평가액	일십사억이백삼십일만오천오백원정(₩1,402,315,500.-)			
의 뢰 인	바른자산관리대부주식회사	감정평가 목적	공매	
채 무 자	-	제 출 처	코리아신탁주식회사	
소 유 자 (대상업체명)	수탁자 : 코리아신탁주식회사	기준가치	시장가치	
		감정평가조건	-	
목록표시 근거	등기사항전부증명서	기준시점	조사기간	작 성 일
		2017.06.21	2017.06.21	2017.06.22

감정평가내용

공부(公簿)(의뢰)		사 정		감 정 평 가 액	
종 류	면적 또는 수량(㎡)	종 류	면적 또는 수량(㎡)	단 가	금 액
토지	1,743	토지	1,743	-	1,135,845,000
건물	675.74	건물	675.74	-	213,333,900
(제시외 건물)	(650)	(제시외 건물)	(650)	-	53,136,600
	이	하	여	백	
합 계					₩1,402,315,500.-

심사확인

본인은 이 감정평가서에 제시된 자료를 기준으로 성실하고 공정하게 심사한 결과 이 감정평가내용이 타당하다고 인정하므로 이에 서명날인합니다.

심 사 자 : 감 정 평 가 사 　 (인)

감정평가서

경매 사건을 접수한 법원은 해당 부동산에 대한 감정평가명령을 내린다. 공인된 감정평가 기관에 의뢰하며 회신된 평가 금액을 최초 매각 금액으로 정한다. 부동산의 감정 일자와 입찰일 간에 6개월에서 1년 이상 차이가 나는 경우가 많은데, 이는 현재 시세를 반영하지 못하는 결과로 이어진다. 부동산의 시세는 고정되어 있지 않기 때문이다.

만일 부동산 상승기일 때 6개월 전 가격을 기준으로 삼는다면 입찰마다 필패할 것이 자명하다. 반대로 하락기일 때는 감정가를 믿고 입찰하면 낙찰받기는 쉽겠지만 손해를 볼 수도 있다.

감정평가는 기계가 아닌 사람이 하는 일이다 보니 평가 자체에 오류가 발생하기도 한다. 감정평가가 과도하게 잘못되거나 중요 사항이 누락된 경우 이의 신청을 할 수 있지만 받아들여지는 경우는 드물다. 지인이 서울 한 빌라의 감정가를 신뢰하고 시세보다 높게 낙찰받은 적이 있는데, 내가 대신해서 감정평가 오류에 대한 이의 신청을 했지만 결국 받아들여지지 않았다. 인근 중개소 여러 곳을 돌며 실제 시세는 매우 낮다는 확인서를 첨부했음에도 말이다. 그러니 감정평가 금액을 전적으로 신뢰하여 입찰가를 산정해선 안 된다.

감정평가서는 다음과 같이 구성되어 있다.

- 감정평가의 근거(명세표)
- 위치 및 지적도

- 내부 구조도
- 현장 사진

여기에는 시세 산정과 관련된 다양한 정보가 있는데, 간혹 경매로 나온 물건이 해당 물건의 일부인 경우가 있다. 아파트 같은 집합건물은 낙찰 후 잔금을 내면 해당 호수가 온전히 내 소유가 된다. 하지만 시골 농가나 주택 등은 우사, 창고, 옥탑방, 간이 화장실 등의 감정평가가 되어 있는지 잘 살펴볼 필요가 있다('제시 외 건물'로 표시되기도 한다). 이런 것들이 감정평가에 포함되어 있다면 낙찰 후 잔금을 내는 순간 내 것이 된다. 하지만 감정평가에 포함되어 있지 않다면 잔금을 낸다고 하더라도 여전히 전 소유자의 것이므로 필요한 것은 따로 돈을 주고 매입해야 한다.

현황조사서

이 문서는 법원 집행관이 직접 해당 주소로 찾아가서 살고 있는 사람에게 점유권원과 이유를 묻고 그 답변을 적은 문서다. 사실대로 말하는 사람이 대부분이지만 거짓말을 하는 사람도 있다. 집행관에게는 사실만을 말하라고 강제할 수 있는 권한이 없으며, 집행관의 개인적인 의견이 포함될 수 있다.

필요한 모든 정보를 알 수도 없고 현황조사서의 빈칸을 딱 떨어지는

〈그림 2-4〉 현황조사서 예

현황조사서 기본내역

법원	고양지원	명령회차	1 회

기본정보

사건번호 : 2020타경 부동산임의경매 조사일시 : 2020년05월15일14시10분

부동산 임대차 정보

부동산 임대차정보

번호	소재지	임대차관계
1	경기도 고양시 일산서구	1명

부동산의 현황 및 점유관계 조사서
1. 부동산의 점유관계

부동산의 점유관계

소재지	1. 경기도 고양시 일산서구
점유관계	임차인(별지)점유
기타	임차인 가족이 거주

2. 부동산의 현황

철근콘크리트구조 (철근)콘크리트지붕

임대차관계조사서
1. 임차 목적물의 용도 및 임대차 계약등의 내용

임차 목적물의 용도 및 임대차 계약등의 내용

[소재지] 1. 경기도 고양시 일산서구

1	점유인		당사자구분	임차인
	점유부분		용도	주거
	점유기간	2019.8.12~현재		
	보증(전세)금	400,000,000	차임	
	전입일자	2019.08.12	확정일자	

출처: 스피드옥션

답으로 채울 수도 없다. 실제로 임차인의 정보가 누락되거나, 점유자의 거짓 진술이 적히거나, 전입일 또는 사업자등록일이 잘못 적히는 경우도 있다. 결국 임차인에 대한 정보의 진정성을 판단하는 건 입찰자의 몫이란 얘기다.

그럼에도 현황조사서는 소유자나 임차인 점유, 유치권자의 점유 시기, 임차인의 대항력 유무를 알 수 있는 기본적인 자료가 된다. 예를 들어 유치권 성립 조건 중 하나는 경매개시결정 등기 이전부터 목적물을 점유해야 한다는 것이다. 그런데 현황조사서상 해당 점유에 대한 기록이 전혀 없다면, 추후 분쟁 시 유치권 성립 여부에 대한 판단에서 유치권을 주장하는 자에게 불리하고 낙찰자에게 유리한 증거가 된다.

참고로 이 서류는 1회 매각기일 14일 이전부터 누구나 볼 수 있다.

매각물건명세서

부동산의 표시, 점유자의 권원과 기간, 월차임, 전입신고일 또는 사업자등록일, 확정일자 등을 기재한 문서다. 입찰 예정자의 의사결정을 위한 판단 자료로 가장 신뢰할 수 있는 문서다. 매각일 일주일 전까지 법원에 비치해두므로 누구든 볼 수 있다.

이 문서에는 특별매각 조건의 내용이 작성된다. 입찰자가 매각물건명세서를 신뢰하고 입찰했는데 잘못된 기재 등으로 인수해야 할 권리가 발생한다면 매각 불허가 신청 등을 통해 입찰보증금 10%를 안전하게 돌려받을 수 있다.

입찰 전에 확인해야 할 가장 중요한 것이 매각물건명세서다. 특히 다음 사항을 유념해서 봐야 한다.

- 최선순위 설정일자: 말소기준권리일(뒤에서 자세히 다룬다.)
- 배당요구 종기일: 채권자, 임차인 등 받을 돈이 있는 이해관계인이 자신의 권리만큼 돈을 달라고 신청할 수 있는 마지막 날이다.
- 비고란(※): 주의사항이 적히는 난인데, 아무것도 적혀 있지 않다면 권리관계가 깨끗한 물건이라는 뜻이다. 반대로 어떤 인수 사항이 적혀 있으면 위험 요소가 있다는 신호다. 예를 들어 '대항력 있는 임차인으로 전액 배당 안 될 시 인수 금액 발생할 수 있음'이라는 내용이 적혀 있기도 한다. 초보자는 공란이거나 '해당 사항 없음'이라고 적혀 있을 때만 입찰에 들어가는 게 좋다.

〈그림 2-5〉 매각물건명세서 예

의정부지방법원 고양지원

2020타경[illegible]

매각물건명세서

사 건	2020타경[illegible] 부동산임의경매	매각 물건번호	1	작성 일자	2020.10.20	담임법관 (사법보좌관)	[illegible]
부동산 및 감정평가액 최저매각가격의 표시	별지기재와 같음	최선순위 설정	2018. 12. 13. 근저당			배당요구종기	2020.07.31

부동산의 점유자와 점유의 권원, 점유할 수 있는 기간, 차임 또는 보증금에 관한 관계인의 진술 및 임차인이 있는 경우 배당요구 여부와 그 일자, 전입신고일자 또는 사업자등록신청일자와 확정일자의 유무와 그 일자

점유자 성명	점유 부분	정보출처 구분	점유의 권원	임대차기간 (점유기간)	보증금	차임	전입신고 일자, 사업자등록 신청일자	확정일자	배당 요구여부 (배당요구일자)
[illegible]	[illegible]	현황조사	주거 임차인	2019.8.12~ 현재	400,000,000		2019.08.12		
[illegible]	전부	권리신고	주거 임차인	2019.08.12.~ 2021.08.11.	400,000,000		2019.08.12.	2019.08.12.	2020.05.15
주택도시보증공사	전부	권리신고	주거 임차인	2019.08.12.~ 2021.08.11.	400,000,000		2019.08.12.	2019.08.12.	2020.07.10

<비고>
주택도시보증공사 : 공동임차인 [illegible], [illegible]의 임차보증금 양수인임

※ 최선순위 설정일자보다 대항요건을 먼저 갖춘 주택·상가건물 임차인의 임차보증금은 매수인에게 인수되는 경우가 발생 할 수 있고, 대항력과 우선변제권이 있는 주택·상가건물 임차인이 배당요구를 하였으나 보증금 전액에 관하여 배당을 받지 아니한 경우에는 배당받지 못한 잔액이 매수인에게 인수되게 됨을 주의하시기 바랍니다.

등기된 부동산에 관한 권리 또는 가처분으로 매각으로 그 효력이 소멸되지 아니하는 것

매각에 따라 설정된 것으로 보는 지상권의 개요

비고란

주1 : 매각목적물에서 제외되는 미등기건물 등이 있을 경우에는 그 취지를 명확히 기재한다.
2 : 매각으로 소멸되는 가등기담보권, 가압류, 전세권의 등기일자가 최선순위 저당권등기일자보다 빠른 경우에는 그 등기일자를 기재한다.

출처: 법원경매정보

유료 경매 사이트에서도 위험 요소가 있는 사건은 빨간색으로 경고해준다(〈그림 2-6〉). 물론 경고 문구가 있는 모든 사건이 해결해야 할 하자가 있는 것은 아니다. 하지만 초보라면 굳이 이런 사건에 입찰할 필요가 없다. 경고 문구가 없는 경매 부동산이 훨씬 많다.

〈그림 2-6〉 유료 경매 사이트의 경고 문구 예

☐	성남 4계 2023-56298 물번[5]		경기도 광주시 곤지암읍 신촌리 264-5 신지하우스빌 A동 1층 대지권 66.63m² (20.15평) / 전용 60.27m² (18.23평) [재매각,대지권미등기,공동담보]	다세대 (빌라)	105,000,000 2026-01-05 36,015,000 (입찰 7일전)	유찰 3회 (34%)	74
☐	서울동부 2계 2023-59480		서울특별시 광진구 군자동 355-1 동원데자뷰 4층 대지권 5.15m² (1.56평) / 전용 17.16m² (5.19평) [대항력있는임차인,관련사건]	오피스텔	220,000,000 2026-01-05 18,898,000 (입찰 7일전)	유찰 11회 (9%)	686
☐	서울동부 2계 2023-62127		서울특별시 광진구 구의동 23-32 욱현하이브 5층 대지권 20.73m² (6.27평) / 전용 24.18m² (7.31평) [선순위전세권,대항력있는임차인,선순위임차권,관련사건,위반건축물]	다세대 (빌라)	229,700,000 2026-01-05 24,664,000 (입찰 7일전)	유찰 10회 (11%)	999
☐	성남 4계 2023-66349		경기도 성남시 중원구 도촌동 704 동분당더퍼스트 510동 14층 대지권 63.76m² (19.29평) / 전용 84.98m² (25.71평) [대항력있는임차인,중복사건,공동담보]	아파트	723,000,000 2026-01-05 506,100,000 (입찰 7일전)	재진행 1회 (70%)	1,052
☐	수원 1계 2023-84689		경기도 화성시 영천동 859-1 동탄2신도시4차동원로얄듀크포레 102동 14층 대지권 0m² (0평) / 전용 24.50m² (7.41평) [대지권미등기,대항력있는임차인,관련사건]	오피스텔	134,000,000 2026-01-05 11,034,000 (입찰 7일전)	유찰 7회 (8%)	132
☐	부산동부 5계 2023-102446		부산광역시 해운대구 반여동 1575-26 3층 대지권 18m² (5.44평) / 전용 42.36m² (12.81평) [재매각,대항력있는임차인,선순위임차권,관련사건,공동담보]	다세대 (빌라)	66,000,000 2026-01-05 1,486,000 (입찰 7일전)	유찰 17회 (2%)	339
☐	안동 2계 2023-103287 물번[3]		경상북도 영주시 하망동 78-1 2층 대지권 83.54m² (25.27평) / 전용 112.36m² (33.99평) [선순위전세권,대항력있는임차인,병합사건,관련사건]	오피스텔	255,000,000 2026-01-05 7,204,000 (입찰 7일전)	유찰 10회 (3%)	133

출처: 스피드옥션

입찰 당일 체크리스트

입찰 전 반드시 준비할 것: 패찰을 낙찰로 바꿔준 대처법

본인 입찰 시

- 신분증: 신분증이 없으면 입찰이 불가능하다. 전국의 어떤 법원이든 운전면허증, 주민등록증 중 하나만 있으면 본인 입찰이 가능하다.
- 도장: 본인이 본인 명의로 입찰 시 인감도장일 필요는 없다. 혹시 도장을 가져오지 않았더라도 당황하지 말자. 법원 앞 도장 가게에서 막도장을 새롭게 만들어서 사용하면 된다.
- 보증금: 법원별로 은행이 입점해 있다. 서울은 모든 법원 내에는 신한

은행이 있으나 지방소재의 법원은 농협이 많다. 수도권 중 성남지원은 우리은행, 통영지원은 SC제일은행 등 법원별로 입점 은행이 다르니 주의해야 한다. 통장에 돈이 있어도 입찰보증금을 인출하지 못해 낭패를 겪지 않도록 사전에 준비하자. 패찰 시 입찰보증금을 돌려받는 데 즉시 법원 내 은행으로 가서 입금 처리를 해야 분실 우려가 없다.

법인 대표자가 법인 이름으로 입찰할 때는 기일입찰표, 법인 대표자 신분증, 법인 인감도장이 필요하다. 개인과 달리 법인 등기사항전부증명서 첨부가 필수다. 이게 없으면 1등을 해도 무효 처리될 수 있다.

수년 전 일이다. 하루에 4개의 경매 사건에 입찰했다. 4개의 사건 가운데 1개에 등기부등본을 첨부하지 못했다. 그 사실을 까맣게 모르고 있었고 집행관이 나를 불러 "최고가로 쓴 것은 맞는데 법인 등기부등본이 누락되어 있네요."라고 말했다. 나는 어떻게 했을까? 당황하지 않고 "즉시 보정하겠습니다."라고 하고는 패찰된 다른 사건의 입찰봉투에서 서류를 빼서 즉시 제출했다.

이를 악용하는 이들도 있다. 예를 들어 7억 원에 입찰해서 낙찰받았는데 2등이 5억 원을 썼다면 2등과의 가격 차이가 너무 크다. 1등은 했지만 잔금 내기가 싫어질 수도 있다. 그럴 때 고의로 법인 등기부등본을 누락해서 제출한 뒤, 2등과의 가격 차이를 보고 추가로 제출하거나 내지 않는 것이다. 하지만 서류 미비를 이유로 즉각 탈락시키는 등 법원별, 매각 담당 집행관별로 실무 처리에 차이가 있다.

대리 입찰 시

- 본인의 인감증명서
- 본인의 인감이 날인된 기일입찰표와 위임장
- 대리인 신분증과 도장
- 입찰보증금

여기서 '본인'이란 낙찰 후 잔금을 내면 해당 경매 사건의 '소유자'가 되는 사람을 말한다. 위임장은 입찰표 뒷면에 인쇄되어 있는 것을 쓰거나 별도의 양식을 사용해도 된다. 경매 정보 사이트에서 출력할 수 있으니 미리 작성해 가도 무방하다.

공동 입찰 시

대출 규제로 자금이 부족하자 마음이 맞는 사람들끼리 공동 투자를 하기도 한다. 이때 필요한 서류는 다음과 같다.

- 기일입찰표
- 위임장
- 공동입찰신고서
- 공동입찰자목록
- 대표자(대리인) 1인의 도장 및 신분증
- 대표자(대리인) 1인을 제외한 공동 입찰자의 인감도장 날인
- 대표자(대리인) 1인을 제외한 공동 입찰자의 인감증명서

〈그림 2-7〉 기일입찰표 양식

[전산양식 A3360] 기일입찰표(흰색) 용지규격 210mm×297mm(A4용지)

(앞면)

기 일 입 찰 표

지방법원 집행관 귀하 입찰기일 : 년 월 일

사건 번호			물건 번호	* 물건 번호가 여러 개 있는 경우는 꼭 기재
입찰자	본인	성 명	(인)	전화번호	
		주민(사업자) 등록번호		법인등록 번 호	
		주 소			
	대리인	성 명		본인과의 관 계	
		주민등록 번 호		전화번호	
		주 소			

입찰 가격	천억	백억	십억	억	천만	백만	십만	만	천	백	십	일	원

보증 금액	백억	십억	억	천만	백만	십만	만	천	백	십	일	원

보증의 제공방법	□ 현금·자기앞수표 □ 보증서	보증을 반환받았습니다. 입찰자 (인)

주의사항

1. 입찰표는 물건마다 별도의 용지를 사용하십시오. 다만, 일괄입찰 시에는 1매의 용지를 사용하십시오.
2. 한 사건에서 입찰물건이 여러 개 있고 그 물건들이 개별적으로 입찰에 부쳐진 경우에는 사건번호 외에 물건번호를 기재하십시오.
3. 입찰자가 법인인 경우에는 본인의 성명란에 법인의 명칭과 대표자의 지위 및 성명을, 주민등록란에는 입찰자가 개인인 경우에는 주민등록번호를, 법인인 경우에는 사업자등록번호를 기재하고, 대표자의 자격을 증명하는 서면(법인의 등기부 등·초본)을 제출하여야 합니다.
4. 주소는 주민등록상의 주소를, 법인은 등기부상의 본점소재지를 기재하시고, 신분확인상 필요하오니 주민등록증을 꼭 지참하십시오.
5. 입찰 가격은 수정할 수 없으므로, 수정을 요하는 때에는 새 용지를 사용하십시오.
6. 대리인이 입찰하는 때에는 입찰자란에 본인과 대리인의 인적사항 및 본인과의 관계 등을 모두 기재하는 외에 본인의 위임장(입찰표 뒷면을 사용)과 인감증명을 제출하십시오.
7. 위임장, 인감증명 및 자격증명서는 이 입찰표에 첨부하십시오.
8. 일단 제출된 입찰표는 취소, 변경이나 교환이 불가능합니다.
9. 공동으로 입찰하는 경우에는 공동입찰신고서를 입찰표와 함께 제출하되, 입찰표의 본인란에는"별첨 공동입찰자목록 기재와 같음"이라고 기재한 다음, 입찰표와 공동입찰신고서 사이에는 공동입찰자 전원이 간인하십시오.
10. 입찰자 본인 또는 대리인 누구나 보증을 반환받을 수 있습니다.
11. 보증의 제공방법(현금·자기앞수표 또는 보증서)중 하나를 선택하여 ☑표를 기재하십시오.

〈그림 2-8〉 대리 입찰과 공동 입찰 시 위임장 양식

위 임 장

대리인	성 명		직 업	
	주민등록번호		전화번호	
	주 소			

위 사람을 대리인으로 정하고 다음 사항을 위임함.

다 음

지방법원 타경 호 부동산
경매사건에 관한 입찰행위 일체

본인 1	성 명		직 업	
	주민등록번호	– 인감인	전화번호	
	주 소			

본인 2	성 명		직 업	
	주민등록번호	– 인감인	전화번호	
	주 소			

본인 3	성 명		직 업	
	주민등록번호	– 인감인	전화번호	
	주 소			

* 본인의 인감 증명서 첨부
* 본인이 법인인 경우에는 주민등록번호란에 사업자등록번호를 기재

지방법원 귀중

〈그림 2-9〉 공동 입찰 시 공동입찰자신고서 양식

[전산양식 A3364]

공 동 입 찰 신 고 서

법원 집행관 귀하

사 건 번 호 :

물 건 번 호 :

공동입찰자 : 별지 목록과 같음

위 사건에 관하여 공동입찰을 신고합니다.

2020년 월 일

신청인 외 인(별지목록 기재와 같음)

※ 1. 공동입찰을 하는 때에는 입찰표에 각자의 지분을 분명하게 표시하여야 합니다.
2. 별지 공동입찰자 목록과 사이에 공동입찰자 전원이 간인하십시오.

용지규격 210mm×297mm(A4용지)

〈그림 2-10〉 공동 입찰 시 공동입찰자목록 양식

공동입찰자목록

번 호	성 명	주 소		지분
		주민등록번호	전화번호	
1				
2				
3				
4				
5				
6				

7				
8				
9				
10				

입찰 시에는 공동 입찰자 중 1명이 대표로 참석해도 되고 제3자가 대리인 자격으로 참석해도 된다. 공동입찰신고서와 공동입찰자목록에는 간인을 해야 한다. 간인이 누락되어 있으면 매각 담당 집행관에 따라 현장 보정을 지시하거나 무효 처리할 수 있다. 그리고 지분 비율이 다르다면 지분을 반드시 표시해야 한다. 대개 투자금에 따라 지분 비율을 기재하며 만약 표시하지 않으면 등기관은 동일한 지분 비율로 간주한다.

법원 가기 전 꼭 확인할 사항

- 입찰 시간: 대개 오전 10시에서 11시 20분 내외다. 법원별로 차이가 있으며 11시 10분에 마감하거나 12시까지 하는 곳도 있으니 미리 확인해야 한다.
- 관할법원 위치: 116쪽의 〈표 2-2〉를 참고하자. 부동산 소재지 관할이 속한 법원 명칭을 정확히 봐야 한다. 예를 들어 인천에는 '인천지방법원'과 '인천지방법원 부천지원'이 있다. '인천지방법원'이라는 단어만 보고 '부천지원'에 가는 초보 입찰자들을 보기도 했다. 두 법원 간의 거리가 상당해서 잘못 찾아가면 그날 입찰은 포기해야 한다.
- 주차장 위치: 자차로 입찰하러 갈 경우 법원 인근 주차장을 확인해두어야 한다. 경매가 있는 날 법원 주차장은 항상 혼잡하다고 보면 된다. 가까운 거리의 공영 주차장이나 유료 주차장을 파악해두면 법원 내 주차를 하지 못해 입찰을 포기해야 하는 일을 방지할 수 있다.

〈표 2-2〉 서울 및 수도권 관할법원

법원		주소와 연락처	관할 지역
서울	중앙지방법원	[06594] 서울 서초구 서초중앙로 157 02-530-1114	서울 종로구, 중구, 성북구, 강남구, 서초구, 관악구, 동작구
	동부지방법원	[05856] 서울 송파구 법원로 101 02-2204-2114	성동구, 광진구, 강동구, 송파구
	남부지방법원	[08088] 서울 양천구 신월로 386 02-2192-1114	영등포구, 강서구, 양천구, 구로구, 금천구
	북부지방법원	[01322] 서울 도봉구 마들로 749 02-910-3114	도봉구, 노원구, 동대문구, 중랑구, 강북구
	서부지방법원	[04207] 서울 마포구 마포대로 174 02-3271-1114	용산구, 서대문구, 마포구, 은평구
수도권	의정부지방법원	[11616] 경기도 의정부시 녹양로 34번길 23 031-828-0114	의정부시, 양주시, 남양주시, 구리시, 연천군, 포천시, 가평군, 동두천시, 철원군
	고양지원 (의정부지법)	[10413] 경기도 고양시 일산동구 장백로 209 031-920-6114	고양시, 파주시
	수원지방법원	[16512] 경기도 수원시 영통구 법조로 105 031-210-1114~5	수원시, 안양시, 용인시, 화성시, 오산시, 군포시, 의왕시, 과천시
	안산지원 (수원지법)	[15472] 경기도 안산시 단원구 광덕서로 75 031-481-1114	안산시, 광명시, 시흥시
	성남지원 (수원지법)	[13143] 경기도 성남시 수정구 산성대로 451 031-737-1114	성남시, 광주시, 하남시
	여주지원 (수원지법)	[12638] 경기도 여주시 현암로 21-12 031-880-7500	여주군, 이천시, 양평군
	평택지원 (수원지법)	[17848] 평택시 평남로 1036 031-650-3114	평택시, 안성시
인천	인천지방법원	[22220] 인천광역시 미추홀구 소성로 163번길 17 032-860-1113~4	인천광역시
	부천지원 (인천지법)	[14602] 경기도 부천시 상일로 129 032-320-1114	부천시, 김포시

출처: 대한민국 법원

입찰표 제출

입찰 당일 경매법정에 가면 테이블 위에 기일입찰표와 위임장, 매수신청보증봉투(입찰보증금봉투), 입찰봉투(대봉투) 등이 비치되어 있다. 입찰보증금(최저 매각 금액의 10%)을 넣어 입찰하는 것은 절대로 잊지 말자.

입찰표 작성 방법

입찰표에는 다음의 사항을 기재한다.

- 사건번호
- 이름
- 전화번호
- 주민등록번호
- 주소
- 입찰 가격
- 보증 금액
- 보증의 제공 방법(이건 그냥 체크하면 된다.)

초보자라면 입찰표를 미리 작성해 가는 것이 좋다. 시간에 쫓기거나 긴장해서 실수를 저지르는 경우가 있기 때문이다. 수강생들을 대상으로 모의 입찰을 해보면 보증 금액에 얼마를 써야 하는지 헷갈려 하는 사람들이 있다. 보증 금액은 최저 매각 가격의 10%다. 하지만 재매각

사건인 경우 최저매각금액의 20~30%일 수도 있으니 보증금이 최저가의 몇 %인지 확인해야 한다. 미납 등의 사유로 경매가 다시 진행되는 경우 20%가 많다.

매수신청보증봉투 작성 방법

매수신청보증봉투는 흔히 '입찰보증금봉투'로 불린다.

사건번호와 물건번호(물건번호가 있는 경우만 기입), 제출자 이름을 적고 앞뒤로 도장을 찍으면 된다. 인감도장일 필요는 없다. 본인 도장이기만 하다면 막도장도 상관없다.

입찰봉투 작성 방법

본인 난에 이름을 적고 날인한다. 뒷면에도 사건번호와 물건번호를 적고 세 군데에 날인한다. 작성을 마친 입찰표와 보증금을 넣은 입찰보증금봉투를 입찰봉투에 넣고 신분증과 함께 제출한다. 집행관이 신분증과 입찰봉투를 확인한 후 입찰자용 수취증을 잘라 입찰자에게 준다. 패찰할 경우 신분증 및 입찰자용 수취증이 있어야 보증금을 돌려받을 수 있다.

낙찰에 성공했다면

해당 물건의 입찰자 중 가장 높은 가격을 쓴 사람이 낙찰자가 된다. 낙찰 후 집행관이 호명하면 앞으로 나가서 신분증을 보여준 뒤 안내에 따라 서류 몇 군데에 서명 및 날인을 하면 된다(이때가 가장 짜릿한 순간이다).

서명과 날인이 끝나면 입찰보증금 영수증을 받는다. 최고가매수신고인(낙찰자)이라는 증표다. 경매법정 밖으로 나오면 대출 중개인들이 명함을 건네줄 것이다. 이 순간만큼은 낙찰의 기쁨을 마음껏 누리면 된다. 낙찰 영수증이 쌓이는 만큼 경제적 자유를 누리는 날도 가까워질 수 있다. 낙찰 영수증을 꾸준히 모으기 위해 노력하자. 낙찰 영수증은 당신의 투자 경력이 쌓이는 것을 상징하며, 자산이 늘어나고 있다는 증거다.

〈그림 2-11〉 그동안 받은 낙찰 영수증

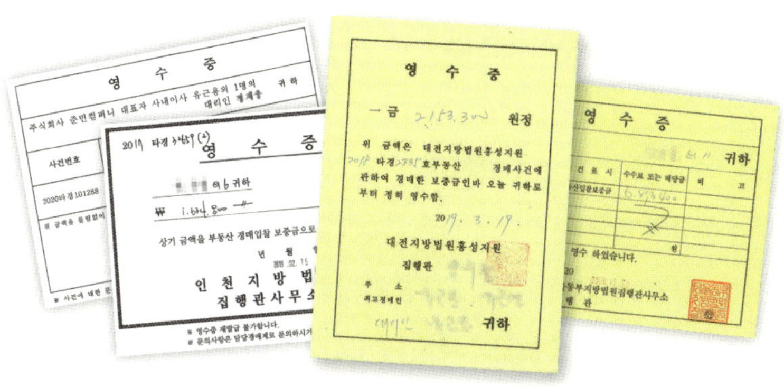

돈 되는 꿀팁

흔히 하는 입찰 실수, 미리 알고 조심하자

입찰 가격은 절대 수정해선 안 된다

입찰표에 입찰 가격을 기입한 후에는 절대 수정해선 안 된다. 고친 흔적이 있다면 바로 무효 처리된다. 특히 숫자는 정확하게 기재해야 하고 알아보기 어렵게 썼거나 금액을 수정하고 싶다면 반드시 입찰표를 새로 작성해야 한다. 가끔 "수정 테이프로 지우고 다시 쓰면 안 되나요?"라고 묻는 사람들이 있는데 절대 안 된다.

입찰표를 꼭 법원에서 적을 필요는 없다. 법원 홈페이지 또는 유료 경매 사이트 등에서 입찰표 양식을 내려받아 작성해 가도 된다. 수기가 아닌 컴퓨터로 작성해도 괜찮다. 단 누가 보더라도 알아볼 수 있게 정확히 써야 한다. 혹시 입찰 당일 입찰가를 수정해야 하는 상황이 올 수도 있으니, 가격을 달리해서 작성한 입찰표를 2~3장 준비해 가는 것도 방법이다.

수표는 반드시 전날 또는 당일 집 근처 은행에서 준비하자

입찰 당일에는 변수가 많다. 차가 많이 막히고 주차할 공간이 없어 헤매다가 법원에 늦게 도착하는 경우가 의외로 많다. '법원 가서 게시판 확인하고, 수표 찾고, 입찰표도 작성해야지'라고 계획했다가 끝내 입찰표를 제 시간에 내지 못하는 경우를 수도 없이 봤다. 종종 진행하는 경매 사건이 많은 날이면 법원 은행은 입찰보증금을 찾는 사람들로 혼잡하다.

수강생 중 한 분은 입찰 마감 20분 전부터 기다렸는데 결국 보증금을 인출하지 못해 입찰을 포기해야 했다. 입찰 전날 가까운 은행에서 수표 한 장으로 미리 준비하는 것도 방법이다.

신분증은 꼭 챙기자

입찰표를 제출할 때는 신분증이 필요하다. 가끔 지갑을 놓고 와서 입찰에 참여하지 못하는 분을 보는 데 법원으로 출발 전 최종 확인하는 게 좋다.

입찰보증금봉투에 보증금을 정확하게 넣자

보증금이 부족할 경우 입찰 자체가 무효 처리된다. 지금까지 전국 법원을 돌아다니면서 이런 경우를 여러 번 보았다. 입찰보증금은 10원이라도 모자라면 안 된다. 정확한 금액을 넣어야 하는 데 정해진 입찰보증금보다 더 많이 넣는 것은 괜찮다. 이런 경우 낙찰되면 남은 금액은 돌려받는다. 현금으로 보증금을 납부하면 실수가 발생할 수 있으니 꼭 수표 1장으로 미리 준비하는 습관을 들이자.

개별매각 사건의 물건번호를 반드시 기재하자

일괄매각과 개별매각이 있다. 일괄매각은 하나의 경매 사건에서 진행되는 부동산이 2개 이상이더라도 하나로 묶어 매각하는 것을 말한다.

개별매각은 사건은 하나지만 2개 이상의 물건을 따로 매각하는 것이다. 개별매각물건 입찰은 사건번호뿐만 아니라 물건번호도 반드시 함께 기재해야 한다. 물건번호를 적지 않으면 무효 처리된다. 여러 개의 사건 중에 어떤 경매 사건에 입찰한 것인지 알 수 없기 때문이다.

입찰보증금을 돌려받는 경우와 돌려받지 못하는 경우

다음의 경우 최고가를 써냈더라도 입찰이 무효 처리된다. 단 보증금은 돌려받을 수 있다.

- 다른 법원에 가서 입찰한 경우
- 최저가보다 낮은 가격으로 입찰한 경우
- 대리 입찰 시 본인의 인감증명서를 첨부하지 않거나 인감증명서상 도장과 일치하지 않는 날인인 경우
- 입찰가를 수정한 경우

다음의 경우는 낙찰은 됐지만 포기할 수밖에 없어 입찰보증금을 돌려받지 못한다.

- 입찰가에 0을 하나 더 쓴 경우: 100% 낙찰받을 수 있겠지만 잔금을 내기 어렵다. 잔금을 내지 못하면 입찰보증금은 몰취된다.
- 물건번호를 잘못 기재한 경우: 엉뚱한 호실이나 다른 부동산에 입찰해놓고 덜컥 낙찰받아 잔금을 내지 못하면 보증금은 몰취된다.
- 시설 파손 또는 침수되었거나 대출이 나오지 않는다는 등의 사유로 잔금을 내지 못한 경우

경매일이 바뀌거나 취소되는 경우

변경

예정된 입찰일에 경매를 진행할 수 없을 때 채권자의 신청에 따라 또는 담당 경매계의 직권으로 기일을 새로 정하는 것을 말한다. 채무자가 돈을 갚겠다고 채권자에게 의사 표시를 하거나 송달 불능, 코로나19 등 기타 사유로 입찰이 곤란한 경우가 이에 해당한다. 또는 채무자가 채권자와 합의가 됐다며 합의서를 제출할 때도 있다.

취하

경매를 신청한 사람이 '경매를 진행하지 않겠습니다'라고 법원에 의사를 밝힌 것을 말한다. 여러 이유가 있겠으나 채무자에게 전액 변제를 받았거나 경매 진행이 오히려 손해라고 판단했을 경우에 취하를 한다. 낙찰자가 잔금을 납부하기 전까지 언제든 취하 신청이 가능하다는 사실을 기억하자. 낙찰이 됐다고 끝이 아니라 잔금을 내야 내 것이 된다.

종국

우리 입장에서는 경매의 마지막 절차를 대금 납부로 생각하지만, 실제로는 배당까지 완료돼야 경매 절차가 마무리된다. 배당을 할 때 누군가가 "이 배당에 이의가 있습니다!"하고 손을 들 수 있다. 이처럼 이해관계인이 '배당이의'를 신청하면, 아직 경매가 완료된 게 아니므로 이를 '미종국'이라 한다. 배당이의 없이 완료되어야 '종국'이 된다.

경매에는 네 가지 가격이 있다

가장 중요한 가격은 시세다

경매에서 다루는 돈은 크게 네 가지다. 시세, 입찰가, 대출 가능한 금액, 실투자금이다. 이 네 가지는 서로 연동되어 있다. 시세를 알아야 입찰가를 쓸 수 있고, 대출 가능 금액을 알아야 내 돈(실투자금)이 얼마나 필요한지 알 수 있다. 그리고 최종적으로 이 네 가지가 조합되어 얼마의 투자로 얼마를 벌 수 있는지 계산할 수 있다.

경매 투자는 부동산을 시세보다 싸게 사기 위한 것임을 잊지 말아야 한다. 낙찰을 받는다고 해도 급매가와 비슷하거나 시세보다 높은 금액이라면 원래 목적에서 벗어난다. 종종 경매 현장 분위기에 휩쓸려 처음 생각했던 입찰가보다 높게 써내는 사람이 있는데 낙찰은 받을 수 있겠지만 계획했던 수익을 만들기는 어렵다.

초보자일수록 입찰 당일 경매법정에서 본인이 입찰하는 물건에 사람이 많이 몰릴 것 같은 불안함 때문에 입찰가를 높게 쓰곤 한다. 이런 착오를 줄이려면 입찰 전에 사전 조사를 철저히 해야 한다. 낙찰 자체가 아니라 '시세보다 싸게' 사는 것이 중요하다.

입찰가를 정하는 기준은 실제 시세다

먼저 정확한 시세가 나와야 입찰가 산정이 가능하다. 입찰하고 싶은 부동산을 발견하면 시세 파악에 나서야 하는데, 특히 주거용 부동산 입찰 시 필수 조사 사항은 아래의 3가지다.

- 실거래가: 실거래가 데이터가 많을수록 시세를 파악하기가 쉽고 결과를 신뢰할 수 있다. 드물거나 이례적인 한두 건의 실거래가, 차이가 큰 고가나 저가 거래는 실제로 거래된 가격이라 해도 신뢰하기 어렵다.
- 전세 및 월세 가격: 전세를 주어 실투자금을 최소화하거나 월세를 주어 대출 이자를 충당할 수 있으니 이 가격도 성실하게 조사해야 한다. 임대료가 상승 또는 하락 추세인지 확인 역시 중요하다.
- 급매가: 초보라면 급매가보다 싸게 사는 것을 목표로 하자. 현재 시장

에 나온 매물 가운데 최저가 매물(거래 가능한 진짜 매물이어야 한다) 시세, 임대료, 실거래가 추이를 알고 있으면 입찰가를 잡기가 수월하다.

처음 경매 기일이 잡히면 감정가와 최저가가 같다. 이때 입찰을 하려면 감정가보다 높은 액수를 적어 내야 한다는 말이다. 1회 유찰될 때마다 가격은 낮아진다. 최저가 금액 앞의 괄호에 '70%'라고 적혀 있는 건 감정가의 70% 수준까지 떨어졌다는 뜻이다. 법원별로 차이가 있는데 통상 저감률은 20% 또는 30%다.

참고로 유찰은 몇 번이나 계속될 수 있을까? 이론적으로는 10회, 20회 또는 그 이상 유찰될 수 있다. 하지만 경매의 목적이 채권자에게 돈을 돌려주기 위해 하는 것이므로 채권자가 단돈 1만 원이라도 가져갈 수 없다면 경매 절차를 더는 진행하지 않는다.

아파트, 오피스텔과는 다른 빌라, 다가구주택 시세 파악

빌라, 다가가주택 등은 거래 사례가 많지 않아 실거래가를 신뢰하기 어려운 경우가 많다. 중개보수 절감을 이유로 공인중개사 없이 임대인이 직접 전·월세 거래를 하거나 매도인과 매수인이 직접 매매 거래를 하는 경우도 있다. 서로의 이해관계에 따라 업·다운 계약이 있을 수도 있으니 실거래가를 전적으로 믿어서는 안 되고 반드시 확인 절차를 거치는 게 좋다.

다가구주택은 토지에 대한 개별공시가, 건물과 토지 각각의 가격을 가진다. 아파트에 비해 감정평가서 상의 유사 거래 사례를 꼼꼼히 확인하면 시세 파악에 도움이 된다.

입찰할 부동산의 시세 파악이 어려운 경우 인근에 거래된 부동산을 찾아서 그 매매 가격과 토지면적으로 평당 가격을 환산해 본다. 나아가 매매 금액이 개별공시지가와 주택공시가 대비 얼마의 비율로 거래됐는지도 알아보는 등 시세에 대한 확신을 가지려고 노력한다. 대지 가격과 건축물의 연면적이 다르고, 층수·방향·상태·구조·도로 인접 여부에도 차이가 있으므로 현장 조사는 필수다.

국토교통부에서 실거래가 확인하기

국토교통부에서는 부동산 거래 가격 및 거래 동향을 보다 정확하고 신속히 파악할 수 있도록 부동산거래신고제를 통해 수집된 실거래 자료를 공개하고 있다. 이를 활용하면 최저가·최고가, 상·하한가, 시세 변동 추이를 파악할 수 있다. 국토교통부 실거래가 공개시스템(rt.molit.go.kr) 사이트는 필수로 봐야 한다.

국토교통부 매매 실거래 공개는 2006년 1월부터 부동산거래신고 및 주택거래신고를 한 주택(아파트, 연립·다세대, 단독·다가구), 오피스텔, 토지, 상업·업무용 부동산 그리고 2007년 6월 29일 이후 체결된 아파트 분양·입주권을 대상으로 한다. 전·월세 실거래가 공개는 2011

년 1월부터 읍·면·동 주민센터에 신고된 확정일자 자료와 일부 공개 가능한 대법원 등기소의 주택(아파트, 연립·다세대, 단독·다가구, 오피스텔) 확정일자 자료를 대상으로 한다.

부동산 거래 통계를 볼 수 있는 또 다른 사이트로 한국감정원 부동산통계정보시스템 R-ONE(www.r-one.co.kr)이 있다. R-ONE의 감정가로 시세를 파악하고자 하는 사람들도 있는데 이는 잘못된 방법이다. 이곳의 자료는 활용 목적과 집계 기준, 관리 범위 등에서 국토교통부 실거래가 공개시스템에서 제공하는 자료와 차이가 있기 때문이다. 경매는 접수 후 종결까지 최소 8개월에서 1년 이상 걸리기도 하는데 감정평가 시점과 입찰 시점의 가격 차이는 필연적이다. 한마디로 감정가는 입찰하는 데 고려 대상이 아니라고 생각하는 것이 좋다.

〈그림 2-12〉 목동 신시가지 아파트 경매 결과

서울남부지방법원
2020 타경

경매10계 02)2192-1340

법원정보보기 관할법원안내
매각기일 (화) 2022-04-19 10:00:00 ~

서울특별시 양천구 신정동 325
[도로명주소] 서울특별시 양천구 목동동로 10

용도	아파트	채권자	국민은행	감정가	932,000,000원
		채무자		최저가	(100%) 932,000,000원
대지권	54.95㎡ (16.62평)	소유자		보증금	(10%) 93,200,000원
건물면적	51.48㎡ (15.57평)	매각대상	토지/건물일괄매각	청구금액	247,350,789원
사건접수	2020-03-30	배당종기일	2020-07-01	개시결정	2020-03-31

기일현황 간략보기 ▲

사진 더보기

회차	매각기일	최저매각금액	결과
신건	2021-05-12	932,000,000원	변경
신건	2022-04-19	932,000,000원	매각
/입찰18명/낙찰1,225,100,000원(131%)			
	2022-04-26	매각결정기일	허가
	2022-06-03	대금지급기한 납부 (2022.06.02)	납부
	2022-07-21	배당기일	완료

출처: 스피드옥션

실제로 감정가의 100%를 훌쩍 넘는 가격에 낙찰되는 일도 많다. 고가 낙찰처럼 보일 수 있지만, 현재 시세가 그만큼 올랐다는 뜻이다. 이를 고려하지 않고 감정가를 기준으로 하여 입찰가를 써내서는 낙찰에 성공하기가 매우 어렵다.

129쪽의 〈그림 2-12〉은 양천구 신정동의 목동 신시가지 11단지 아파트 경매 결과다. 한 번도 유찰되지 않은 신건에 무려 18명이 입찰했다.

감정가: 9.32억

낙찰가: 12억 3,000만 원(131%)

낙찰가율 131%에 낙찰된 이유는 입찰 당시 시세가 12억 원을 넘었기 때문이다. 당시 감정가 약 9억 3,000만 원은 이를 전혀 반영하지 못하고 있음을 알 수 있다. 2025년 12월 기준 시세는 17억 원으로 당시 감정가 9억 3,000만 원과 큰 차이가 난다.

그 외에 네이버 부동산(land.naver.com)을 통해서도 국토교통부에서 제공하는 과거 매매와 전·월세 실거래가를 확인할 수 있다. 2018년에 거래됐던 물건 중에서 입찰하려는 물건과 비슷한 층의 가격을 찾아보자.

현장에서 최저가, 최고가 수준 확인하기

인터넷으로 손품을 팔아 얻을 수 있는 최대한의 정보를 얻었다면 현장으로 나가 내가 파악한 정보가 확실한지 확인할 필요가 있다. 과거 실거래가와 전·월세 수준을 파악한 정보를 토대로 현재 시장에 나온 최고가·최저가를 파악해야 한다.

요즘에는 부동산 카페와 맘 카페 등이 활성화되어 있다. 맘 카페에서는 부동산뿐만 아니라 학군, 살림, 교육, 육아 등의 정보가 활발하게 공유된다. 언뜻 무관해 보이지만 이런 정보들도 부동산 투자에 도움이 된다. 내가 입찰하고자 하는 물건의 장단점은 물론, 그 동네에 살면서 불편한 점과 향후 지역 발전 계획 등 다양한 정보를 얻을 수 있다.

부동산을 팔 때도 중개소 몇 곳에만 매물 의뢰를 하기보다 지역 부동산 카페, 피터팬, 당근 등 여러 온라인 커뮤니티에 매물을 올리면 노출이 많이 되어 매도 확률을 높일 수 있다. 파는 것도 기술인 시대다.

입찰가, 나는 이렇게 산정했다

이 책을 열심히 읽었다면 입찰가 산정 방법을 알 수 있을 것이다. 입찰가는 최저가가 기준이 아니라 현재 시세가 기준이 되어야 한다. 당신은 얼마의 수익을 남기길 원하는가?

처음 시작하는 왕초보 경매 투자자라도 열심히 움직이면 1,000~

2,000만 원의 수익을 얻는 것은 그리 어렵지 않다. 물론 단지 1,000만 원 남기려고 경매를 하는 것은 아니지만 많은 사람들이 욕심을 부리다가 억 단위의 수익을 놓치는 경우를 많이 본다.

당신은 아직 초보자임을 명심하라. 한 번에 많은 차익을 남기려 하기보다 소소한 경매 성공 경험을 쌓으려고 노력하라. 그런 것들이 모여 생각지 못한 곳에서 추가 수익을 얻게 될 것이다.

유료 경매 정보 사이트 기능을 샅샅이 활용해 보자. 관심을 가진 부동산에 몇 명이 입찰했는지, 낙찰가가 얼마인지, 2등 입찰가는 얼마를 써냈는지 등을 쉽게 알 수 있다. 이는 추후 같은 단지, 인근 지역에 입찰할 때 든든한 자료가 된다.

돈 되는 꿀팁

남들은 모르는 입찰가 산정의 비밀

관리비 조사 단계에서 입찰가 산정에 도움이 될 팁을 얻을 수 있다.

아파트라면 대부분 관리사무소 연락처가 나와 있다. 전화를 하거나 방문하여 "미납된 관리비가 얼마인가요?"라고 물어보자. 그러면 관리사무소로부터 "약 100만 원 밀려있습니다." 또는 "작년 10월부터 연체 중입니다."라는 식의 답변을 받을 수 있다. 그리고 경매 관련 문의 전화를 몇 번이나 받았는지 물어보자. 관리사무소의 답변은 대체로 다음 중 세 가지다.

- 업무를 못 할 지경이에요.

- 하루 한두 건은 오는 것 같아요.
- 지금 전화 주신 분이 처음이에요.

실제로 나는 입찰 당일 아침, 법원에 가기 전 관리사무소에 들른 적이 있다. 담당 업무를 하시는 분에게 미납 관리비를 알아보러 온 사람이 내가 처음이라는 얘길 들었다. 그래서 나는 단독 낙찰을 염두에 두고 최저가 수준의 입찰가를 적어 냈다. 결과는? 단독으로 낙찰을 받아 여전히 보유 중이다. 이렇듯 현장에 많이 갈수록 유리하다.

한 가지 주의할 점은 미납 관리비 문의는 최대한 입찰일 직전에 하는 게 좋다는 것이다. 그러지 않으면 내가 데이터 제공자가 될 수 있다.

경매법정에 가기 전 알아두면 좋을 것들

- 부동산 경매 전혀 어렵지 않다. 익숙해질 때까지 이 책 2장에 있는 '입찰 당일 체크 리스트'를 참고하여 따라하면 된다.
- 감정평가서, 현황조사서, 매각물건명세서는 반드시 꼼꼼하게 살펴보자.
- 경매에서 다루는 네 가지 가격, 즉 시세, 입찰가, 대출 가능 금액, 실투자금에 익숙해지자. 특히 입찰가를 산정할 때 중요한 가격은 가장 최근의 실거래가와 현재 시세다.
- 미납 관리비 문의 전화는 입찰일 직전에 하자(관리사무소에 직접 들러 소장님이나 경리 담당자와 얘길 나눠보면 더 정확하고 유의미한 정보를 얻을 수 있을 것이다).

제3장

손품, 발품만 열심히 팔아도 1,000만 원 더 번다

반드시 오를 부동산을 싸게 사는 것이 경매다. 간단하다.

위험한 물건은 권리분석으로 피하고

반드시 오를 것이라는 확신은 손품과 발품으로 얻는다.

경매 사이트 이렇게 활용하라

나와 맞는 경매 사이트 찾기

경매의 모든 과정을 알았으니 경매 정보를 모아놓은 사이트를 활용하는 방법을 익혀보자. 모든 경매는 법원경매정보 사이트에서 확인할 수 있는데 유료 경매 사이트를 활용하면 물건을 훨씬 쉽게 찾을 수 있다. 대표적인 사이트로 스피드옥션(speedauction.co.kr), 지지옥션(ggi.co.kr), 부동산태인(taein.co.kr) 등이 있다. 검색 방법과 제공하는 정보는 비슷하지만 부동산 종류별로 조사 방법이 특화된 곳도 있다. 처음부터 1년 결제를 하기보다는 한 달 정도 이용해보고 자신에게 가장 적합한 사이트를 선택하면 된다.

이 책에서는 스피드옥션 기준으로 경매 사건을 검색해본다.

검색조건 설정

스피드옥션 메인 화면에서 상단 메뉴 가장 왼쪽 '경매검색'을 클릭한다(〈그림 3-1〉). '종합검색-검색조건입력' 화면이 뜨면 다음 사항들을 설정한다(〈그림 3-2〉).

- 소재지: 초보일수록 자신이 사는 지역이나 잘 아는 지역을 선택하는 것이 좋다.
- 현황용도: 물건 유형을 선택하는 항목이다. 주거용·상업용·토지 등으

〈그림 3-1〉 스피드옥션 메인 화면

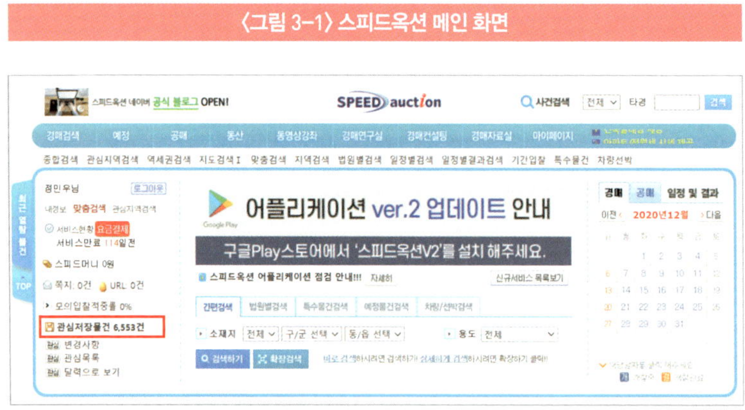

출처: 스피드옥션

〈그림 3-2〉 '경매검색' 화면

종합검색

경매검색 › 종합검색

종합검색 | 차량/선박검색 | 집합 주거용 85㎡↓ | 용도검색 | 금액별검색 | 신건검색 | 유찰횟수검색 | 매각공고물건

법원	본원전체 ▾ 지원전체 ▾	사건번호	연도 ▾ 타경
소재지	전체 ▾ 구/군 ▾ 동/읍 ▾	명칭검색	소재지 또는 건물명칭 입력
경매종류	⊙ 전체 임의경매 강제경매	매각기일	2025-12-08 ~ 2026-03-10
현황용도 세부검색해제	전체 ▾ □주거용 □아파트 □주택 □다세대(빌라) □다가구(원룸등) □근린주택 □도시형생활주택 □농가주택 □상업용 □근린시설 □근린상가 □오피스텔 □아파트형공장 □숙박시설 □주유소 □병원 □아파트상가 □창고 □상가(사우나) □목욕탕 □노유자시설 □자동차관련시설 □문화및집회시설 □장례식장 □분뇨처리및 자원순환시설 □공장 □토지 □대지 □임야 □전 □답 □과수원 □묘지 □잡종지 □공장용지 □도로 □구거 □유지 □목장용지 □염전 □수도용지 □철도용지 □종교용지 □창고용지 □체육용지 □제방 □하천 □유원지 □사적지 □광천지 □공원 □교육연구시설 □주유소용지 □기타 □축사 □콘도 □학교 □주차장 □광업권 □어업권 □농가관련시설 □종교시설 □기타 □양어장 □주차운영권 □차량외 □승용자동차 □승합자동차 □화물자동차 □중장비 □덤프트럭 □선박 □SUV □차량기타		
공시가격	□1억 이하 □2억 이하		최소 ▾ ~ 최대 ▾
감정가	최소 ▾ ~ 최대 ▾	최저가	최소 ▾ ~ 최대 ▾
건물면적	㎡ ~ ㎡	대지면적	㎡ ~ ㎡
유찰수	최소 ▾ ~ 최대 ▾	경매결과	진행물건 ▾
정렬순서	정렬순서1 ▾ 정렬순서2 ▾ *정렬순서1에서 선택한 기준 우선으로 정렬됩니다.		
이해관계인	예) 이해관계인 ⊙ 단어일치 단어포함 2025 ▾ 년 12 ▾ 월 *경매결과 조건 확인 필요		
토지이용계획	국계법에 따른 지역/지구 전체 ▾ (AND 조건) 예) 개발제한구역 두 가지 조건을 모두 사용 시 검색 시간이 오래 걸릴 수 있습니다.		

특수물건 검색 필터

*종합검색 시 특수물건 옵션은 조건 저장이 불가능하며 별도로 특수물건 검색을 활용하면 저장이 가능합니다.

검색하기 | 해당조건 저장 | 검색 초기화

출처: 스피드옥션

로 크게 분류되어 있고, 다음 단계로 아파트·주택·오피스텔 등으로 나뉘어 있다.

- 건물 면적: 제곱미터(㎡)로 표시되며, 구간으로 설정할 수 있다.

설정을 마치고 하단의 '검색하기'를 누르면 매물이 뜬다 (141쪽 〈그림 3-2〉).

물건 정보 상세 검색

매물 정보는 입찰일이 가장 빠른 순으로 정렬된다. 기일이 오래 남은 사건은 조사할 시간에 상대적으로 여유가 있지만 입찰일의 변경, 취하 등 변동성이 더 크다. 목록 중에서 궁금하거나 시선을 끄는 부동산이

〈그림 3-3〉 물건 정보 상세 검색

출처: 스피드옥션

〈그림 3-4〉 임차인 관련 사항 검색

임차인현황 ▸ 건물소멸기준 : 2018-12-13 | 배당종기일 : 2020-07-31 매각물건명세서 예상배당표

순위	성립일자	권리자	권리종류(점유부분)	보증금금액	신고	대항	참조용 예상배당여부 (최저가 기준)
1	전입 2019-08-12 확정 2019-08-12 배당 2020-07-10	주택도시보증공사	주거임차인 전부	【보】 400,000,000원	○	없음	배당금 : 155,314,400원 미배당 : 244,685,600원 일부배당(미배당금 소멸예상)

● 임차인(별지)점유

- : 임대차보증금 양수인 주택도시보증공사 있음 주택도시보증공사 : 임차인 의 임차보증금 양수인임

건물 등기 사항 ▸ 건물열람일 : 2020-05-19 등기사항증명서

구분	성립일자	권리종류	권리자	권리금액	상태	비고
갑1	2013-05-14	소유권			이전	보존
갑2	2018-12-13	소유권		(거래가) 883,000,000원	이전	매매
을1	2018-12-13	(근)저당		458,400,000원	소멸기준	(주택) 소액배당 10000 이하 3400 (상가) 소액배당 5500 이하 1900
을1-3	2020-03-30	(근)저당질권		458,400,000원	소멸	
갑4	2020-04-28	임의경매		청구: 393,524,875원	소멸	

출처: 스피드옥션

〈그림 3-5〉 해당 사건 등기사항전부증명서

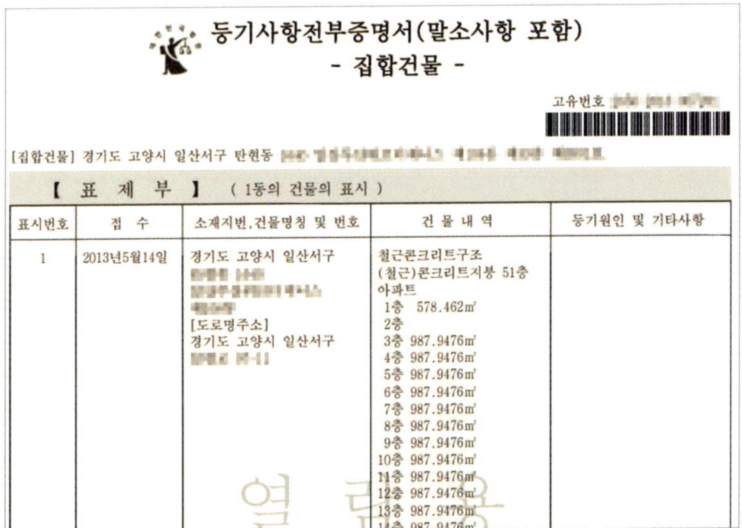

등기사항전부증명서(말소사항 포함)
- 집합건물 -

고유번호

[집합건물] 경기도 고양시 일산서구 탄현동

【 표 제 부 】 (1동의 건물의 표시)

표시번호	접 수	소재지번,건물명칭 및 번호	건 물 내 역	등기원인 및 기타사항
1	2013년5월14일	경기도 고양시 일산서구 [도로명주소] 경기도 고양시 일산서구	철근콘크리트구조 (철근)콘크리트지붕 51층 아파트 1층 578.462㎡ 2층 3층 987.9476㎡ 4층 987.9476㎡ 5층 987.9476㎡ 6층 987.9476㎡ 7층 987.9476㎡ 8층 987.9476㎡ 9층 987.9476㎡ 10층 987.9476㎡ 11층 987.9476㎡ 12층 987.9476㎡ 13층 987.9476㎡	

출처: 대법원 인터넷등기소

있으면 클릭해본다(그런 물건이 보이지 않는다면 아무리 시간이 지나도 입찰은 어렵다고 보면 된다).

〈그림 3-6〉 주요 등기사항 요약

주요 등기사항 요약 (참고용)

[주 의 사 항]

본 주요 등기사항 요약은 증명서상에 말소되지 않은 사항을 간략히 요약한 것으로 증명서로서의 기능을 제공하지 않습니다.
실제 권리사항 파악을 위해서는 발급된 증명서를 필히 확인하시기 바랍니다.

고유번호

[집합건물] 경기도 고양시 일산서구 탄현동

1. 소유지분현황 (갑구)

등기명의인	(주민)등록번호	최종지분	주 소	순위번호
	-*******	단독소유	경상북도 경산시	2

2. 소유지분을 제외한 소유권에 관한 사항 (갑구)

순위번호	등기목적	접수정보	주요등기사항	대상소유자
4	임의경매개시결정	2020년4월28일 제64876호	채권자	

3. (근)저당권 및 전세권 등 (을구)

순위번호	등기목적	접수정보	주요등기사항	대상소유자
1	근저당권설정	2018년12월13일 제148121호	채권최고액 금458,400,000원	
1-1	근저당권이전	2020년3월30일 제49873호		
1-2	근저당권이전	2020년3월30일 제49874호	근저당권자	
1-3	근질권	2020년3월30일 제49875호	채권최고액 금458,400,000원 채권자	

[참 고 사 항]

가. 등기기록에서 유효한 지분을 가진 소유자 혹은 공유자 현황을 가나다 순으로 표시합니다.
나. 최종지분은 등기명의인이 가진 최종지분이며, 2개 이상의 순위번호에 지분을 가진 경우 그 지분을 합산하였습니다.
다. 지분이 통분되어 공시된 경우는 전체의 지분을 통분하여 공시한 것입니다.
라. 대상소유자가 명확하지 않은 경우 '확인불가'로 표시될 수 있습니다. 정확한 권리사항은 등기사항증명서를 확인하시기 바랍니다.

출처: 스피드옥션

142쪽의 〈그림 3-3〉처럼 해당 물건에 대한 자세한 정보가 나온다. 우선 감정가, 최저가, 매각기일, 청구 금액, 사진과 지도 등을 종합적으로 살펴본다. 만약 임차인이 있다면 임대보증금, 월세, 전입일, 확정일자 등도 확인한다.

〈그림 3-3〉 상세 페이지 오른쪽에 감정평가서, 현황조사서, 매각물건명세서 세 가지 모두를 클릭해 살펴본다. 입찰하려는 사건이 아파트

라면 감정평가서를 보지 않고 입찰하는 경우도 많지만, 나머지 두 가지는 입찰 전에 반드시 확인해야 한다.

'등기(집합)'를 클릭하면 143쪽의 〈그림 3-5〉와 같이 해당 집합건물에 대한 등기사항전부증명서를 볼 수 있다. 직접 열람할 경우 700원의 비용이 들어가지만 다수의 유료 경매 사이트에서 정보 중 하나로 제공하고 있으므로 무료 열람이 가능하다. 경매 사건마다 등기부를 반드시 볼 필요는 없지만, 해당 부동산에 대한 탄생부터 현재까지 이력을 볼 수 있으니 클릭해보길 추천한다.

괜찮은 물건을 찾았다면

〈그림 3-3〉에서 '관심등록' 버튼을 클릭한다. 그러면 관심물건으로 등록되어 입찰일에 따라 캘린더에 표시된다. 이렇게 관심 물건이 표시된 입찰 캘린더는 내가 가장 많이 활용하는 기능 중 하나다. 로그인할 때 146쪽의 〈그림 3-7〉과 같은 팝업창을 통해 진행 또는 변경 사항을 알려주거나 눈여겨 본 경매 사건들을 월별로 한눈에 볼 수 있다. 특히 '변경', '매각', '유찰 3회', '취하' 등이 적혀 있어 앞으로 진행될 경매와 관련된 정보를 쉽게 확인할 수 있다.

인쇄 역시 가능하다. 146쪽의 〈그림 3-8〉에 나오듯이 '요약 인쇄'라는 항목을 클릭하면 캘린더를 1장으로 출력할 수 있으니 집이나 회사의 책상에 붙여두는 것도 좋다. 중요한 것은 자주 들여다보는 것이

〈그림 3-7〉 경매 사이트 로그인 시 뜨는 알림창

〈그림 3-8〉 개인 입찰 캘린더

다. 그래야 실행 확률이 높아진다. 따로 시간을 내서 보려면 쉽지 않으므로 점심시간 등 자투리 시간을 잘 활용하자.

언제, 얼마나 찾을까?

경매 사이트 메인 화면(〈그림 3-7〉)에 '관심저장물건'이라고 쓰여 있고, 그 옆에 숫자가 뜬다.

나의 현재 관심저장물건은 12,412건이다. 15년 차 유저이니 1년에 약 800건의 경매 사건을 관심물건으로 등록했다는 얘기다. 많아 보이지만 일 단위로 나누어보면 하루 두 건 수준이다. 처음부터 욕심내지 말고 꾸준히 보는 게 좋다.

지금은 습관처럼 검색하고 매일 20분 정도 필요한 정보만 본다. 처음에는 아파트 하나를 보는 데 20분 이상 걸리기도 했지만, 지금은 20분이면 5개 내외의 경매 매물 정보를 파악해서 대략적인 입찰가까지 산정할 수 있게 됐다. 익숙해질 때까지 하루 20분 정도는 투자하자. 경매 사건 검색과 낙찰 결과 확인을 지속하길 권한다.

물건은 찾겠는데 입찰하러 법원에 가는 건 두렵다면?

공매는 범용공동인증서 또는 온비드전용인증서만 있으면 집이든 회사든, 한밤중이든 새벽이든 시간과 장소 상관없이 언제든 입찰할 수 있다. 반면 경매는 꼭 법원에 가야 한다. 그래서 직장인의 경우 반차나 월차 등을 사용하는 사람들이 많다. 하지만 입찰 시마다 휴가를 낸다는 게 쉬운 일은 아니다. 더욱이 입찰한다고 다 낙찰받는 것도 아니니 패찰이 몇 번 되면 그만 포기해버리고 만다.

이런 문제를 해결하기 위해서는 대리 입찰 시스템을 활용하거나 낙찰될 때까지 입찰하겠다는 마인드를 지녀야 한다. 입찰가를 운에 기대어 쓰고 '혹시 낙찰될지도 몰라'하는 마음이라면 법원에 가는 것보다 차라리 집에서 편히 쉬는 것을 추천한다.

중요한 것은 꾸준히 입찰할 수 있는 시스템을 만드는 것이다. 지칠 때 조언을 해주거나 함께 투자하는 지인들이 옆에 있으면 동기부여가 되고 자극도 받을 수 있다. 매번 입찰을 위해 법원에 가는 것이 쉬운 일은 아니므로 입찰을 위임할 수 있는 가족, 지인, 친구 등이 필요하다. 퇴직하신 부모님께 대신 입찰을 부탁하며 용돈을 드리는 사람들도 있다. 또는 '바토너'같은 경매 입찰 대행 전문회사를 활용하는 것도 방법이다.

성공 투자의 결실은 달콤하지만 그 과정은 외롭다. 익숙해지기 전까지는 누구나 겪는 일이니 할 수 있다는 자신감을 가져보자. 초보라면 같은 목적을 지닌 사람들과 의견을 교환하고 시야를 넓힐 수 있는 모임, 커뮤니티 등을 활용하는 것도 좋다.

가장 중요한 것은 포기하지 않는 마음가짐

경매 정보 제공 사이트는 사용자가 관련 정보를 편리하게 검색할 수 있도록 한다. 초보자들이 두려워하는 권리분석 역시 잘되어 있다. 하지만 자동 필터링 프로그램을 활용해서 제공하는 것이다 보니 100% 신뢰하기는 어렵다. 이 책에서 배운 대로 해보자.

경매 투자에서 권리분석이 차지하는 비율은 5%도 되지 않는다. 나머지 95%는 해당 부동산의 가치를 파악하는 것이다. 실제로 지인 중에는 이곳저곳을 다니며 경매 공부만 수년째 하는 분도 있고, 등기부 한 번 본 적 없던 왕초보가 2~3시간 배워 입찰해서 낙찰받아 오기도 했다.

경매 사건을 꾸준히 검색하며 가슴 뛰는 물건을 찾아보자. 권리분석은 위험을 피하기 위한 최소한의 공부면 족하고, 패찰을 하더라도 포기하지 않는다는 마인드가 더 중요하다. 몇 번의 패찰을 경험하고 경매는 돈이 되지 않는다면서 경매 시장을 떠나는 사람이 부지기수다. 그렇기에 당신에게 기회가 있는 것이다.

첫 입찰에 낙찰받는 운 좋은 사람도 있지만, 대다수는 몇 번의 도전 끝에 그런 결과를 얻는다. 자신이 쓴 입찰가와 실제 낙찰가를 비교하며 수정하다 보면 어느 순간 낙찰과 수익이라는 선물이 당신에게 다가와 있을 것이다.

지식은 결코 경험을 이길 수 없다. 대부분의 일이 그렇지만, 특히 경매 투자는 한 번이 어렵지 두 번째부터는 훨씬 쉬워진다는 것을 명심하자.

경매는 '검색 → 조사 → 입찰 → 낙찰 → 등기(대출) → 명도 → 수익 실현'이라는 사이클로 이뤄진다. 계속해서 열심히 할 필요는 없다. 단계별로 짧게 집중력을 발휘해보자. 여러 번 경매 사이클을 진행하다보면 몇 번의 낙찰을 경험하게 되고, 이로 인해 경매의 전 과정을 자연스럽게 체득하여 경매가 쉽게 느껴지는 경험을 할 것이다.

경매는 연습과 실전이 답이다

1단계: 관심 있는 부동산 장바구니 담기

쇼핑하듯 사고 싶은 것을 담는다. 가슴 뛰는 물건일수록 좋다. 쇼핑과 마찬가지로 장바구니에 담는다고 다 사는 것은 아니다.

2단계: 관심물건 등록 후 며칠 후 다시 보기

처음엔 가슴 뛰었던 부동산이 시간이 조금 지나면 그렇지 않기도 하고, 그보다 더 좋은 물건이 나타나기도 한다. 초보일수록 권리분석에 목을 매는데 그러다 보면 흥미를 느끼지 못하고 빨리 지칠 수 있다. 그냥 '빨간색 문구가 있는 사건 패스', '어려운 건 일단 패스' 이런 식으로 모르는 것은 과감히 넘기자. 수익은 권리분석을 잘해서 얻는 게 아니다.

초보가 도전하는 사건 대부분(아파트, 오피스텔, 빌라 등)이 권리상 하자가 없는 물건이다. 위험한 물건은 유료 경매 사이트에서 빨간색으로 경고해줄 뿐 아니라 매각물건명세서나 현황조사서 등만 잘 살펴봐도 리스크를 사전에 인지할 수 있다. 다시 말하지만 처음부터 권리분석에 목숨 걸 필요없다.

3단계: 낙찰받고 싶은 것 중 나와 맞는 부동산 추려내기

관심 가는 물건이 10개라면 5개로 줄이고, 그다음 3개로 줄이고, 최종적으로 1개로 압축한다. 휴가 내서 법원에 입찰하러 가는 시간이 기다려질 정도의 물건이어야 한다. 가슴 뛰는 물건이면 더 좋다.

4단계: (모의) 입찰

어떤 부동산이든 반드시 낙찰받겠다는 각오로 입찰해야 한다. '되면 좋고 아니면 말고' 식의 입찰은 패찰을 부를 뿐이다. 투자는 운이 아니라 본인의 확신으로 결과가 정해지는 게임이다.

5단계: 입찰 결과 확인하기

입찰 결과는 낙찰 아니면 패찰 둘 중 하나다. 당신의 입찰가와 낙찰가를 비교해보라. 다른 입찰가들과 비교했을 때 터무니없는지 근소한 차이인지 알 수 있다. 패찰하더라도 무덤덤해져야 한다. 나보다 절실한 사람이 있었을 뿐이다. 아니면 내가 보지 못한 부동산의 호재나 장점을 낙찰자는 봤을 것이다. 만일 근소한 차이라면 낙찰이 멀지 않았다.

입찰가 쓰는 데 자신이 없거나 낙찰가와 계속 차이가 크다면 현실감이 떨어지거나, 욕심이 과하거나 시세 조사를 제대로 하지 않은 것이다. 실거래가와 매물 가격은 물론 몇 명이 입찰했는지, 1등만이 아니라 2등과 3등의 입찰가는 얼마인지 매번 메모해두고 시세 변화에 관심을 가져라. 그래야 기회가 왔을 때 붙잡을 수 있다.

6단계: 꾸준한 반복 연습

경매 물건은 계속 나온다. 다섯 번의 연속된 패찰 끝에 낙찰받아 큰 수익을 낸 왕초보 투자자도 있다. 될 때까지 한다는 마인드가 중요하다. 패찰을 거듭하면, 오기가 생겨 방법을 찾는 사람과 경매는 돈이 안 된다며 포기하는 사람으로 나뉜다. 경매뿐 아니라 어떤 투자에도 적용되며 투자 스킬보다 꾸준함과 될 때까지 해본다는 마인드가 중요하다. 가슴 뛰는 물건 찾기, 모의 입찰 그리고 피드백. 이게 전부다.

한 분야씩 파나가도 좋다. '아파트 → 오피스텔 → 빌라 → 지식산업센터 → 상가 → 공장·건물' 순서로 해도 좋고 내가 잘 아는 지역에 나오는 모든 경매 물건을 모니터링해도 좋다.

한 지역을 몇 달만 꾸준히 봐도 물건을 보는 안목이 달라지고 예상 낙찰가가 매직아이처럼 떠오르는 경험을 하게 된다. 실제로 왕초보였던 직장인 투자자는 인천 지역 물건을 일주일에 2~3회 입찰한 결과 세 달 만에 2건을 낙찰받았다. 아파트의 위치, 연식, 세대 수, 평형대, 개발 호재 등을 종합적으로 참고한 결과 해당 법원에서 진행하는 대부분의 아파트 경매 사건 낙찰가에 놀라울 정도로 근접했다.

나 역시 귀찮은 것은 누구보다 싫어한다. 하지만 부동산 투자와 경매를 통해 힘들고 지루한 순간(연속된 패찰, 연속된 계약 실패 등)을 잘 견뎌야 한다는 것을 배웠다. 당장 낙찰로 이어지지 않는 현장 조사의 시간 역시 낭비가 아님을 알게 됐다. 그렇게 꾸준히 10년을 하다 보니 이제는 낙찰받지 않은 부동산 종류를 찾기 어려울 정도가 됐다.

경매·공매 투자를 활자로 배워 잘하기는 어렵다. 최소한의 공부는 하되 물건 검색, 조사, 입찰을 꾸준히 반복해야 한다. 경매 사이트를 하루 20분씩 꾸준히 검색하고 낙찰 결과를 확인해보자.

권리분석, 위험한 물건을 피하는 지뢰찾기 게임

권리분석, 말소기준권리 꼭 알아야 하나?

초보라면 처음부터 깊게 파고들 필요가 없다. 일단 이것만 알고 시작하자. 경매로 나오는 부동산은 저마다 다른 사연을 안고 새로운 주인을 기다리고 있다는 점이다.

사람에게 주민등록증이 있듯 부동산에는 등기사항전부증명서, 즉 등기부가 있다. 등기부는 부동산의 역사와 이력을 보여주는데 소유자의 변동, 대출자나 채무자의 이름과 주소, 최초 대출 금액 및 근저당권자 등의 담보권 설정 내용까지 모두 담겨 있다. 만일 등기부가 깨끗하지 않고 여러 권리가 남아 있다면 어떨까? 덕지덕지 붙은 그 권리들을 떠안으면서 부동산을 매수할 사람은 없을 것이다.

부동산 권리의 소멸과 인수

경매로 나온 부동산은 중개소를 통해 일반적인 매매 거래를 할 수 없을 정도로 채권, 채무 관계가 얽혀 있는 경우가 많다. 만일 이런 권리들이 소멸하지 않고 낙찰자에게 인수된다면 누가 입찰하려 하겠는가. 돈을 빌린 사람(채무자)이 이자를 내지 못하면 경매로 채권(돈)을 회수해야 하는데, 입찰하는 사람이 없다면 빌려준 돈을 받을 길이 막막할 것이다.

그래서 낙찰자가 잔금을 내면 소유자가 새로이 바뀜과 동시에 해당 부동산등기부에 있던 이전의 권리들이 어떤 기준에 따라 '소멸'되거나 '인수'된다.

입찰 예정자에게 '소멸과 인수' 여부는 매우 중요하고, 이를 판단하는 기준이 바로 '말소기준권리'다. 일단 이것이 경매 권리분석의 핵심인데 익숙해지면 누구나 3초 안에 권리분석을 할 수 있다.

만일 등기부상 무언가 인수해야 할 권리가 있다면, 입찰자는 자신이 인수할 금액만큼을 고려해서 입찰하든지 자신이 없다면 입찰하지 않으면 된다. 권리분석의 핵심은 낙찰자에게 인수되는 권리가 있는지 없는지를 판단하는 것이다.

권리분석이라고 하면 어려울 것 같지만 초보자들이 주로 입찰하는 아파트, 오피스텔, 빌라 등의 경매 매물 중 90% 정도는 안전한 물건이다. 권리관계가 어렵다고 많은 수익을 낼 수 있는 것도 아니고 3초 안에 끝나는 쉬운 권리분석이라고 해서 수익이 작은 것도 아니다. 초보일수록 쉽고 간단한 방법으로 입찰을 자주 하는 것이 낫다.

권리분석의 기본은 말소기준권리를 찾는 것

가장 기본이 되는 것이 '말소기준권리'를 찾는 것이다.

- (근)저당
- (가)압류
- 담보가등기
- 경매개시결정 등기
- 배당요구 한 전세권

첫째, 말소기준권리를 찾는다.

위에 제시한 5개의 단어를 찾는 간단한 게임이다. 특히 근저당과 가압류가 80% 이상을 차지한다.

둘째, 말소기준권리 아래의 권리는 모두 삭제된다고 생각하자.

만일 말소기준권리 위에 어떤 채권(권리)이 있다면 패스하면 된다.

법 전공자가 아닌 사람이 굳이 잘 모르는 것부터 자세히 이해하려 들면 경매 투자는 어려워진다. 공부를 위한 공부를 하게 되는 것이다. 우리는 공부해서 민법 교수님이 될 게 아니라 투자를 해서 수익을 내야 한다. 쉬운 경매 사건도 많으니 굳이 어려운 건에 매달릴 필요가 없다. 무엇보다 유료 경매 사이트에서 '소멸' 또는 인수라고 친절하게 표시해 준다(100% 신뢰하긴 어렵지만 웬만한 건 다 걸러준다).

셋째, 임차인이 있는지 없는지를 확인하자.

소유자가 살고 있다면 권리분석은 거기서 끝이다. 만약 임차인이 살고 있다면 '대항력'이 '있다' 또는 '없다'로 구분한다. 대항력이 없다면 안전한 물건이고, 만일 대항력이 있다면 ① 보증금을 전액 받는 경우, ② 보증금을 받지 못하는 경우로 나눈다. ①번 역시 안전한 사건이고,

〈그림 3-9〉 대항력 있는 임차인 예

임차인현황 건물소멸기준 : 2018-12-18 | 배당종기일 : 2020-05-01 매각물건명세서 예상배당표

순위	성립일자	권리자	권리종류(점유부분)	보증금금액	신고	대항	참조용 예상배당여부 (최저가 기준)
1	전입 2018-10-16 확정 없음 배당 없음	[illegible]	주거임차인	【보】미상	X	있음	현황조사 권리내역 전액매수인 인수예상

● 임차인(별지)점유

건물 등기 사항 건물열람일 : 2020-02-26 등기사항증명서

구분	성립일자	권리종류	권리자	권리금액	상태	비고
갑1	2011-12-13	소유권	군인공제회		이전	보존
갑2	2012-07-26	소유권	[illegible]		이전	매매
갑3	2018-12-18	가압류	신한은행	91,022,262원	소멸기준	
갑4	2018-12-27	가압류	대구은행	300,000,000원	소멸	
갑5	2019-02-11	가압류	중소기업은행	186,000,000원	소멸	
갑6	2019-08-02	가압류	한국자산관리공사	2,000,000,000원	소멸	
갑7	2019-11-11	압류	중구		소멸	(세무1과-12074) (주택) 소액배당 11000 이하 3700 (상가) 소액배당 6500 이하 2200
갑8	2020-02-12	강제경매	한국자산관리공사	청구: 405,000,000원	소멸	
갑9	2020-02-19	압류	국 - 경주세무서장		소멸	(영천지서-티6198)

출처: 스피드옥션

〈그림 3-10〉 매각물건명세서 예

의정부지방법원 고양지원

2020타경

매각물건명세서

사 건	2020타경 부동산임의경매	매각 물건번호	1	작성 일자	2020.10.20	담임법관 (사법보좌관)	
부동산 및 감정평가액 최저매각가격의 표시	별지기재와 같음	최선순위 설정	2018. 12. 13. 근저당			배당요구종기	2020.07.31

부동산의 점유자와 점유의 권원, 점유할 수 있는 기간, 차임 또는 보증금에 관한 관계인의 진술 및 임차인이 있는 경우 배당요구 여부와 그 일자, 전입신고일자 또는 사업자등록신청일자와 확정일자의 유무와 그 일자

점유자 성 명	점유 부분	정보출처 구 분	점유의 권 원	임대차기간 (점유기간)	보 증 금	차 임	전입신고 일자, 사업자등록 신청일자	확정일자	배당 요구여부 (배당요구일자)
		현황조사	주거 임차인	2019.8.12~ 현재	400,000,000		2019.08.12		
	전부	권리신고	주거 임차인	2019.08.12.~ 2021.08.11.	400,000,000		2019.08.12.	2019.08.12.	2020.05.15
	전부	권리신고	주거 임차인	2019.08.12.~ 2021.08.11.	400,000,000		2019.08.12.	2019.08.12.	2020.07.10

<비고>
주택도시보증공사 : 공동임차인 의 임차보증금 양수인임

※ 최선순위 설정일자보다 대항요건을 먼저 갖춘 주택·상가건물 임차인의 임차보증금은 매수인에게 인수되는 경우가 발생 할 수 있고, 대항력과 우선변제권이 있는 주택·상가건물 임차인이 배당요구를 하였으나 보증금 전액에 관하여 배당을 받지 아니한 경우에는 배당받지 못한 잔액이 매수인에게 인수되게 됨을 주의하시기 바랍니다.

등기된 부동산에 관한 권리 또는 가처분으로 매각으로 그 효력이 소멸되지 아니하는 것

매각에 따라 설정된 것으로 보는 지상권의 개요

비고란

주1 : 매각목적물에서 제외되는 미등기건물 등이 있을 경우에는 그 취지를 명확히 기재한다.
2 : 매각으로 소멸되는 가등기담보권, 가압류, 전세권의 등기일자가 최선순위 저당권등기일자보다 빠른 경우에는 그 등기일자를 기재한다.

출처: 스피드옥션

②번의 경우에만 임차인이 받지 못하는 보증금을 낙찰자가 인수한다고 생각하면 쉽다.

넷째, 매각물건명세서와 현황조사서를 확인하자.

특히 매각물건명세서 '비고란'은 반드시 확인해야 한다. 여기에 어떤 '인수' 조건이 기재되어 있고 입찰자가 처리할 수 없다면 입찰하지

않으면 된다.

일반적인 「매각물건명세서」의 형태는 159쪽의 〈그림 3-10〉과 같다.

권리분석의 키포인트

- 말소기준권리를 찾는다.
- 낙찰자에게 인수되는 권리가 있는지 파악한다(말소기준권리 위에 있는 것은 기본적으로 인수된다고 판단한다).
- 임차인이 없으면 안전하다. 만일 있다면 대항력이 '있다' 또는 '없다'로 나눈다. 대항력이 없는 경우는 안전하고, 있는 경우는 기본적으로 권리를 인수한다. 하지만 임차인이 (대항력이 있는 경우라도) 보증금을 전액 받을 수 있다면 안전하다.
- 매각물건명세서를 통해 추가로 인수되는 권리를 찾아본다. 없다면 안

〈그림 3-11〉 근저당권이 말소기준권리인 경우

건물 등기 사항 ▸ 건물열람일 : 2020-04-22 　 등기사항증명서

구분	성립일자	권리종류	권리자	권리금액	상태	비고
갑1	2011-01-24	소유권	[illegible]		이전	보존
갑2	2011-06-22	소유권(지분)	[illegible]		이전	매매
을1	2011-06-22	(근)저당	신한은행	237,600,000원	소멸기준	(주택) 소액배당 4000 이하 1400 (상가) 소액배당 2500 이하 750
을2	2011-06-22	(근)저당	화수신용협동조합	54,600,000원	소멸	
을3	2011-06-22	(근)저당	신용보증기금	174,000,000원	소멸	
갑4	2011-07-19	압류(지분)	남양주시		소멸	
갑5	2012-12-18	압류(지분)	남양주세무서		소멸	
갑8	2013-07-11	압류(지분)	국민건강보험공단		소멸	
갑10	2014-06-18	압류(지분)	남양주세무서		소멸	
갑14	2016-12-27	압류(지분)	남양주시		소멸	
갑15	2017-02-02	압류(지분)	남양주시		소멸	
갑18	2020-04-13	임의경매	신용보증기금	청구: 166,567,047원	소멸	
추가	2020-07-10	임의경매	주000 0000	청구: 200,740,280원	소멸	2020타경1[illegible](중복)

출처: 스피드옥션

전하다.

이제 남은 건 시세를 정확히 아는 것뿐이다. 유료 경매 사이트에 빨간색으로 '인수' 또는 '대항력 있음'으로 기재되어 있을 때만 주의하면 된다.

말소기준권리가 되는 권리의 종류

근저당권

은행은 돈을 빌려주면서 대개 근저당권을 설정한다. 그래야 채무자가 이자나 원금을 갚지 않을 때 경매로 부동산을 팔아 빌려준 돈을 회수할 수 있기 때문이다.

시중은행 대다수는 원금의 110~120%를 채권최고액으로 설정한다. 예를 들어 1억 원을 빌려준다면 1억 2,000만 원, 2억 원을 빌려준다면 2억 4,000만 원이다. 만일 연체가 된다면 이 채권최고액 한도 내에서 채무자에게 원금, 정상이자, 연체이자, 경매비용 등을 모두 받을 수 있다.

가압류

채권자가 채무자를 상대로 소송을 제기해서 승소 판결을 받아도 채무자가 재산을 고의로 숨기거나 팔아버리면 채권을 회수할 수 없다.

그래서 사전에 재산을 빼돌리지 못하도록 채무자의 재산을 임시로 동결하는 데 이를 '가압류'라고 한다.

채권자가 가압류를 신청하면 법원은 흠결이 없는 이상 해당 '가압류' 사실을 등기부에 기재한다. 채무자는 재판이 진행되는 동안 임의로 재산을 처분할 수 없으며, 추후 채권자가 승소하면 가압류를 (본)압류로 바꾸어 경매를 신청할 수 있다. 압류의 목적은 채무자의 처분권을 박탈하는 데 있고, 채권자는 압류 후 환가 절차를 거쳐 채권을 회수할 수 있다.

압류

부동산에 대한 압류는 채무명의(債務名義)에 따른 강제집행으로, 경매개시결정과 동시에 부동산의 압류를 명한다. 압류는 채권자의 신청을 받은 국가기관이 타인의 재산처분을 막는 것이다. 등기부에 나타나는 압류등기는 국세청, 지방자치단체의 조세채권, 국민건강보험공단의 건강보험료, 근로복지공단의 임금채권, 한국자산관리공사의 압류가 대다수다.

공매는 국세가 체납되어 언제까지 내라고 독촉장을 보냈는데도 기한까지 세금과 가산금을 납부하지 않은 경우 납세자의 재산을 압류하고 이를 환가해서 매각대금으로 세금을 징수하는 절차다.

담보가등기

앞서 설명한 근저당권처럼 채권자는 채무자에게 돈을 빌려주고 해당 부동산에 가등기를 설정할 수 있다. 가등기는 '본등기의 순위 보전을 위한 예비등기'로, 가등기 자체만으로는 등기의 효력이 없다. 다만, 본등기가 이루어지면 본등기의 순위가 가등기 순위로 소급된다.

제3자에게 부동산이 매각되거나 경매로 넘어간다고 하더라도 채권자가 미리 가등기를 해두면 담보부동산에 대한 우선순위를 보전할 수 있다. 매도인이 소유권 이전 등기 절차에 협조하지 않거나, 계약 상태에서 매수인으로서의 권리를 확보할 필요가 있는 경우 등에 이용된다.

경매개시결정 등기

채권자는 채무자가 약정된 채무의 이행을 하지 않을 때 법원으로부터 판결문, 확정된 지급명령, 화해조서, 조정조서, 공증문서 등으로 강제경매를 신청할 수 있다. 이때 법원은 적법 여부를 보고 이상이 없으면 해당 부동산에 경매개시를 결정하고 이를 등기부에 기재하는데, 이를 '경매개시결정 등기'라 한다. 채무자의 부동산을 압류한 후 매각하는 것으로 처분을 금지하는 압류 효과가 발생하며, 등기상 다른 말소기준권리가 없을 때 말소기준권리가 된다(164쪽 〈그림 3-12〉).

배당요구 한 전세권

일반적인 전세는 채권의 형태로 등기부에 기재되지 않는다. 하지만 전세금이 등기부에 기재되면 일반적으로 '전세권'이 설정됐다고 보고 물권이 된다. 이때 전세권자(임차인)는 임대인의 동의 없이 해당 부동산을 타인에게 양도, 임대할 수 있다. 계약 기간 이후 임대인이 전세보

〈그림 3-12〉 경매개시결정문 예

대 전 지 방 법 원

결 정

등본입니다.
2020. 9. 8.
법원주사보

사 건	2020타경 부동산임의경매
채 권 자	서울 영등포구
채 무 자	대전 중구 [등기부상 주소 : 대전광역시 유성구
소 유 자	대전 중구 [등기부상 주소 : 대전광역시 중구

주 문

이 사건 2020.08.27.자 경매개시결정의 '부동산의 표시'를 첨부와 같이 경정한다.

이 유

이 사건 경매개시결정 중 '부동산의 표시'에 명백한 오류가 있으므로 주문과 같이 결정한다.

2020. 9. 4.

사법보좌관

증금을 반환하지 않을 경우, 보증금 반환 소송에 대한 법원의 확정판결 없이도 해당 부동산을 즉시 경매로 진행시킬 수 있다. 말소기준권리가 되는 전세권은 배당요구를 했거나 경매를 신청한 경우에 한한다.

부동산 점유의 방법은 크게 두 가지로 나눌 수 있는데 소유자가 살거나 전·월세 계약으로 임차인이 사는 경우다. 소유자라면 말소기준권리만 잘 보고 입찰해도 무방하다. 하지만 임차인이 있는 사건이라면 대항력 여부('있다' 또는 '없다')를 반드시 확인해야 한다.

임차인에게 대항력이 있다는 것은 소유자가 바뀌더라도 임차인이 보증금을 다 받을 때까지 또는 계약 기간까지 '계속 거주할 수 있다'는 뜻이다. 이를 낙찰자 입장에서 보면 '임차인이 돌려받지 못한 보증금을 인수할 수 있다', 즉 '임차인에게 보증금을 돌려줘야 한다'는 뜻이 된다. 임차인에게 줄 보증금까지 더해야 한다면 입찰가를 시세보다 훨씬 낮게 써낼 수밖에 없다. 새로운 소유자(낙찰자)가 임차인의 임대보증금을 인수해야 하기 때문이다. 이런 경우 싸게 낙찰을 받더라도 인수할 보증금에 따라 시세보다 높게 취득하게 될 수도 있다.

대항력 있는 임차인이 자신의 보증금을 받을 수 있는 경우는 두 가지다.

- 법원에 배당요구를 해서 매각대금에서 보증금을 받는다(이 경우 전액 배당이 된다면 임차인에게 대항력이 있다고 하더라도 낙찰자는 신경 쓸 게 없다).
- 법원에 배당요구를 하지 않고, 낙찰자가 잔금 납부 후 매수인으로서 집을 비워달라고 할 때 이를 거절할 수 있다. 결국 새로운 소유자(낙찰자)가 그 집에 들어가기 위해서는 임차인에게 보증금을 줄 수밖에 없다.

대항력 있는 임차인 경매 입찰과 관련한 결론은 다음 세 가지로 나뉜다.

- 임차인이 받지 못하는 보증금을 고려하여 입찰한다(낙찰된 금액으로 전

〈그림 3-13〉 배당요구를 한 전세권이 말소기준권리인 경우

임차인현황 ▸ 건물소멸기준 : 2014-12-02 | 배당종기일 : 2020-05-18 매각물건명세서 예상배당표

순위	성립일자	권리자	권리종류(점유부분)	보증금금액	신고	대항	참조용 예상배당여부 (최저가기준)
1	전입 2014-12-02 확정 없음 배당 없음		주거임차인 건물의 전부	【보】 110,000,000원	X	있음	배당금: 38,375,900원 미배당: 71,624,100원 일부배당(미배당금 인수)예상 배당표참조

- : 전세권동기권자로 경매신청채권자임(경매신청일 2020.02.07.) 경매신청시 제출된 계약서 사본의 보증금은 110,000,000원이며 확정일자는 2014.12.02.임 임차인으로 대항력 여지 있음

본 임대관계 조사서는 관할 동사무소의 전입세대 열람 내용을 토대로 작성하였다.

건물 등기 사항 ▸ 건물열람일 : 2020-03-01 등기사항증명서

구분	성립일자	권리종류	권리자	권리금액	상태	비고
갑1	1993-12-18	소유권			이전	매매
갑2	2002-11-04	소유권			이전	매매
을9	2014-12-02	전세권		110,000,000원	소멸기준	배당금: 38,375,900원 미배당: 71,624,100원 일부배당(미배당금 인수)예상
을10	2016-03-04	(근)저당		50,000,000원	소멸	(주택) 소액배당 4500 이하 1500 (상가) 소액배당 3000 이하 1000
갑5	2019-09-25	압류	국 - 영등포세무서장		소멸	(재산세과-티24090)
갑8	2020-02-13	임의경매		청구: 110,000,000원	소멸	

출처: 스피드옥션

액 배당시 가장 안전함).

- 보증금이 얼마인지 알 수 없다면 입찰하지 않는다.
- 당시 전세 시세를 유추하여 그만큼 인수한다고 가정하고 입찰한다.

말소기준권리보다 후순위에 있는 임차인은 임대보증금이 있든 없든 상관없이 매각으로 그 권리가 소멸한다. 경매에서 '대항력이 있다'는 것은 임차인이 낙찰자에게 "방 못 빼!"라고 할 수 있다는 뜻이다. 대항력은 등기를 필요로 하지 않고 '점유+전입'만 하면 다음 날 0시 기준으로 발생한다. 다만 대항력의 성립 요건이 점유, 즉 실제로 사는 것과 전입신고이므로 임차인이 이사를 가거나 다른 곳에 전입신고를 하면 대항력은 상실된다.

3초 만에 권리분석 끝내기

말소기준권리 날짜와 임차인의 전입신고일을 비교한다.

- 전입신고일이 빠르면: 일단 대항력이 있다고 가정한다.
- 말소기준권리가 빠르면: 대항력이 없다.

그래도 어렵다면 이렇게 생각하면 쉽다. '인수' 표시가 되어 있는 물건에는 입찰하지 않으면 된다. 초보자라면 모든 권리가 '소멸'되는 경매사건만 입찰해도 무방하다.

가짜 임차인 어떻게 가려낼까?

경매 진행을 방해하거나 배당을 노리고 임차인 행세를 하는 경우가 있다. 이런 가짜 임차인을 가려내기 위해 다음 사항을 체크해보자.

- 경매 전후 허위로 작성한 계약서에는 중개업소 및 공인중개사의 날인이 없는 경우가 많다.
- 임대차 계약서 작성 시점과 전입신고일 간에 수 년의 차이가 난다.
- 문건 송달 내역을 보면 법원에서 임차인에게 임대차 계약서에 대한 보정명령을 내린 경우가 있다. 임차인이 계약서를 제출하지 않았거나 제출된 계약서가 부실하다는 뜻이다.

- 확정일자가 없다. 보증금이 없으니 굳이 확정일자를 받아둘 필요가 없어서다.
- 확정일자가 있다고 하더라도 전입신고일과 상당한 차이가 있다.
- 현황조사서에 전·월세보증금이 명확히 기재되어 있지 않다. 이는 집행관이 방문할 때 부재 또는 계약서를 제출하지 않았거나 조사에 응하지 않았기 때문이다.
- 임대보증금 이체를 증빙할 통장 거래 또는 전산 자료가 없거나 보증금이 계약 당시 전세 시세와 상당한 차이가 있다.
- 계약금과 잔금으로 나누어 지불하는 일반적 형태가 아닌 일시불 지급으로 되어 있다.
- 최우선변제 배당을 받기 위해 담보가치에 비해 채무 초과 상태에서 계약을 했다.
- 임대인과 임차인이 대표자와 직원 사이이거나, 미성년자가 임차인으로 등재되어 있다.

위의 항목에 해당하는 사항이 많을수록 가짜 임차인의 확률이 높다고 볼 수 있다. 더 자세한 정황은 소송이 진행되면 초본을 통해 거주지의 거주 기간을 확인해 알 수 있다. 관리사무소에 문의하거나 관리비 고지서상 명의가 소유자인지 임차인 또는 기타 점유자인지도 확인하는 것이 좋다.

가짜 임차인에게 적용 가능한 죄목

- 사기죄
- 강제집행면탈죄
- 경매입찰방해죄

이렇듯 허위로 권리를 주장하면 위와 같은 죄목으로 형사 처벌 받을 수 있다.

낙찰자도 점유자도 알아야 할 임차인의 권리

임차인이 보증금을 받을 수 있는 우선변제권

우선변제권은 임차인이 자신의 보증금을 순서대로 받을 수 있는 권리를 말한다. 앞서 배운 대항 요건, 즉 '점유+전입'에 확정일자를 받으면 임차인은 우선변제권을 가진다. 확정일자는 주민센터, 등기소, 공증사무소에서 신분증과 임대차 계약서 원본을 가지고 가면 받을 수 있다.

임차인이 우선변제권을 행사하려면 배당요구 종기일까지 보증금을 달라고 신청하고(배당요구), 종기일까지 대항력을 유지해야 한다.

우선변제권의 성립 요건은 다음과 같다.

- 대항력을 갖출 것
- 확정일자를 받을 것
- 배당요구를 할 것

그럼 전세권 설정과 확정일자를 받은 임차인의 차이점은 무엇일까?

아파트 전세 계약의 대부분은 전세금이 1억 원이든 10억 원이든 등기되어 있지 않다. 이는 채권에 불과하다는 얘기다. 전세권 등기를 하려면 반드시 집주인의 동의가 필요하며, 임차인 단독으로는 할 수 없다.

집주인의 동의가 없으면 전세권 설정 등기를 할 수 없지만, 만일 살고 있는 집이 경매로 넘어간다면 보증금을 돌려받을 수 있어야 한다. 이때 대항력을 갖췄고 계약서에 확정일자를 받았다면 자신의 보증금을 순서대로 받을 수 있는 권리가 생기는데, 이를 우선변제권이라 한다. 전세권과 확정일자를 받은 임차인의 차이를 정리하면 〈표 3-1〉과 같다.

〈표 3-1〉 전세권 vs. 확정일자 받은 임차인

전세권	전입+확정일자
설정 당일 효력 발생	다음 날 0시부터 효력 발생
거주하지 않아도 효력 유지	실제 거주 필수
개인, 법인 모두 가능	개인만 가능
전세 만기(변제기) 이후 보증금 미반환 시 즉시 경매 신청 가능	보증금 미반환 시 법원 판결에 따른 집행권원이 있어야 경매 신청 가능

대항력 없이도 보증금 중 일부를 먼저 받을 수 있다

최우선변제는 주택임대차보호법 중 임차인을 보호하기 위한 항목으로 다른 채권자보다 최우선 해서 보증금 중 일정액을 주는 제도다. 앞에서 말소기준권리보다 전입일이 늦다면 대항력이 없다고 설명했다. 하지만 대항력이 없다고 하더라도 다음의 요건에 부합하면 가장 먼저 돈을 배당해준다는 의미다.

- 보증금이 소액일 것(174쪽 〈표 3-2〉)
- 경매개시결정 등기 전 대항력(점유+전입)을 갖출 것
- 배당요구를 할 것(종기일까지)

주의해야 할 것은 살다가 전·월세보증금이 증액되는 경우다. 계약 당시 임대보증금이 최우선변제 금액에 해당하더라도, 이후 증액되는 경우 법에서 정한 범위를 넘어서면 소액임차인으로서 최우선변제는 받지 못한다. 이때의 기준은 배당요구 종기일이다. 반대로 계약 체결 당시 최우선변제 대상이 아니더라도 보증금이 감액되면 최우선변제 보호 대상이 될 수 있다. 이때도 감액된 임대차 계약서를 배당요구 종기일까지 제출해야 한다. 확정일자가 필요 없기에 임대인과 임차인 간 담합이 가능하다는 맹점이 있다.

〈표 3-2〉 주택임대차보호법상 최우선변제금

기준시점	지역	임차인 보증금 범위	보증금 중 일정액의 범위
2016.3.31.~	서울특별시	1억 원 이하	3,400만 원
	「수도권정비계획법」에 따른 과밀억제권역(서울특별시 제외)	8,000만 원 이하	2,700만 원
	광역시(「수도권정비계획법」에 따른 과밀억제권역에 포함된 지역과 군지역 제외), 세종특별자치시, 안산시, 용인시, 김포시 및 광주시	6,000만 원 이하	2,000만 원
	그 밖의 지역	5,000만 원 이하	1,700만 원
2018.9.18.~	서울특별시	1억 1,000만 원 이하	3,700만 원
	「수도권정비계획법」에 따른 과밀억제권역(서울특별시 제외), 세종특별자치시, 용인시, 화성시	1억 원 이하	3,400만 원
	광역시(「수도권정비계획법」에 따른 과밀억제권역에 포함된 지역과 군지역 제외), 안산시, 김포시, 광주시 및 파주시	6,000만 원 이하	2,000만 원
	그 밖의 지역	5,000만 원 이하	1,700만 원
2021.5.11.~	서울특별시	1억 5,000만 원 이하	5,000만 원
	「수도권정비계획법」에 따른 과밀억제권역(서울특별시 제외), 세종특별자치시, 용인시, 화성시 및 김포시	1억 3,000만 원 이하	4,300만 원
	광역시(「수도권정비계획법」에 따른 과밀억제권역에 포함된 지역과 군지역 제외), 안산시, 광주시, 파주시, 이천시 및 평택시	7,000만 원 이하	2,300만 원
	그 밖의 지역	6,000만 원 이하	2,000만 원

기준시점	지역	임차인 보증금 범위	보증금 중 일정액의 범위
2023.2.21.~	서울특별시	1억 6,500만 원 이하	5,500만 원
	「수도권정비계획법」에 따른 과밀억제권역(서울특별시 제외), 세종특별자치시, 용인시, 화성시 및 김포시	1억 4,500만 원 이하	4,800만 원
	광역시(「수도권정비계획법」에 따른 과밀억제권역에 포함된 지역과 군지역 제외), 안산시, 광주시, 파주시, 이천시 및 평택시	8,500만 원 이하	2,800만 원
	그 밖의 지역	7,500만 원 이하	2,500만 원

※ 기준 시점: 최초 근저당권 설정일을 기준으로 한다.
※ 과밀억제권역(2027.6.20.~)
○ 서울특별시
○ 인천광역시(강화군, 옹진군, 서구 대곡동 · 불로동 · 마전동 · 금곡동 · 오류동 · 왕길동 · 당하동 · 원당동, 인천경제자유구역(경제자유구역에서 해제된 지역을 포함한다) 및 남동 국가산업단지는 제외)
○ 경기도 중 의정부시, 구리시, 남양주시(호평동, 평내동, 금곡동, 일패동, 이패동, 삼패동, 가운동, 수석동, 지금동, 도농동만 해당), 하남시, 고양시, 성남시, 안양시, 부천시, 광명시, 과천시, 의왕시, 군포시, 시흥시[반월특수지역(반월특수지역에서 해제된 지역 포함)제외]

출처: 대한민국 법원

상가 임차인의 대항력 발생 요건

주거용 부동산만 임차인을 위한 보호법이 있는 건 아니다. 상가에 대해서도 임차인인 상인 보호를 위한 법이 존재한다. 그게 바로 상가건물임대차보호법이다.

상가건물임대차보호법도 주택임대차보호법과 동일한 맥락인데 다른 점이 크게 두 가지가 있다. 첫 번째는 사업자등록 대상이 되는 상가

건물의 임대차에 관해 적용한다는 것이고 두 번째는 환산보증금을 적용한다는 것이다. 그래서 환산보증금을 초과하면 이 법의 적용을 받지 못한다.

〈표 3-3〉은 주택임대차보호법과 상가건물임대차보호법을 비교한 표이다. 상가건물임대차보호법의 환산보증금 기준은 〈표 3-4〉와 같다.

상가 임대차 역시 등기가 없어도 임차인이 건물을 인도받고 사업자등록을 신청하면 다음 날 0시에 대항력이 발생한다. 배당요구 종기일까지 점유 및 사업자등록을 유지하고 배당요구를 하면 우선변제권을 가질 수 있다. 적용 조건은 다음과 같다.

- 환산보증금이 한도 이내일 것
- 대항 요건(점유 + 사업자등록)을 갖출 것
- 확정일자를 받을 것(관할세무서)
- 배당요구를 할 것

환산보증금이 상가건물임대차보호법의 소액임차인 범위에 해당하면(178쪽 〈표 3-5〉) 최우선변제도 받을 수 있다. 그 조건 역시 주택임대차보호법과 같다.

〈표 3-3〉 주택임대차보호법 vs. 상가건물임대차보호법

구분	주택임대차보호법	상가건물임대차보호법
적용 대상	주거용, 비주거용과 겸용 건물	사업자등록 대상이 되는 영업용 건물
대항 요건	인도+주민등록	인도+사업자등록
소액	대항 요건+소액 보증금	대항 요건+소액 보증금
보호 대상 보증금 범위	제한 없음	(〈표 3-4〉 참조)
최우선변제	매각가액의 1/2 범위 내	매각가액의 1/2 범위 내
소액임차인의 범위/ 최우선변제 금액	(〈표 3-2〉 참조)	(〈표 3-5〉 참조)

출처: 법제처

〈표 3-4〉 상가건물임대차보호법의 환산보증금 기준

지역	환산보증금
서울특별시	9억 원
수도권정비계획법에 의한 수도권 중 과밀억제권역(서울특별시 제외), 부산광역시	6억 9,000만 원
광역시(수도권 중 과밀억제권역에 포함된 지역과 군 지역, 부산광역시 제외), 세종특별자치시, 안산시, 용인시, 김포시, 광주시, 파주시, 화성시	5억 4,000만 원
기타 지역	3억 7,000만 원

• 월세의 보증금 환산: 월세×100

출처: 대한민국 법원

〈표 3-5〉 상가건물임대차보호법상 최우선변제금

구분	우선변제 받을 소액임차인의 범위	최우선변제금
서울특별시	6,500만 원	2,200만 원
과밀억제권역(서울특별시 제외)	5,500만 원	1,900만 원
광역시(과밀억제권역·군 지역 제외), 안산시, 용인시, 김포시, 광주시	3,800만 원	1,300만 원
기타 지역	3,000만 원	1,000만 원

- 보증금과 차임이 있는 경우 상가건물임대차보호법 제2조 제2항의 규정에 의하여 환산한 금액의 합계: 환산보증금 = 보증금+(월세×100)
- 세무서에서 확정일자를 받아야 우선변제 순위를 지킬 수 있음
- 2022년 1월 4일 상가건물임대차보호법시행령 일부 개정

출처: 법제처

대항력이 있으면 상가의 권리금도 보호받는다

임대인은 계약 기간이 끝나기 6개월 전부터 계약 만기까지 권리금 계약에 따라 임차인이 주선한 신규 임차인이 되려는 자로부터 권리금을 지급받는 것을 방해하여서는 아니 된다. 이를 방해하여 손해가 발생했다면 임차인은 임대인을 상대로 손해배상청구를 할 수 있다.

상가를 경매로 낙찰받은 경우에 대항력 없는 임차인이라면 낙찰자에게 권리금 인수 의무가 없다고 보아도 무방하다. 하지만 대항력 있는(사업자 등록일이 말소기준권리보다 빠른) 임차인이라면 낙찰자는 상가임대차보호법에 따라 종전 임대인의 지위를 승계한다. 때문에 상가 낙찰 후 직접 사용 등이 목적이라면 선순위 보증금은 물론 권리금까지

부담하게 될 수 있으니 주의해야 한다.

이사를 해도 대항력을 유지하는 법

임대차 기간이 종료됐는데 임대인이 보증금을 반환하지 않는다면, 임차인은 소재지 관할 법원에 단독으로 임차권 등기명령을 신청할 수 있다. 그 결과 소유자의 등기부(부동산등기사항전부증명서)에 임차권 등기가 설정되면 이후 임차인이 이사를 하거나 전출하더라도 대항력이 유지된다.

바쁜 직장인을 위한 책상에서 물건 찾기

간단한 손품으로도 수익을 낼 수 있다

간단한 권리분석을 통해 피해야 할 물건들을 걸렀다면 실제로 입찰해야 할 물건을 찾을 차례다. 좋은 물건을 찾으려면 반드시 현장 조사를 나가야 할까? 부동산 현장 조사는 입찰할 때마다 꼭 필요한 것일까? 그렇지는 않다. 입찰할 사건이 아파트라면 현장에 나가는 경우가 드물다. 필자의 경우 열 번 입찰한다면 한두 번 정도 나간다. 아파트는 실거래가, 현재 매물 시세, 전·월세가, 현지 중개인과의 통화, 로드뷰(거리뷰) 등으로 얼마든지 현재 시세와 주변 환경을 파악할 수 있기 때문이다.

예를 들어 3억 원이면 급매로 팔리는 아파트가 있고, 취득세와 등기비 등 부대비용이 1,000만 원이라고 가정하자.

1,000만 원을 남기고자 하는 사람은 2억 8,000만 원을, 500만 원을 남기고자 하는 사람은 2억 8,500만 원을 써내면 된다. 낙찰 이후 매도 시점까지(또는 전·월세를 주는 동안) 시세가 올랐다면 그만큼의 시세차익 역시 낙찰자의 몫이다.

많은 조사 방법이 있지만 아파트 손품 조사는 몇 번만 해보면 쉽게 할 수 있다.

- 네이버 부동산 매물
- 실거래가: 공실로 두거나 임대를 할 수 있으므로 전세·월세 가격도 확인한다.
- KB부동산 시세: 대출 한도의 기준이 될 수 있다.
- 과거 매각통계: 경매 정보 사이트에서 입찰하려는 아파트 단지의 몇 동 몇 호가 얼마에 낙찰됐는지, 몇 명이 입찰했는지 알 수 있다.

나는 실제로 이처럼 간단한 손품 조사로 한 채당 작게는 1,000만 원대에서 많게는 억 단위의 수익을 올려왔다. 아파트 경매는 누구나 쉽게 할 수 있지만 결국 끈기 싸움이다. 입찰 횟수에 비례하여 패찰 횟수도 많아지기 마련이다. 초기에는 패찰 횟수가 훨씬 많았다. 욕심을 부린 것이다. 그래서 나는 일반 아파트 경매 사건이라면 작정하고 낙찰받기 위해 입찰가를 쓰는 편이다. 적어도 경매 입찰을 하면서 '운이 좋으면 낙찰되겠지' 같은 헛된 기대는 하지 않는 게 좋다.

"혹시 제가 산 후 폭락하면 어쩌죠?"

이런 마인드라면 경매뿐 아니라 어떤 투자도 맞지 않다. 나는 낙찰받은 아파트 시세가 갑자기 폭락하거나 폭등한다고 생각해본 적이 없다. 일생에 몇 번 올까 말까 한 변수가 없는 한 폭락과 폭등은 그리 쉽게 오지 않는다. 만약 운이 없어서 투자 이후 그런 일이 오더라도 계속해서 내려가기만 하는 자산은 없다. 최소한 현재 시세를 유지하기만 해도 싸게 샀기에 남는 것이고, 물가 상승률만큼만 올라주어도 인플레이션 헤지가 가능하다는 생각으로 나는 15년간 투자를 이어가고 있다.

매입 가격을 내가 정하고, 낙찰받으면 시세보다 싸게 사는 것이니 이보다 안전한 투자가 어디 있는가? 나는 아파트 경매 투자를 하면서 지금까지 단 1만 원도 손해 본 적이 없다.

손품을 보완하는 수단, 현장 조사

평소 리스크 회피 성향이 강하거나 과한 욕심을 낸다면 경매로 부동산을 매입하기는 쉽지 않을 것이다. 이것은 개인적 성향의 차이고, 옳고 그름의 문제는 아니다. 다만 너무 싸게 사려고 하면 패찰을 거듭할 수밖에 없다. 실거주 목적이라면 현재 살 수 있는 급매가보다 조금 더 싸게 매입한다고 생각하면 좋다.

운이 좋아서 싸게 낙찰받는다고 해도 시세차익이 많으면 팔 때 그만큼 세금도 많이 내야 한다. 적당한 차익을 여러 번 남기면 당신의 통장 잔고와 투자 마인드가 확실히 바뀔 것이다.

시세 파악이 되었다면 경매의 3대 공부라 칭할 수 있는 감정평가서, 매각물건명세서, 현황조사서 확인으로 기본적인 입찰 준비는 마친 셈이다.

내가 현장에 가는 이유는 손품으로 원하는 정보를 알아내기 어려운 경우다. 예를 들어 지면의 경사도, 지하철역까지의 실제 도보 거리, 커뮤니티 시설 및 활성화 여부, 입주민 연령대와 수준, 시세 상승·하락 반영 속도가 늦어 인터넷 부동산 매물이 실시간 현장을 따라가지 못하는 경우 등이다.

도심의 상가, 오피스텔, 빌라 입찰 시에는 거리 사진, 항공 사진 등을 제공하는 로드뷰를 활용하면 좋다. 로드뷰는 네이버, 다음, 구글 등의 촬영 시기가 모두 다르므로 각각 보는 게 도움이 된다. 특히 상가의 경우 간판, 도로 등을 보면 시간에 따른 업종 변화 과정도 알 수 있다. 수년 전의 사진이 지금까지 남아 있는 경우도 있고 사업장이 자주 바뀌기도 한다. 실제로 나는 로드뷰의 상의 간판, 현수막에서 임대인의 연락처를 보고 통화하여 원하는 정보를 얻은 적도 있다.

참고로 로드뷰는 카카오맵과 네이버 거리뷰를 활용한다. 가보기 전에 인근 상권을 구석구석 살펴보기에 좋다.

현장 조사는 무작정 현장에 가보는 게 아니다. 책상에서 충분히 손품을 팔고, 얻은 정보를 현장에서 확인하는 것이다. 아파트에 입찰할 때마다 계속 갈 필요는 없다. 손품으로 대부분의 정보를 알 수 있기 때문이다. 미납 관리비 등을 알아보러 관리사무소에 들리면 생각지도 못한 개발 정보나 점유자 정보를 얻을 때도 있다.

실전! 손품으로 아파트 경매 도전하기

지도 사이트로 임장 사전 조사하기

마음에 드는 부동산이 눈에 들어왔다면 이제는 본격적인 조사를 시작해야 한다. 요즘 같은 AI 시대는 컴퓨터 앞에 앉아서 원하는 정보 대부분 얻을 수 있다. 발품에 앞서 손품이 중요하다. 그래야 몸이 고생하지 않는다. 온라인으로 모을 수 있는 정보를 최대한 모은 뒤 현장에 가서 직접 확인하는 것이 가장 좋은 방법이다. 경매 사이트에서 필요한 정보를 클릭 몇 번으로 볼 수 있는데, 네이버 부동산을 예시로 손품의 단계를 살펴보자.

온라인 지도로 주변 환경 조사

해당 부동산의 주소를 입력한 후 '세부 메뉴 확인'을 누르면 인터넷 지도 및 거리뷰, 지적편집도, 항공사진 등을 볼 수 있다. 인터넷 지도를 통해 주변 환경과 편의시설을 살펴본다.

마우스로 지도의 축척을 조절할 수 있다. 선택한 지역 주변의 아파트 매매가를 확인할 수 있고 도로, 지하철 현황, 학교 및 병원 등의 위치를 정확히 파악할 수 있다.

〈그림 3-14〉 주변 아파트의 매매가 확인

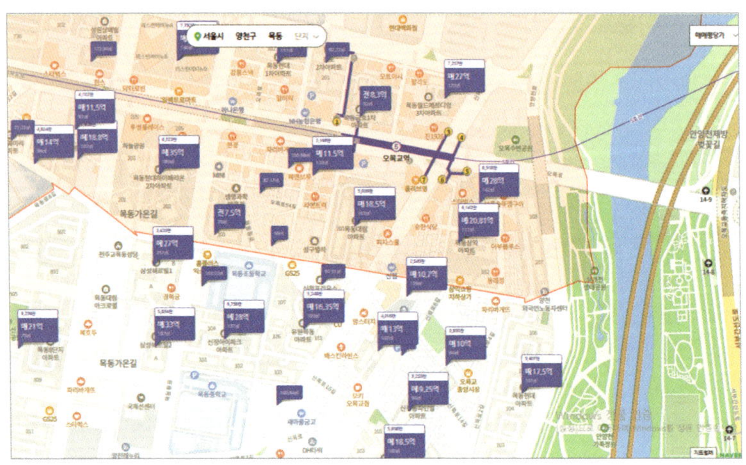

출처: 네이버 부동산 지도

해당 물건의 단지 정보 파악

지도를 확대해서 해당 아파트를 클릭하면 상세 단지 정보를 확인할 수 있다. 세대 수, 준공연월, 세대당 주차 대수 등까지 나온다. 해당 평형 시세 및 실거래가를 확인할 수 있고 동호수별 공시 가격, 학군 정보, 단지 내 면적별 정보까지 자세히 볼 수 있다. 이를 통해 해당 매물은 동향임으로 고층이 낫겠다는 식으로 해석할 수 있다.

특히 경매로 나온 아파트, 오피스텔, 빌라는 거주해야 하므로 거실 등에서 바라보는 뷰가 중요하다. 확 트인 조망과 꽉 막힌 뷰를 가진 집의 차이는 매우 크다. 같은 동이라도 1~2호 라인과 3~4호 라인 등에 따라 한강이나 바다가 보이기도 하고 일부 조망이 나오기도 하며 아예 보이지 않기도 한다. 인터넷 지도를 통해 동과의 거리나 해당 부동산

〈그림 3-15〉 단지의 상세 정보 파악

출처: 네이버 부동산 지도

〈그림 3-16〉 네이버 지도를 통한 거리 재기

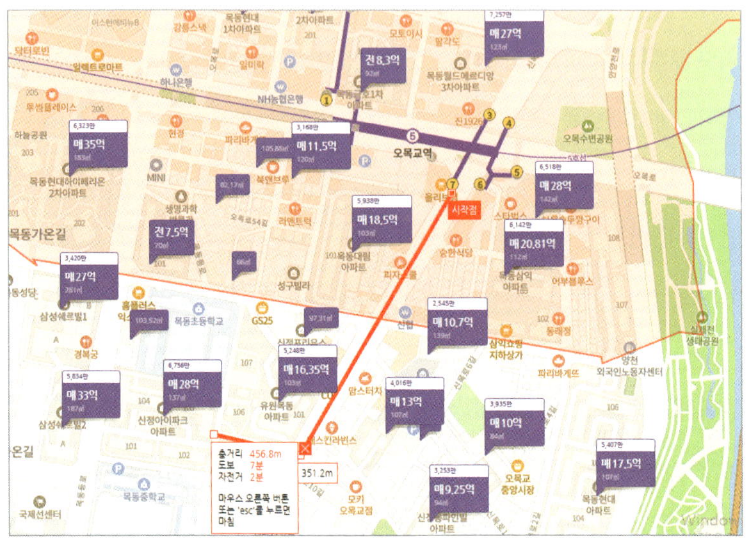

출처: 네이버 부동산 지도

이 막힌 뷰인지 확 트인 뷰를 제공하는지 알 수 있다. 시간이 허락한다면 입찰할 때마다 단지 내 중개업소를 통해 확인 가능하다.

거리뷰를 활용해 물건지 분위기와 입지 파악

네이버 지도 화면에서 오른쪽에 있는 메뉴 중 '거리'를 클릭하면 정확한 거리와 도보 및 자전거를 이용했을 때의 소요 시간이 표시된다.

또한, 거리뷰를 통해 주변을 살펴보면 그 지역에 직접 가지 않더라

〈그림 3-17〉 항공뷰(왼쪽)와 로드뷰(오른쪽)으로 본 아파트 주변 모습

출처: 네이버 부동산 항공뷰, 네이버 부동산 지도

도 전체적인 분위기를 대략 느껴볼 수 있다. 로드뷰는 촬영 시기별로 꾸준히 업데이트된다. 예전에는 어떤 건물들이 있었고, 입점된 상가 등이 어떤 변화를 거쳐왔는지도 살펴볼 수 있다.

입찰 전 등기부로 정보 파악하기

전반적인 정보 확인하기

낙찰자	왕초보 경매 마스터 과정 21기 김한
낙찰가	1억 6,400만 원
투자 경과	잔금 즉시 1억 8,500만 원 매도

전북 군산시 나운동에 있는 아파트가 경매로 나왔다. 나운동은 인근 조촌동, 수송동, 미장동보다는 오래된 느낌이 있지만 비교적 가격이 저렴하고 생활 환경이 괜찮아서 군산 시민들이 선호하는 거주지 중 한

〈그림 3-18〉 해당 물건의 경매 정보

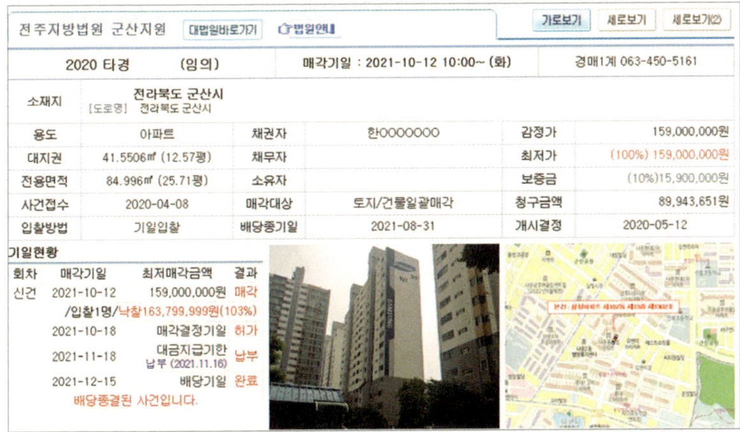

전주지방법원 군산지원 대법원바로가기 법원안내 가로보기 세로보기 세로보기(2)

2020 타경 (임의)	매각기일 : 2021-10-12 10:00~ (화)	경매1계 063-450-5161

소재지	전라북도 군산시 [도로명] 전라북도 군산시				
용도	아파트	채권자	한0000000	감정가	159,000,000원
대지권	41.5506㎡ (12.57평)	채무자		최저가	(100%) 159,000,000원
전용면적	84.996㎡ (25.71평)	소유자		보증금	(10%)15,900,000원
사건접수	2020-04-08	매각대상	토지/건물일괄매각	청구금액	89,943,651원
입찰방법	기일입찰	배당종기일	2021-08-31	개시결정	2020-05-12

기일현황

회차	매각기일	최저매각금액	결과
신건	2021-10-12	159,000,000원	매각
	/입찰1명/낙찰163,799,999원(103%)		
	2021-10-18	매각결정기일	허가
	2021-11-18	대금지급기한 납부 (2021.11.16)	납부
	2021-12-15	배당기일	완료

배당종결된 사건입니다.

출처: 스피드옥션

곳이다. 경매로 나온 아파트는 나운동에서도 브랜드 건설사의 700여 세대 단지라는 점과 관리가 잘된다는 점에서 실거주자들이 선호하는 곳이었다.

아파트의 경우에는 간단한 손품을 통해 현재 거래되는 가격과 정보를 알 수 있다. 주로 네이버 부동산 매물 현황을 활용하는데, 여기서 눈으로 보고 그치는 게 아니라 현지 부동산 중개사무소 소장님들과 통화하거나 직접 찾아가서 현지 정보를 모은다.

해당 아파트는 1998년에 지어졌으며, 670여 세대 규모의 단지다. 이 중 경매로 나온 85㎡ 평형이 422세대로 주력 평형이라 매물 회전이 잘되고 있었다.

이 단지에는 조망권을 가진 5개의 전면 동이 있다(192쪽 〈그림

〈그림 3-19〉 해당 물건의 입지

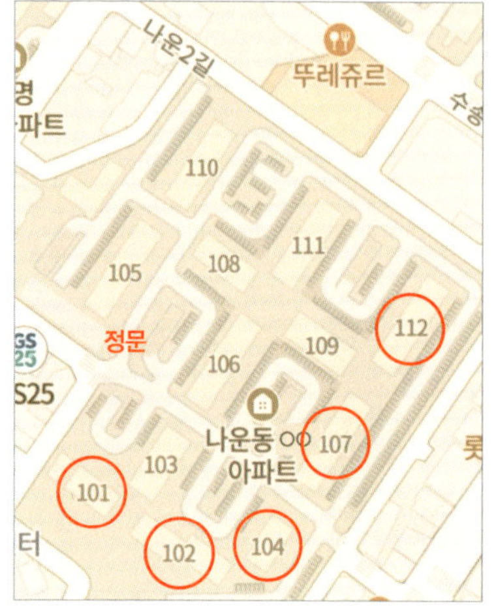

출처: 네이버지도

〈그림 3-20〉 실거래가 확인하기

단지정보 시세/실거래가 동호수/공시가격 학군정보 사진

계약월	매매가	
2021.10.	**1억 5,900(14일,19층)**	
2021.09.	1억 7,800(10일,14층)	
2021.07.	1억 7,000(10일,12층)	
2021.06.	1억 6,500(17일,5층)	
2021.05.	1억 6,200(12일,11층)	
2021.04.	1억 4,100(22일,4층)	
	1억 5,800(16일,10층)	
2021.03.	1억 3,400(11일,4층)	
2021.02.	1억 4,200(21일,13층)	1억 4,700(16일,13층)
	1억 4,800(16일,17층)	1억 4,300(3일,6층)
2021.01.	1억 3,000(18일,4층)	
2020.12.	1억 1,700(16일,1층)	1억 4,750(16일,8층)
	1억 1,000(15일,1층)	1억 3,800(11일,9층)
	1억 4,800(4일,14층)	1억 4,000(2일,1층)

출처: 네이버 부동산

3-19〉). 경매 물건은 107동 13층이다. 107동은 단지의 출입구와 가깝고 층수 또한 단지 건너편의 상가보다 높은 13층이어서 'RR'(로열동/로열층)이라고 부르는 인기 물건이다.

기본적인 단지 정보를 파악했으면 다음은 가격이다. 지난 1년간의 거래를 살펴봤을 때 이 단지는 1억 4,000만 원 선에서 거래되다가 2021년 4월을 기점으로 가격이 조금씩 높아지더니, 여름에 연달아 1억 7,000만 원 선에서 거래가 됐다(〈그림 3-20〉). 그러다가 10월에 19층 물건이 직전보다 거의 2,000만 원 낮은 가격에 거래된 것이 눈에 띄었다. 해당 물건은 탑층에 수리가 되지 않은 물건이라 낮은 가격으로 거래가 됐다는 정보를 현지 중개사무소 소장님을 통해 알 수 있었다.

선호동 및 비선호동의 현재 호가 확인하기

다음은 현재 매물 개수와 호가 수준을 비교해야 한다. 입찰 준비 당시 해당 평형은 400세대가 넘었지만 매물은 단 1개였다. 후면 106동(〈그림 3-21〉)의 16층 물건이 1억 8,700만 원에 매물로 나와 있었다. 현지 중개사무소 소장님들에게 확인한 결과 싸지 않은 편이라 매수 문의가 많지 않다는 것을 알 수 있었다. 그리고 107동 같은 로열동은 매물이 잘 나오지 않아 106동에 비해 상대적으로 희소성이 있다는 얘기를 들었다.

여기까지 정보를 종합하여, 경매로 나온 물건의 가치가 1억 7,500만 원에서 1억 8,500만 원 정도라고 판단했다. 1,000만 원의 가격 차이는 해당 아파트의 수리 유무에서 생긴다. 살기 좋은 단지라고 하더라도 완공 후 20년이 넘은 구축 아파트이기에 리모델링 또는 수리 여부에 따라 가격이 1,000만 원 이상 차이가 나기도 한다. 이 아파트를 낙찰받기 위해서는 이 1,000만 원의 오차 범위를 좁혀야 한다고 생각했다.

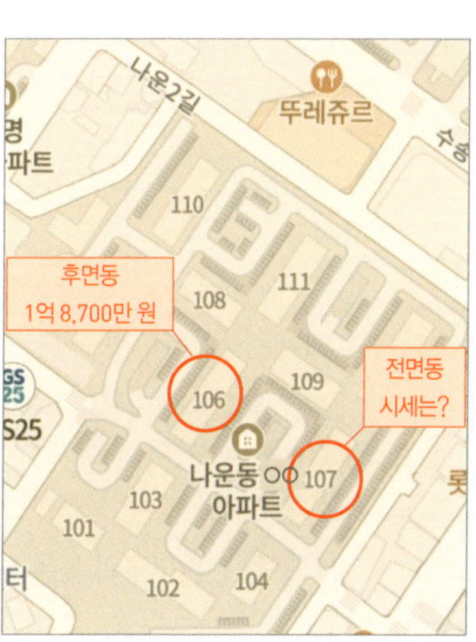

〈그림 3-21〉 물건의 가치 추정

출처: 네이버지도

하지만 경매로 나온 집이 수리된 집인지 아닌지를 어떻게 알 수 있을까? 점유자의 협조를 구해 직접 집 안에 들어가 확인해보기 전까지는 알기 어려울 것이다. 직접 찾아간다고 하더라도 살고 있는 점유자가 생면부지의 입찰 예정자들을 반가이 맞아줄 리도 없다. 그러므로 당신의 상상력과 추리력을 동원해서 유추할 수 있어야 한다. 그 단서가 '등기사항전부증명서', 즉 등기부에 담겨 있다.

등기부로 물건의 역사 추적하기

등기부에는 해당 부동산의 탄생부터 현재까지의 이력이 기록되어 있다. 언제 어떻게 이 집을 지어서 얼마에 분양을 했는지, 중간에 몇 명의 소유자가 거쳐 갔는지, 살고 있는 소유자가 얼마에 이 집을 샀는지, 이 집을 매입하기 위해 얼마의 대출을 일으켰는지 등을 확인할 수 있다. 사람에게 '족보'가 있듯 등기부는 '부동산의 족보'라고 할 수 있다.

해당 물건의 등기부(〈그림 3-22〉)를 살펴보면 다음과 같이 추론할 수 있다.

- 이 아파트의 채무자는 사망했고 이 아파트는 현재 공실 상태일 것이다.
- 따라서 공용 부분의 관리비만 부과되고 있을 것이고 명도 처리가 쉬울 것이다.
- 2016년경 신혼부부의 젊은 취향으로 깨끗이 리모델링됐을 것이다.

〈그림 3-22〉 해당 물건의 등기사항전부증명서

2	소유권이전	2001년4월9일 제15515호	2000년12월30일 매매	소유자 이 680911-******* ~~군산시 소룡동 1534-3 소망아트빌라 201호~~
2-1	2번등기명의인표시변경		2005년4월25일 전거	이 의 주소 전라북도 군산시 2016년1월28일 부기
3	소유권이전	2016년1월28일 제5014호	2015년12월14일 매매	소유자 장 800911-******* ~~전라북도 군산시~~ 거래가액 금155,000,000원
3-1	3번등기명의인표시변경	2016년2월12일 제6644호	2016년1월29일 전거	장 의 주소 전라북도
4	가압류	2018년10월4일 제36490호	2018년10월2일 전주지방법원 군산지원의 가압류 결정(2018즈단)	청구금액 금45,000,000 원 채권자 김 791210-*******
5	소유권이전	2020년5월6일 제17693호	2019년12월14일 상속	~~공유자~~ ~~지분 2분의 1~~ ~~장 130213-*******~~ ~~인천광역시 서구~~ ~~지분 2분의 1~~ ~~장 150622-*******~~

[집합건물] 전라북도 군산시

순위번호	등 기 목 적	접 수	등 기 원 인	권리자 및 기타사항
				~~인천광역시 서구~~
				대위자 부산광역시 대위원인 2016년1월25일 대출거래약정에 기한 채권보전
5-1	5번소유권변경	2020년8월20일 제33085호	2020년5월6일 신청착오	공유자 지분 2분의 1 장 471001-******* 전라북도 군산시 지분 2분의 1 강 550606-******* 전라북도 군산시
				대위자 부산광역시 남구 대위원인 상속포기(전주지방법원 군산지원 2020느단) 및 상속한정승인(전주지방법원 군산지원 2020느단)
6	임의경매개시결정	2020년5월12일 제18277호	2020년5월12일 전주지방법원 군산지원의 임의경매개시결정(2020타경)	채권자 부산광역시 남구

【 을 구 】 (소유권 이외의 권리에 관한 사항)

순위번호	등 기 목 적	접 수	등 기 원 인	권리자 및 기타사항
1	근저당권설정	2016년1월28일 제5015호	2016년1월28일 설정계약	채권최고액 금99,000,000원 채무자 장■■ 전라북도 군산시 [illegible] 근저당권자 [illegible]
1-1	1번근저당권이전	2020년3월11일 제10396호	2016년4월8일 확정채권양도	근저당권자 [illegible] 부산광역시 남구 [illegible]
~~2~~	~~근저당권설정~~	~~2016년2월12일 제6645호~~	~~2016년2월12일 설정계약~~	~~채권최고액 금24,000,000원~~ ~~채무자 장■■~~ ~~전라북도 군산시~~ [illegible] ~~근저당권자~~ [illegible] ~~서울특별시 중구~~ [illegible]
3	2번근저당권설정등기말소	2017년7월25일 제25514호	2017년7월24일 해지	
4	근저당권설정	2017년8월25일 제29963호	2017년8월24일 설정계약	채권최고액 금32,400,000원 채무자 장■■ 전라북도 군산시 [illegible] 근저당권자 [illegible] 서울특별시 중구 [illegible]

출처: 대법원 인터넷등기소

나는 이 집의 가치를 1억 8,000만 원 이상이라고 평가했다. 그리고 내가 원하는 최소한의 수익을 반영하여 최종 입찰가를 1억 6,300만 원으로 정했다. 어떻게 이런 확신을 가질 수 있었을까? 우선 등기부를 바탕으로 내가 재구성한 이 아파트의 이야기는 다음과 같다.

> 이 집의 주인 장○○ 씨는 같은 아파트 단지에서 전세로 거주하고 있었다. 세 살배기 첫아들에 이어 곧 둘째가 태어날 예정이라 단지 내 좋은 집을 사서 이사하기로 한다. 당시 주택금융공사에서 저렴한 금리로 대출도

받을 수 있었다. 실거주로 두 아이와 함께 살 집이라 잔금을 치르기 전 인테리어도 제법 돈을 들여서 완료했다. 그러나 2018년 GM 군산공장이 문을 닫으면서 군산 경제가 급격히 흔들렸다. 부부는 어떤 경제적 이유로 잦은 다툼을 벌이다가 결국 이혼소송까지 하게 된다. 소송 결과 아내가 두 아이의 양육권을 가지고 친정인 인천으로 이사했다. 아내가 위자료 약 4,500만 원을 청구했으나 경제적 어려움이 있던 장 씨는 이를 지불하지 못했다. 갑자기 경제적 어려움에 처한 장 씨는 어떤 사고로 세상을 떠났다. 내 집을 마련하고 3년이 지났을 무렵이다. 집은 장 씨의 두 자녀에게 상속됐지만, 상속을 포기했다. 결국 고인이 된 장 씨의 집은 부모에게 상속됐고, 아들을 먼저 떠나보낸 부모는 슬픔 속에 아들이 남긴 집과 부채를 경매를 통해 청산하기로 했다.

어떤가, 소설 같은 허무맹랑한 이야기인가? 등기부만 보고 어찌 이리 상세하게 한 가족의 이야기를 재구성할 수 있는지 의문이 드는가?

결론적으로 말해서 내가 추론한 이 집의 역사는 대부분 들어맞았다. 명도 과정을 진행할 때 채무자 장○○ 씨의 어머님을 만나 직접 대화를 나누면서 확인했다. 미납 관리비를 정산한 후 아파트에 들렀는데, 집 내부의 모습도 내 예상과 다름이 없었다. 신혼부부가 두 아이를 키우기 위해 소박하지만 예쁘게 꾸며놓은 전망 좋은 집이었다.

아들을 먼저 떠나보낸 부모는 이 집의 처분을 기다리고 있었으며 내게 집 정리를 부탁했다. 낙찰 소식을 알고 있었고 마음의 준비를 했지만, 자식의 흔적이 남아 있는 집을 차마 당신 손으로 정리할 순 없었다

〈그림 3-23〉 해당 물건의 내부 모습

고 한다. 이런저런 사연이 있는 집은 일반매매로 처분하는 것보다 경매를 통한 처분이 나을 때가 있다. 이 집을 담보로 돈을 빌려준 은행도 채권을 회수해야 하고, 임차인이 살고 있다면 보증금이 있을 테고, 집주인이라면 단 몇 푼이라도 건져서 나가고 싶은 게 인지상정일 것이다.

등기부 읽는 요령

다음은 등기부를 어떤 방식으로 읽었는지 살펴보자. 갑구와 을구 주요 사건을 날짜 순서대로 나열해보면 다음과 같다.

- 2015.12.14: 매매계약서 체결. 장○○ 가족의 거주지는 나운동 ○○

아파트 105동 ○○○호. 당시 나이 35세.

- 2016.1.29: 107동 ○○○호로 이사함. 매매 계약과 잔금 사이 약 한 달 반의 시간이 있음.
- 2018.10.2: 채무자 아내 ○○○가 이 집에 4,500만 원 가압류 설정. 원인은 군산 지원 판결 2018 즈단 ○○○○○.

  ※ 즈단: 위자료 2억 원 이하의 단독 사건을 의미함(재산 분할 금액과는 상관없음).
- 2019.12.14: 2013년생 아들과 2015년생 딸 상속 포기. 거주지는 인천으로 나와 있음.
- 2020.8.20: 군산에 거주하는 부모가 집을 상속받음.

이것은 추측이 아닌 팩트다. 대부분의 경매 참여자는 시세 파악만 할 뿐 이렇게 등기부까지 확인하지 않는다. 귀찮기 때문이다. 권리 분석과 시세 파악도 중요하지만 여기서 멈추면 딱 거기까지다. 남들보다 한 발 더 앞서나가기 위해서는 때에 따라 등기부 분석이 필요하다. 단돈 100만 원에 희비가 갈리는 법원에서 낙찰 영수증을 받기 위해서는 남들이 보지 못하는 이면을 읽어낼 수 있으면 유리하다.

예상대로 이 아파트는 리모델링을 한 집이었다. 비슷한 연령대나 또래의 아이를 키우는 사람들의 생각, 라이프 사이클은 크게 다르지 않다. 장○○ 씨는 집을 사서 이사를 한다. 거주 만족도가 높을 때 사람들은 전세를 살다가 매매로 전환하거나 단지 내에서 좀 더 큰 평수로 갈아타기를 시도한다. 그러니 전셋집보다는 내 소유의 집에 대한 애정이 있을 것이다.

당시 두 자녀의 나이가 세 살, 한 살이었는데 아마도 전세를 살다가 아이들이 커가는 것을 보면서 내 집 마련을 한 것으로 보인다. 다시 말하면 생애 첫 번째 집인데, 이런 경우 이사 전에 인테리어 공사를 어느 정도 하는 경우가 많다. 특히 어린 자녀가 있으니 집 내부 환경을 생각했을 테고 도배, 화장실 수리, 문턱 제거 등에도 신경 썼을 것이다. 이사 전까지 충분한 시간이 있었고 소유자가 저금리의 주택금융공사 대출을 받았다는 점도 이런 추측을 하게 된 이유였다. 저금리로 충분한 대출이 가능했기에 마음 먹기에 따라 집수리 비용에 자금을 투입할 수 있었을 것이다.

이 집이 공실 상태일 거라고 판단한 근거는 부부가 이혼한 후 소유자가 사망했기 때문이다. 상속은 소유자의 사망으로 시작한다. 남편이 사망한 경우 재산은 아내와 자녀에게 법에서 정한 비율대로, 예를 들어 배우자와 아이 둘이 있다면 1.5:1:1(배우자:자녀:자녀)의 비율로 상속된다. 이 집은 어린 두 자녀가 상속자가 됐는데(후에 상속을 포기함), 이 사실로 미루어 볼 때 소유자 사망 전 부부가 이미 법적으로 이혼했다는 것을 알 수 있다.

또한 중간에 아내로 추측되는 ○○○이 청구한 가압류가 있었는데, 이럴 때는 '법원 사건 검색'을 통해 사건을 조회해보면 된다. 검색 결과 해당 사건은 군산 가정법원의 소액위자료 청구 소송이었다. 따라서 부부는 이혼을 했고 상속 시점에 두 자녀의 주소지가 인천으로 되어 있었기 때문에 이혼 과정에서 아이들의 엄마가 양육권을 가지고 다른 곳에서 살고 있음을 추론할 수 있었다(이쯤되면 탐정이 따로 없다).

석 달 만에 1,500만 원의 순수익을 거두다

이렇게 등기부에서 읽어낸 정보를 바탕으로 현지 중개사무소, 관리사무소 등을 통한 추가 조사를 진행했다. 이렇게 정보를 더하다 보면 내 생각과 입찰가에 확신을 얻을 수 있다. 관리사무소를 통해 현재 미납 관리비가 1년 넘게 공용 부분만 청구되고 있다는 사실을 확인했고, 이미 전출한 상태라는 것을 알 수 있다.

당시 군산 지역의 인터넷 기사와 아파트 시세 정보를 통해 2018년 상반기에 있었던 GM 군산공장 폐쇄가 지역 경제에 큰 타격을 줬다는 사실도 확인할 수 있었다. 이렇게 얻어낸 정보와 사실관계를 조합함으로써 이 집의 실제 금전적 가치와 명도 시 발생할 비용 및 위험 요소까지 모두 미리 확인하고 입찰할 수 있었다.

등기부의 정보는 누구나 볼 수 있다. 하지만 그것을 어떻게 읽어 내고, 조합하고, 입찰가에 반영할지는 본인의 몫이다.

이 집은 군산 지역 실거주자와 1억 8,500만 원에 매매 계약이 완료된 상태다. 정부의 대출 규제 여파로 전국의 부동산 시장이 얼어붙은 시점이었지만 애초에 매수 대기자가 많은 물건을 싸게 낙찰받았기에 매도에 대한 걱정은 없었다. 남은 짐을 처리하는 일련의 명도 과정이 끝난 뒤 한 달 만에 사연 많은 이 아파트는 새 주인을 찾을 수 있었다.

이 아파트의 낙찰가는 1억 6,400만 원이고 미납 관리비를 포함한 취득비용이 600만 원 정도 소요됐다. 따라서 최종 취득가는 1억 7,000만 원이고 잔금 이후 바로 매도 계약을 했다. 석 달 만에 시세차익 약 1,500만 원을 거둔 셈이다. 나는 단기 매도와 장기보유를 적절히 섞어가며 투자하고 있으며 다양한 경험이 나를 성장시킨다고 믿는다.

법원에서 사용하는 사건 부호 및 비용 구분

사건 부호

민사 사건

- 지급명령(독촉 사건): 차/차전
- 가압류, 가처분: 카합(합의), 카단(단독)
- 부동산 경매: 타경
- 파산: 하합(합의), 하단(단독)
- 개인회생: 개회
- 과태료: 과

형사 사건

- 1심: 고합(합의), 고단(단독), 고약(약식 사건), 고정(약식 사건 정식재판)
- 2심(항소): 노
- 3심(상고): 도

이혼 사건

- 1심: 드합(합의), 드단(단독)
- 2심(상소): 르
- 3심(상고): 므

사건 구분

소액 사건: 민사에서 청구 금액 3천만 원 이하 사건

약식 사건: 가벼운 형사 사건에 대해 정식 재판보다 간소하게 서류만으로 재판하는 사건

2심 재판: 1심 판결에 불복해 고등법원 또는 지방법원 합의부에서 다시 심리하는 단계

합의 사건: 판사 세 명이 하나의 재판부를 구성하는 사건

단독 사건: 판사 한 명이 재판하는 사건

재판 비용

형사 재판: 국가가 피고인을 기소하여 형벌을 부과함. 피고인이 범죄를 저질렀는지 판단하는 과정으로 비용은 국가가 부담한다.

민사 재판: 개인과 개인의 다툼을 해결하는 방법으로 소송비용은 당사자 부담이 원칙이다.

※먼저 재판을 거는 사람(원고)이 비용을 내야 재판이 시작된다.

꼼꼼한 현장 조사가 투자 성과를 좌우한다

임장의 질은 손품이 좌우한다

현장 조사를 제대로 하기 위해서는 미리 계획을 세우고 움직이는 것이 좋다. 중개소도 한두 군데 정도는 미리 방문 예약을 해둔다. 움직이는 참에 최대한 많은 경매 물건을 조사하려고 거창한 계획을 세우는 사람들도 있는데 초보일수록 좋지 않은 방법이다. 단 한 군데를 조사하더라도 제대로 하는 게 중요하고, 다시는 이곳에 오지 않겠다는 각오로 임해야 한다. 지도와 확인 필요한 정보 등을 미리 출력해서 현장에 가면 더 효율적인 임장을 할 수 있다.

충실한 기록은 오래도록 도움이 된다

조사 내용과 분위기, 현지 중개사나 주민과의 대화에서 얻은 중요한 정보와 멘트를 기록으로 남긴다. 볼펜으로 흘려 써놓으면 몇 군데만 다녀와도 자료와 기억이 섞일 수 있으니 음성녹음과 필기, 디지털 음성 정리기 등을 활용한다. 시간이 지나 다시 꺼내 봐도 그때의 느낌과 사실관계를 기억해낼 수 있도록 하면 좋다.

처음에 내용을 잘 정리해놓으면 같은 지역 또는 인근 단지가 경매로 나왔을 때 도움이 된다. 시간이 부족해서 계획했던 것만큼 충분히 조사하지 못했다면 시간대를 달리하여 현장에 다시 가볼 때도 있다. 현장에 가는 목적은 손품(인터넷 검색) 자료를 눈으로 확인하고 입찰에 대한 확신을 가지기 위해서라는 사실을 명심하라.

선순위 임차인 경매 사건의 경우 실제 점유자가 누구인지, 관리사무소 직원의 도움을 받을 수 있는지, 명도(집 비우기)의 난이도는 어떤지를 파악하러 갈 때도 있다.

중개소를 방문하는 이유는 개발 호재 및 매물 동향, 정확한 임대 시세 등을 알기 위함이다. 급매가, 최고가, 가족 또는 지인간의 특수거래 여부, 전·월세가 등을 파악하는 것도 필요하다. 중개사무소마다 업무 스타일이 다르기에 말이 통한다는 이유로 한곳에 오래 머물며 전적으로 신뢰하고 현장 조사를 마치는 것은 위험하다.

가장 정확한 것은 현지 주민의 정보

아파트 주민을 만나거나 커뮤니티를 활용하면 해당 물건의 정보를 추가로 파악할 수 있다. 실제 거주하는 사람만 알 수 있는 정보를 얻을 수 있어 큰 도움이 된다. 예를 들면 층간소음 여부, 누수 또는 단열 문제는 없는지, 관리가 잘되는 단지인지, 입주민의 연령대와 수준은 어떤지 등의 세세한 정보는 인터넷으로 보기가 어렵다.

현관문에 붙어 있던 교회 스티커를 보고 같은 교회 스티커가 있는 집을 찾아 도움을 청한 사람도 있었다. 같은 교회에 다니니 속사정을 잘 알 거라는 추측이 맞아떨어진 것인데 점유자인 임차인의 가족관계 등을 확인하고 집 내부 구조도 볼 수 있었다. 이럴 때는 자연스럽게 대화를 이어가는 스킬이 필요한데 여러 번 시도하고 경험할수록 조금씩 스킬이 쌓인다. 대면 조사나 현장 방문의 경우 남성보다는 여성이 유리한 편이다.

아파트라면 해당 호수의 벨을 눌러봐도 좋다. 처음엔 용감하게 벨을 눌러놓고도 점유자와 대면하는 게 어색해 아무도 없길 바라는 마음이 들 수도 있다. 점유자가 소유자인지 세입자인지, 배당을 받을지 못 받을지에 따라 다른 접근이 필요하다. 우편물을 통해 소유자가 살고 있는지 임차인이 살고 있는지 대략 유추할 수 있다(등기부 또는 경매 정보 사이트를 보면 소유자와 임차인 이름이 모두 나온다). 임차인 중에는 경매 절차를 처음 겪어서 자신이 배당받는 방법을 모르는 사람들도 있는데, 나는 안전하게 배당받는 방법을 안내해주면서 인테리어 수준을 확인하고 다양한 정보를 얻기도 했다.

이웃 주민과 대면하는 걸 겁내지 말자. 오래된 아파트나 빌라의 경우 위층과 아래층을 방문할 수 있으면 좋다. 누수 여부를 확인할 수 있기 때문인데(때에 따라 위층 거주자의 층간소음에 대한 정보도 알 수 있다) 만약 물이 새는데 원인을 찾기 어렵다면 보통 문제가 아니다. 예를 들어 1201호가 경매 물건으로 나왔다면 1101호를 방문한다(차 트렁크에 박카스, 비타500 같은 음료수 박스를 항상 비치해둔다).

참고로 누수 문제는 상황에 따라 큰 비용이 들 수 있다. 원인을 찾기가 너무 어려운 경우도 있는데, 이는 곧 분쟁으로 이어지기도 한다. 가장 어려운 것은 수리를 했음에도 재발하는 경우다. 나는 누수가 있다는 게 확인되면 깔끔하게 입찰을 포기한다.

관리사무소를 방문하면 미납된 관리비가 있는지 확인할 수 있다. 관리비 체납 여부를 묻는 전화가 얼마나 왔는지도 물어본다. 답변 내용에 따라 해당 부동산에 사람들이 얼마나 관심을 갖고 있는지 유추할 수 있다. 나는 오래전 관리사무소가 원하는 것을 들어주고 거주 세대의 정보와 차량 등록 현황 등을 파악하기도 했다.

부동산중개소에서 시세 정보를 얻는다

인근 중개소를 방문하여 현재 시세도 파악한다. 드러나지 않은 호재나 악재에 대한 얘기를 들을 때도 있다.

대상 물건과 평형, 구조, 연식이 비슷한 부동산 매물을 살펴보고 시세는 최소 세 군데 이상의 중개소에 들러보길 권한다. 사전에 KB부동산, 호갱노노 등에서 시세를 파악한 뒤 그 정보와 비교하여 판단하는 것이 좋다. 동일한 조건의 부동산 매물이 얼마에 나와 있고, 매물로 나온 지 얼마 만에 거래가 됐는지, 전세나 월세로 임대할 경우 얼마나 받을 수 있는지 등을 파악한다.

실수요자, 투자자, 매도자의 입장에서 다양하게 접근하여 문의하면 시세를 보다 객관적으로 바라볼 수 있다. 중개사의 성향에 따라 같은 물건을 다르게 평가하기도 하므로 여러 곳의 중개소를 방문해 시세와 매물 정보를 얻고 하한선 또는 평균을 적정 가격으로 생각한다. 그들의 의견을 전적으로 신뢰하지 말고 중복되는 내용을 신뢰하되 처음 듣는 내용은 확인 절차를 거치는 게 좋다.

아파트 임장 체크리스트

아파트 임장 체크리스트를 정리하면 다음과 같다.

❶ 주변 환경

- 위치: 해당 물건에서 아파트 출입구까지의 거리, 단지 출입구 위치, 경사도
- 교통: 지하철역 출구, 버스 정류장까지의 거리

- 학군: 초품아(초등학교를 품은 아파트)일 경우 초등학교 등교 동선, 중학교·고등학교·학원가의 위치
- 편의시설 등: 편의시설, 상가, 문화시설, 대형 마트, 병원, 카페, 공원 위치
- 환경: 공기의 질, 조경, 놀이터, 주변 유해/혐오시설 유무
- 직주(직장·주거) 근접: 편하게 출퇴근할 수 있는 거리와 위치인지 파악 (인근에 지식산업센터나 사무실, 업무용 빌딩 등이 많은지를 파악한다.)

❷ 단지 정보

- 브랜드
- 준공 연도
- 해당 평형 세대 수
- 난방 형태
- 관리비
- 대지지분

❸ 해당 세대 정보

- 층, 평면, 향, 복도식 또는 계단식
- 동별 위치, 동 간 거리
- 발코니 면적, 확장 여부
- 새시, 주방, 화장실 인테리어
- 층간소음 문제, 세대별 주차 대수

현장 조사를 하는 방법은 다양하다. 중개소 몇 군데 들러 시세를 물어보는 것은 제대로 된 조사가 아니다. 두 번 다시 오지 않겠다는 각오로 열심히 조사하면 '이 정도면 됐다' 하는 확신이 들 때가 있다. 이럴 때 자신이 쓰는 입찰가에 대한 확신이 높아진다. 대개 반드시 낙찰받겠다는 간절함이 현장 조사의 질을 달라지게 한다.

계속해서 낙찰에 실패하는 이유를 알아보면 다음과 같다.

① 감정가를 참고해서 입찰가를 쓴다(즉 현재 시점의 시세를 잘 모른다).

② 투자 대상에 대한 확신도 간절함도 없다.

③ 입찰할 대상의 숨겨진 가치를 제대로 보지 못한다.

④ 손품 조사는 열심히 하는데 현장에는 절대 가지 않는다.

⑤ 욕심을 내거나 수익률을 높게 잡는다(특히 오피스텔, 상가, 지식산업센터 등 수익형 부동산의 경우).

초보일수록 ①~③번의 이유가 많고 중수 이상은 ④, ⑤번의 경우가 많다. 다시 말하지만 경매는 꾸준히 조사하고 끈기 있게 입찰하는 사람이 이기는 게임이다. 그런 사람이 시간이 지날수록 낙찰 횟수가 늘어나고 더 많은 수익을 가져가는 것은 당연한 일이다. 다양하고 확실한 정보는 신뢰로 맺어진 중개사님이나 현장에서 얻을 수 있는 경우가 많다라는 것을 잊지 말자.

경매 입찰 전 알아두면 좋을 것들

- 낙찰받고자 하는 지역의 낙찰가와 입찰자 수를 꾸준히 모니터링하자(모의 입찰은 실전에 큰 도움이 된다).
- 비용이 들더라도 유료 경매 사이트 하나 정도는 가입하는 것이 좋다. 하루 15분 정도 관심물건을 검색하고 낙찰 결과를 확인하는 습관을 들이자.
- 부동산 시장 상승기에는 유찰된 사건보다 신건에 입찰하여 낙찰 확률을 높이자.
- 경매에서 낙찰은 금액만 높게 쓰면 쉽다. 중요한 것은 얼마나 수익을 내고 매도할 수 있는가다.

제4장

위험과 기회를 알면 수익률이 달라진다

명도는 서류를 잘 활용하는 것만으로 90%는 해결된다.
나의 권리를 지키면서 기존 점유자를 배려한다면
서로 '윈윈'할 수 있는 하나의 절차일 뿐이다.

인도명령, 경매의 안전 장치

인도명령과 강제집행, 두려워하지 말자

예를 들어 아파트를 낙찰받는다면 그곳에 살고 있는 전 소유자 또는 임차인이 있을 것이다. 주거 또는 사업의 목적으로 살고 있는 사람들을 통칭해서 '점유자'라 하는데, 이들에게 소유자가 바뀌었으니 집을 비워달라고 요구할 수 있다. 만일 점유자가 매수인(잔금을 낸 순간부터 낙찰자에서 매수인으로 지위가 바뀜)의 명도 요구에 응하지 않을 경우 매수인은 법원에 인도명령을 신청할 수 있다.

낙찰자가 잔금을 내고 6개월 내에 인도명령을 신청하면 법원은 간단한 심리 절차를 거쳐 채무자, 소유자, 임차인 등 기타 대항력 없는 점유자에 대해 집을 비우라고 명할 수 있다. 이를 인도명령이라고 하는데, 신청서만 제출하면 되므로 절차가 비교적 간단하고 비용도 15만원 내외로 부담스럽지 않은 편이다. 만약 인도명령에서 해결되지 않으면 강제집행 단계로 넘어간다.

각 절차를 정리하면 다음과 같다.

인도명령 절차

① 인도명령신청

② 심리 및 심문

③ 인도명령결정

④ 결정문 송달

⑤ 송달증명원 및 집행문 부여 신청

강제집행 절차

⑥ 집행관 사무실에 강제집행신청서 제출(송달증명원 첨부)

⑦ 예고집행: 채무자에게 이사할 최소한의 시간을 줌(2주 이상)

⑧ 강제집행: 노무자 투입

⑨ 점유자 또는 피신청인에게 최고서 발송

⑩ 유체동산(부동산 내부에 있는 가재도구, 물품 등) 매각 신청

⑪ 집행비용 예납 및 공탁

⑫ 유체동산 감정

⑬ 집행비용 확정 및 결정 신청

⑭ 동산 경매 처리

어려워 보이는가? 전체 절차를 순서대로 나열했을 뿐 ⑭번까지 가는 경우는 드물다. 초보자들이 주로 하는 아파트, 빌라, 오피스텔, 지식산업센터 등을 낙찰받는다면 대개 ⑦번 예고집행 단계에서 점유자와 이사 협의가 되는 비율이 80~90% 이상이다. 실무적으로 동산 경매까지 가는 경우는 매우 드물다.

만일 점유자와 명도 협의가 되지 않는다고 해도 마찬가지다. 당신은 새로운 소유자로서 법원에 서류만 제출하면 된다. 당신이 낸 돈(잔금)으로 채권자(주로 은행)의 채권회수와 채무자(주로 전 소유자)의 빚 탕감에 가장 큰 이익을 준 것이니 두려워하지 말고 당당히 자신의 권리를 행사하자.

인도명령은 언제 신청하는 게 좋을까?

잔금 납부와 동시에 신청하는 것이 가장 좋다. 잔금일로부터 6개월 전까지 신청할 수 있는데 6개월이 지나면 점유자를 내보내기 위해서 소유권에 기한 명도 소송을 제기해야 한다.

인도명령 대상자는 다음과 같다.

〈그림 4-1〉 부동산 인도명령신청서 양식

부동산 인도명령신청

신청인(경락인): (이름)
주 소: (현 거주지 주소)
피 신 청 인: (점유자 이름)
주 소: (낙찰받은 부동산 주소)

신청취지

피신청인은 신청인에게 별지 목록 기재 부동산을 인도하라.
라는 재판을 구합니다.

신청이유

1. 신청인은 귀 원 (사건번호) 부동산 임의경매사건에서 20__년 __월 __일 낙찰 허가를 받아 20__년 __월 __일 낙찰 잔대금을 완불하고 그 소유권을 취득하였습니다.
2. 그 후 신청인은 채무자 겸 소유자인 피신청인에게 동 부동산을 인도해 줄 것을 구하였으나 이에 응하지 않고 있으므로, 위 별지 목록 기재 부동산을 인도받고자 이 건 신청에 이른 것입니다.

20__년 __월 __일
위 신청인(낙찰인) (인)

○○지방법원 귀중

- 채무자(전 소유자) 및 동거 가족
- 대항력 없는 임차인
- 경매개시일 이후 대항력 없는 점유자
- 동거 가족, 상속인, 피고용인
- 집행을 방해할 목적으로 채무자와 공모한 점유자
- 채무자가 법인일 경우 회사의 직원

점유자에 따라 달라지는 인도명령결정 기간

인도명령신청을 받은 담당 재판부는 몇 가지를 검토한다.

첫째, 만일 전 주인이 살고 있다면 "음, 별문제 없네. 빨리 방 빼줘!"라며 신청서 접수일로부터 2~3일 후 인도명령을 결정한다.

둘째, 임차인이 살고 있다면 배당일까지 인도명령신청에 대한 판단을 유보한다. 임차인이 받아 갈 임대보증금이 있을 수도 있기에 이를 받기 전에 퇴거 명령을 내리는 것은 가혹하다고 보는 것이다. 그래서 임차인에 대해서는 배당일 이후 인도명령 여부가 결정된다.

앞서 설명했듯 임차인은 크게 두 가지 경우로 나눌 수 있다.

- 대항력 있음
- 대항력 없음

우선 대항력 있는 임차인은 남은 임대차 기간을 보장받고 매수인의 명도 요구를 거절할 권리가 있다. 따라서 대항력 있는 임차인 등을 상대로 인도명령신청을 한다면 당연히 기각된다.

그런데 전입일이 빠른(대항력 있는) 임차인이 있는데 권리 주장도 없고 임대차 계약서 등 어떤 서류도 담당 재판부에 접수하지 않았다고 치자. 이런 상황에서 낙찰자가 잔금을 내고 인도명령을 신청했다. 법원은 어떤 결정을 내려야 할까?

판사님이 신청인과 피신청인 양쪽 주장을 들어보고 결정할 때도 있지만 외견상 대항력 있는 임차인이 존재하는 경우 신청인에게 입증 책임이 있다. 하지만 실무에서는 명백한 사안의 경우 인도명령 심문 절차를 생략할 때도 많다. 적법한 신청이라면 당연히 인도명령결정문이 나오며 주문은 아래의 한 줄로 간단하다.

"피신청인은 신청인에게 별지 목록 기재 부동산을 인도하라."

법원은 '민사집행법 136조 1항'에 따라 공식적으로 새로운 소유자의 손을 들어주는 것이다.

인도명령결정문이 나오면 담당 경매계에서 새로운 소유자의 주소지로 결정문 정본을 발송한다. 이제 강제집행을 위한 최소한의 절차가 마무리됐다.

이제부터 할 일은 인도명령신청의 진행 상황 및 송달 여부를 확인하는 것이다. 대한민국법원 대국민서비스 사이트(scourt.go.kr)에 접속하여 화면 상단 '정보' 메뉴에 들어가서 '나의 사건검색'의 검색창에 결정문에 표기된 사건번호를 입력하면 된다(224쪽 〈그림 4-3〉).

〈그림 4-2〉 인도명령결정문 예

수 원 지 방 법 원
결 정

정본입니다.
2020. 08. 18.
법원주사보

사 건 2020타인 부동산인도명령

신 청 인 1.
서울 영등포구
송달장소 : 안산시 단원구
송달영수인 :

2.
서울 관악구
송달장소 : 안산시 단원구
송달영수인 :

피 신 청 인
수원시 팔달구

주 문

피신청인은 신청인들에게 별지 목록 기재 부동산을 인도하라.

이 유

이 법원 2019타경 부동산임의경매 사건에 관하여 신청인들의 인도명령 신청이 이유있다고 인정되므로 주문과 같이 결정한다.

2020. 8. 18.

사법보좌관

※ 각 법원 민원실에 설치된 사건검색 컴퓨터의 발급번호조회 메뉴를 이용하거나, 담당 재판부에 대한 문의를 통하여 이 문서 하단에 표시된 발급번호를 조회하시면, 문서의 위, 변조 여부를 확인하실 수 있습니다.

2020-0173944048-00F47 1 / 2 1 / 2

〈그림 4-3〉 법원 사이트에서 살펴본 '나의 사전검색'

출처: 대한민국법원 대국민서비스

이를 위해서는 우선 '결정'이 나야 하고 결정문이 점유자(피신청인)에게 도달되어야 한다. 그래야 '송달증명원'을 발급받을 수 있고 이것이 강제집행을 신청하는 데 필요한 서류다.

강제집행 신청

송달증명원을 발급받아서 관할 집행관 사무실에 강제집행신청서를 제출한다.

강제집행 신청이 접수되었다고 해서 당장 그 집을 찾아가 짐을 몽땅 들어내지는 않는다. 1차 집행 또는 예고집행이라고 표현하기도 하는

〈그림 4-4〉 강제집행신청서 양식

법원

강제집행신청서

법원 집행관 귀하

채권자	성 명		주민등록번호 (사업자등록 번호)		전화번호	
					우편번호	
	주 소	시 구 동(로) 가 번지 호 아파트 동 호				
	대리인	성명( )	주민등록번호		전화번호	
채무자	성 명		전화번호		우편번호	
	주 소	시 구 동(로) 가 번지 호 아파트 동 호				
집행목적물 소재지	채무자의 주소지와 같음 (※다른 경우는 아래에 기재함) 시 구 동(로) 가 번지 호 아파트 동 호					
집행권원						
집행의 목적물 및 집행방법	동산압류, 동산가압류, 동산가처분, 부동산점유이전금지가처분, 건물명도, 철거, 부동산인도, 자동차인도, 기타( )					
청구금액	원 (내역은 뒷면과 같음)					

위 집행권원에 기한 집행을 하여 주시기 바랍니다.

※ 첨부서류

1. 집행권원 1통 200 . . . 채권자 (인)
2. 송달증명서 1통
3. 위임장 1통 대리인 (인)

※ 특약사항

1. 본인이 수령할 예납금잔액을 본인의 비용부담하에 아래에 표시한 예금계좌에 입금하여 주실 것을 신청합니다.

채권자(신청인) (인)

개설은행	
예금주	
계좌번호	

2. 집행관이 계산한 수수료 기타 비용의 예납통지 또는 강제집행 속행의사 유무 확인 촉구를 2회 이상 받고도 채권자가 상당한 기간 내에 그 예납 또는 속행의 의사표시를 하지 아니한 때에는 본건 강제집행 위임을 취하한 것으로 보고 완결처분하여도 이의 없습니다.

채권자(신청인) (인)

주) 채권자가 개인인 경우에는 주민등록번호를, 법인인 경우에는 사업자등록번호를 기재합니다.

데 '언제까지 집을 비우지 않으면 강제집행할 수 있습니다.'라는 경고 성격의 집행이다. 1차 집행을 위한 예납비용은 그리 부담스러운 수준이 아니다. 관할 법원에서 부동산 소재지까지의 거리가 멀수록 교통비가 늘어나는데, 대개 약 15~20만 원 내외다.

법원은 점유자에게 2주 정도의 여유를 주어 자진해서 이사를 하도록 유도한다. 집행 예고장을 집 내부에 붙이기도 하는데 기간은 법원별로 차이가 있다. 인천지방법원 등 일부 법원은 강제로 문을 여는 대신 문틈에 집행 예고장을 끼워두기도 한다. 이럴 때는 예고장이 없어질 우려도 있고 점유자가 강제집행 사실을 인지하지 못할 수도 있으므로, 예고장을 복사하거나 사진을 찍어 직접 전달하기도 하고, 잘 펴서 보이게 붙여두기도 한다.

실무상 예고집행까지 마치면 점유자와 명도 협의가 이루어질 확률이 높아진다. 항상 대화가 먼저다. 점유자와의 소통 채널을 항상 열어두고 협의 불발을 대비해 집행 절차는 차분히 진행하는 게 좋다.

아파트, 빌라, 오피스텔 등 주거용 부동산은 여기까지 진행하면 대개 집을 비운다. 앞서 언급했듯 유체동산 경매까지 가는 경우는 드물고, 80~90%는 협의로 명도가 마무리된다.

편하게 생각하자. 당신은 낙찰받고 잔금을 낸 합법적인 소유자다. 무리한 요구를 하는 점유자라면 끌려다닐 필요가 없다. 협의가 되지 않을 때 최선의 방법은 법원의 힘을 빌려 집행 절차를 밟는 것이다.

강제집행 실행과 주의할 점

예고집행 후에도 끝까지 버틴다면 집 안에 있는 짐을 모두 반출할 사람들이 필요하다. 노무비는 면적과 유체동산의 양에 따라 결정되는데 1인당 12만 원 수준이다. 30~50평대 아파트라면 필요한 노무 인원은 약 8명~20명 사이다. 만일 당신이 10명분의 노무비용을 납부했는데 집행 당일 8명밖에 안 보인다면 2명분에 대해서 담당 집행관에게 환급을 요구할 수 있다.

집행일에 강제로 문을 열 때는 성인 2명의 증인이 필요하다. 나는 친구나 지인, 인근 부동산중개소 실장님 등을 미리 섭외한다. 아파트라면 사다리차 또는 엘리베이터를 통해 짐을 내리면 되고, 지식산업센터, 대형 건물은 화물용 엘리베이터가 있어 유체동산 처리 진행이 빠른 편이다.

중요한 것은 전유부 내에 남겨진 짐이 하나라도 있어서는 안 된다는 것이다. 아파트를 낙찰받고 잔금을 냈다면 아파트만 내 것이지 아파트 내부에 있는 짐은 내 것이 아니기 때문이다. 만일 방 안에 남겨진 물건 하나를 (아무리 하찮은 것이라도) 임의로 버린다면 문제가 될 수 있으니 주의하자. 전 소유자나 임차인이 자신의 물건이 훼손 또는 도난당했다고 주장하는 경우도 간혹 있다.

이전 점유자가 버리고 간 짐이라고 하더라도 이 물건 역시 절차에 따라 처리하는 게 좋다. 원칙은 법원에 유체동산 매각 신청을 해서 소유권을 취득한 후 버리는 것이다. 또는 점유자와 유체동산 포기 각서

〈그림 4-5〉 유체동산 포기 각서 양식

유체동산 포기 각서

사건번호:

주　　소:

작성인(점유자) 성　　명 :

주민번호 :

주　　소 :

연 락 처 :

위 각서인은 다음과 같이 약속하고 이행할 것을 확약합니다.

– 다 음 –

1. 위 경매사건 관련하여 위 점유자 ______은 낙찰자(매수인)와 합의한 바 목적 부동산(위 주소지)에 남겨진 일체의 유체동산 전부에 대해 더 이상 소유권 주장을 하지 않을 것입니다.
2. 위 주소지의 유체동산은 ______년 ___월 ___일까지 반출하기로 합니다.
3. 나머지 포기한 물품에 대하여 낙찰자가 임의대로 처분하여도 아무런 이의를 제기하지 않음을 확약합니다.

년　　월　　일

위 작성인(점유자)　　　　(인)

낙찰자(매수인)　　귀중

를 작성하는 방법 등이 있다. '이사 후에 남은 물건에 대해서 소유권을 포기한다'라는 각서와 각서인의 인감증명서를 받고 처분하면 안전하다.

임차인은 적이 아니다

경매를 하다 보면 대항력도 없고 배당받을 게 한 푼도 없는 임차인을 만날 때도 있다. 명도의 프로세스는 같지만 이런 경우 나는 협의 비용을 조금 넉넉히 책정하는 편이다. 빠른 명도는 빠른 임대와 매매로 이어지고, 이것이 곧 수익률을 높이는 데까지 영향을 준다는 것을 경험했기 때문이다. 단 진짜 임차인이어야 한다. 간혹 곧 경매가 진행되리라는 것을 알고 최우선변제나 이사 비용을 챙기기 위해 채무자와 공모하여 전입하는 사람들이 있다. 이런 행위는 형사처벌을 받을 수 있다(170쪽 참조).

"낙찰받고 찾아가 봤더니 한 달 후에 이사 간다고 하더라고요. 제가 운이 좋은가 봐요."

이처럼 임차인의 말만 믿고 기분이 좋아 한 달 동안 아무런 액션을 취하지 않는 사람이 있다. 협의가 되고 있는데 굳이 법원에 인도명령 신청서를 낼 필요가 있느냐는 사람들도 있다.

인도명령은 잔금 납부와 동시에 신청하는 것이 원칙이지만 이것이 강제집행을 의미하는 것은 아니다. 물론 한두 번의 통화로 이사 협의가 되기도 한다. 그런 경우에는 불필요한 일이 될 수 있지만 그래도 해두는 것이 좋다. 만일 무리한 요구를 한다면 그때 가서 법의 힘을 빌릴 수밖에 없는데 시간의 지연은 이자비용 및 관리비 증가, 수익률 저하로 이어지기 때문이다.

집행비용은 평당 12만 원 정도로 33평 아파트라면 전용면적이 25평 정도이니 약 300만 원이다. 이 돈을 보증금을 받지 못하는 임차인이나 전 소유자에게 위로금 조로 준다면 점유자도 굳이 끝까지 버티다 강제집행을 당하지 않아도 된다. 법원에 낼 돈을 명도 협의비용으로 지불하면 서로에게 득이 되는 것이다. 이런 절차를 점유자에게 잘 인지시키는게 낙찰자의 몫이다.

보증금을 받는 임차인 또는 잉여금이 있는 전 소유자 사건의 경우 이사 비용을 주거나 빠른 이사를 조건으로 약간의 비용을 주기도 한다. 보증금을 받을 수 있는 임차인이라면 반드시 낙찰자의 명도확인서와 인감증명서가 필요하기 때문에 협조적인 경우가 많다.

정체불명의 점유자에 대한 대응

아주 가끔 정체불명의 점유자가 살고 있는 경우가 있다. 우리는 그 사람의 인적 사항을 알지 못한다. 일단 현황조사서에 기재된 임차인, 현재 전입세대열람원에 등재된 사람, 소유자를 상대로 인도명령신청을 한다. 결정문이 나오면 이를 근거로 강제집행을 신청하여 집행을 위해 집행관과 함께 방문하는데, 이때 실제 점유자는 강제집행을 당하지 않기 위해 임대차 계약서 등을 보여주거나 자신의 신분을 밝혀야 한다. 하지만 강제집행을 할 때 인도명령신청서상의 이름과 현재 점유자가 다르면 집행 불능이 된다. 이때는 집행관에게 집행의 일시 정지를 명하고 집행불능조서를 작성한다. 이 불능조서 내용을 토대로 다시 작성해서 인도명령신청을 하면 된다. 즉 현재 점유자를 불법 점유자로 표시하고 승계집행의 취지를 적으면 심문 절차 없이 인도명령결정문을 받을 수 있다. 끝까지 버티는 점유자에 대해서는 손해를 입증하여 손해배상청구 또는 권리행사방해죄 등을 물을 수도 있다.

강제집행 후에는 반드시 비밀번호를 바꾸고 분쟁이 있었다면 키 박스 전체를 교체하는 것이 좋다. 출입구 비밀번호를 바꾸지 않아 전 소유자나 임차인이 들어가는 경우 인도명령은 다시 할 수 없기 때문이다. 물론 무단 침입죄와 강제집행효용침해죄 등으로 형사 고소를 할 수도 있지만 시건장치를 교체하여 사전에 리스크를 차단하는 것이 깔끔하다.

낙찰자의 강력한 무기, 명도확인서

명도확인서는 절대 미리 써주지 말자

경매나 공매로 부동산을 취득한 사람에게 명도를 쉽게 할 수 있는 강력한 무기가 있는데 바로 명도확인서다. 명도확인서란 '낙찰자에게 집을 비워주었다'라는 내용을 적은 서류로 임차인이 배당일에 임대보증금 전부 또는 일부를 배당받기 위해서 반드시 필요하다.

그런데 낙찰자가 점유자의 말만 믿고 모든 짐을 모두 반출하기 전에 명도확인서와 인감증면서를 미리 준다면 어떻게 될까? 약속된 날짜에 이사를 가는 경우도 있지만, 이미 칼자루를 넘겨준 당신에게 임차인은 추가 이사 비용을 요구할 확률이 높다. 그러니 임차인이 집을 비우는 것과 낙찰자가 서류를 주는 것은 반드시 동시 이행 관계라는 사실을 명심하자.

반대로 명도확인서가 필요 없는 경우도 있다. 이미 명도했음을 입증할 수 있는 서류, 예를 들면 해당 주소지 통장·반장의 확인서, 관리사무소에서 명도를 완료했음을 입증한 서류 등이다. 또는 법원 사실조회 신청을 통해 임차인이 명도했음을 확인받을 수도 있다. 임차인의 입장에서 보면 명도 완료 이후에도 매수인이 확인서를 주지 않는 경우 위와 같은 방법으로 대처할 수 있다.

나는 이사 날짜, 작업 인원수, 사다리차 사용 여부 등이 기재되어 있는 이삿짐센터 견적서를 받아 계약금 지불 여부를 확인한다. 아니면 점유자가 새로 이사할 집의 임대차계약서를 통해 거기에 적인 공인중개사무소 담당자와 통화하는 것도 방법이다.

낙찰받으면 이해관계인이 된다. 이때도 사건 열람을 통해 점유자의 정보를 확인한 후 접근하는 경우가 많다. 임차인이 있거나 법원에 제출한 서류가 있다면 임대차계약서 등을 통해 점유자의 주소, 연락처, 성별, 나이 등을 알 수 있다. 나는 한 번의 대면 없이 임대차계약서에 있는 전화번호로 몇 차례 통화한 후 명도를 마친 적도 많다. 인도명령은 굳이 소송을 하지 않고 점유자와 원만한 해결을 할 수 있게 돕는 좋은 제도다. 우리는 이를 적극적으로 활용할 필요가 있다.

〈그림 4-6〉 명도확인서 양식

명 도 확 인 서

사건번호 타경

위 사건 부동산에 관하여 임차인 은(는) 그 점유 부동산을 낙찰자에게 명도하였으므로 이에 확인합니다.

첨부
낙찰자 인감증명 1통

년 월 일

낙찰자 성명 (인감 인)
주소

지방법원 지원 경매 계 귀중

유의사항
1. 주소는 경매 기록에 기재된 주소와 같아야 하며, 이는 주민등록상 주소이어야 합니다.
2. 임차인이 배당금을 찾기 전에 이사를 하기 어려운 실정이므로 매수인과 임차인 간 이사날짜를 미리 정하고 이를 신뢰할 수 있다면, 임차인이 이사하기 전에 매수인은 명도확인서를 해줄 수 있습니다.

〈그림 4-7〉 이사합의서 양식

합의서

○○○를 "갑", ○○○를 "을"이라 칭하고, "갑"과 "을"은 아래와 같이 합의하기로 한다.

〈부동산의 표시: 경기도 ○○시 ○○동 ○○-○ ○○프라자 ○○○호(전용면적 56.97㎡)〉

\- 아 래 -

1. "갑"은 2020년 11월 27일에 상기 부동산에서 모든 짐을 반출하여 이사하기로 한다. "갑"은 어떤 경우라도 현재 점유를 제3자에게 이전할 수 없고 위반 시 이에 대한 책임을 진다.
2. "을"은 "갑"에게 일금 삼백만(3,000,000) 원을 지급하기로 하고 이사비용은 2020년 11월 26일 일백만 원을 지급, 1항에 기재한 이사 약정일에 모든 이삿짐을 상기 부동산에서 반출한 것을 확인한 후 나머지 금액을 지급하기로 한다.
3. "갑"은 아파트 분양 당시의 모든 옵션(분양계약서에 포함된 분양 당시의 모든 물품 및 시설)을 그대로 보존해야 한다. (만일 미정산된 공과금이 있는 경우 "을"은 제2항의 약정한 이사비에서 공과금을 공제하고 지급하기로 한다.)

전유부 내에 남겨진 일체의 유체동산은 "갑"이 소유권을 포기한 것으로 간주한다. "을"은 남겨진 유체동산 전부를 임의로 처리할 수 있으며 "갑"은 이에 대해 어떤 책임도 묻지 않기로 한다.

4. 합의서 작성 이후 필요시 "을"은 강제로 개문할 수 있고 "갑"은 이에 대해 민·형사상 책임을 묻지 않기로 한다.
5. "갑"과 "을"은 위 약정 중 하나라도 위반 시 쌍방에게 손해 배상금으로 일금 일천만 원을 일주일 이내에 지급하기로 한다.

2020. 11. 10.

"갑"
성 명:
주민번호:
주 소:

"을"
성 명:
주민번호:
주 소:

돈 되는 꿀팁

체납 관리비와 공과금 처리법

아파트와 같은 집합건물의 구분 소유자 또는 그 사용자의 연체 관리비는 최근 3년분의 공용 부분에 한해 낙찰자가 부담하는 것이 원칙이다.

공용 부분에 대한 관리비에는 인건비, 통신비, 사무비용, 청소비, 승강기 유지비, 화재보험료 등이 포함되며 전유 부분에 대한 관리비는 전기세, 수도세, 가스비 등 세대 내에서 사용하는 모든 관리비를 말한다. 이러한 내용들 중 중요한 사항들을 살펴보겠다.

전유 부분

전기세, 수도세, 세대 난방비, 급탕비, TV 수신료 등의 전유 부분은 이전 소유자 또는 점유자가 부담한다. 관리사무소에서 부과한 연체료에 대해서도 낙찰자는 당연히 부담할 필요가 없고, 나 역시 단 한 번도 낸 적이 없다.

판례 ①

관리비 연체요금은 위약벌의 일종이고 집합건물의 특별승계인이 체납한 공용 부분 관리비를 승계한다고 하여 전 입주자가 관리비를 연체하여 이미 발생하게 된 법률 효과까지 그대로 승계하는 것은 아니므로 연체료는 특별승계인에게 승계되는 공용 부분 관리비에 포함되지 않는다.

(출처: 대법 2004다3598, 3604 판결)

판례 ②

한국전력공사의 전기공급규정에 신수용가가 구수용가의 체납전기요금을 승계하도록 규정되어 있다 하더라도 이는 공사 내부의 업무처리지침을 정한 데 불과할 뿐 국민에 대하여 일반적 구속력을 갖는 법규로서의 효력은 없고, 수용가가 위 규정에 동의하여 계약의 내용으로 된 경우에만 효력이 생긴다.

(출처: 대법 92다16669 판결)

전기요금 및 수도요금 미납 관리비를 처리하는 방법은 다음과 같다.

- 공급자에게 전화

→ 경매로 소유권 이전된 사실 통보

→ 등기부등본, 강제집행 관련 서류 팩스 전송

→ 취득일 기준 미납요금 탕감(단, 전기 재공급을 위한 설치비는 낙찰자 부담)

예를 들어 전기요금은 한전(한국전력공사)에 전화한다. 경매로 낙찰받고 소유권을 이전한 등기부등본, 집행에 필요한 서류 등을 팩스로 보내면 된다. 수도요금은 상수도 사업소에 같은 방법으로 처리한다.

단 임차인이 배당받는 경우 낙찰자의 인감증명서와 명도확인서가 필요하므로 실무에서는 점유자가 모든 공과금을 정산한 후 이사를 나가는 경우가 많다.

장기수선 충당금

소유자가 직접 거주할 때는 충당금 반환 문제가 발생하지 않는다. 하지만 임차인이 거주할 때는 다르다. 임차인이 관리비 고지서에 포함된 장기수선 충당금을 소유자 대신 납부하는 것이 일반적이다. 이후 임대차 계약 종료 시점에 그동안 집주인을 대신해서 납부했던 충당금을 한 번에 정산해 임차인에게 반환한다. 예를 들면 다음과 같다.

장기수선 충당금(2년 거주시): 월 2만 원 × 24개월 = 48만 원

최종 이사일에 집주인이 임차인에게 48만 원 이체.

경매로 소유자가 바뀐 경우도 마찬가지다. 임차인이 있는 경매 부동산을 낙찰받았을 때 점유자가 낙찰자에게 장기수선 충당금을 청구하는 경우가 있다. 이때 낙찰자는 해당 비용을 지급할 의무가 없다. 임차인은 전 소유자에게 충당금의 지급을 청구할 수 있을 뿐이다. 하지만 낙찰받고 잔금일 이후 발생하는 장기수선 충당금은 새로운 소유자(낙찰자)가 임차인에게 지급해야 한다.

선수관리비

아파트 관리 및 사용자의 관리비 연체 시 먼저 충당하기 위해 소유자에게 보증금 형식으로 미리 받아둔 돈이다. 매매 시 소유권이 바뀌면 새로운 소유자가 이전 소유자에게 선수관리비를 지급하는 것이 일반적이다. 경매로 낙찰받은 소유자 역시 전 소유자의 청구에 따라 선수관리비를 지급할 의무가 있다. 미납 관리비가 있다면 이를 완전히 정산할 때 지급한다. 이 돈은 추후 매도할 때 잔금일에 매수인에게 돌려받을 수 있다.

경기도의 한 대형 아파트에 입찰 전 조사한 미납 관리비는 약 520만 원이다. 1년 정도 공실 상태로 비워진 채 사람이 살고 있지 않았다.

〈그림 4-8〉 선수관리비 납입 확인서

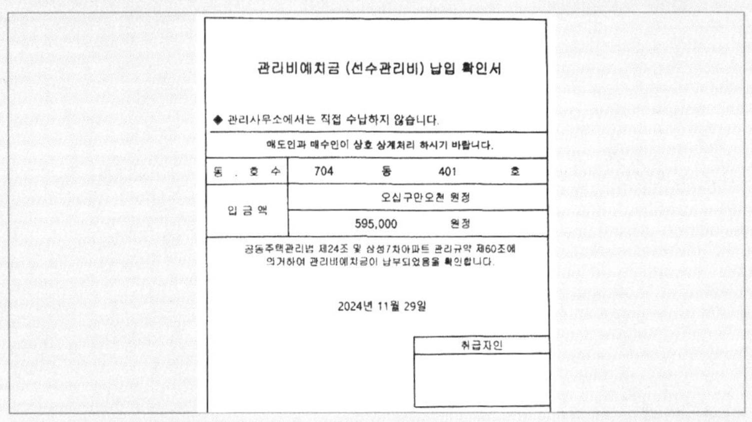

관리비예치금 (선수관리비) 납입 확인서

◆ 관리사무소에서는 직접 수납하지 않습니다.

매도인과 매수인이 상호 상계처리 하시기 바랍니다.

동 . 호 수	704 동 401 호
입 금 액	오십구만오천 원정
	595,000 원정

공동주택관리법 제24조 및 삼성7차아파트 관리규약 제60조에 의거하여 관리비예치금이 납부되었음을 확인합니다.

2024년 11월 29일

취급자인

〈표 4-1〉 낙찰 이후 관리사무소로 받은 관리비 정산 내역

구분		금액	보증금 중 일정액의 범위
총 미납 관리비		5,225,960원	
공제	전용 부분	-851,980원	세대전기료, TV 수신료, 세대수도료, 세대난방비, 온수사용료, 생활폐기물
	연체료	-352,390원	
납부할 관리비		4,021,590원	

하지만 낙찰 이후 실제로 낸 돈은 전용 부분에 부과된 85만 원과 연체료 35만 원을 제외한 400만 원이다. 결국 관리사무소가 나에게 처음 주장한 금액에서 120만 원을 차감하고 지급했다.

점유자가 연락두절이라면 이렇게 하라

인도명령과 강제집행 신청은 빠를수록 좋다

강제집행을 신청할 때는 집행문 부여 신청과 아래와 같은 서류가 필요하다.

- 집행문
- 부동산인도명령결정문
- 강제집행신청서(대리인일 경우 위임장, 인감증명서 첨부)
- 송달증명원

위의 서류를 제출하면 담당 경매계로 가서 서류와 부동산 인도명령결정문을 함께 제출하면 된다. 그러면 경매계장이 부동산 인도명령결정문과 집행문, 송달증명원을 건네주는데 이 서류를 받아 집행관 사무소로 이동한다. 집행관실의 사건 접수를 하는 곳에 다음 서류를 제출하면 된다.

서류를 제출하면 담당 직원이 접수증(집행비용 예납 안내)과 납부서(은행제출용)를 준다. 납부서를 가지고 법원 내 은행으로 가 납부하면 강제집행 신청이 접수된다. 예납금은 현금 납부만 가능하며 법원이나 지역마다 차이가 있지만 15~20만 원 내외다. 접수를 완료했다면 편안한 마음으로 집행관 사무실 담당자의 연락을 기다리면 된다.

인도명령결정문이 송달되면 최대한 빠르게 강제집행을 신청해두는 것이 좋다. 어떤 사람들은 채무자 또는 임차인과 말이 잘 통한다거나 이사를 간다고 했으니 알아서 잘 가겠지 하는 마음으로 그냥 시간을 보내기도 한다. 하지만 세상일이라는 게 모두 내 마음처럼 흘러가지는 않는다. 돈이 걸리면 더 그렇다. 언제 나간다고 하는 말을 철석같이 믿고 있다가 뒤통수를 맞는 경우가 생각보다 많다. 점유자와 말이 잘 통하고 약속을 잘 지킬 것 같은 느낌이 들더라도 강제집행 신청은 해두는 게 좋다.

집행 신청서를 제출한다고 해서 반드시 집행을 하는 것은 아니다. 운전을 할 때도 되도록 종합보험에 가입하듯이 집행 신청은 낙찰자가 잔금을 낸 후 취할 수 있는 안전한 보험이라고 생각하자. 그 보험료는 20만 원 정도로 그리 비싸지 않은 편이다. 협상이 결렬된 후 그때 가서 강제집행을 신청한다면 시간과 이자비용, 관리비 등으로 에너지가 몇 배는 낭비된다. 절차를 밟으면서 동시에 협상을 진행하는 투트랙 전략을 구사해야 경매를 리스크 없이 즐기며 할 수 있다. 도중에 협의가 잘 되어 빨리 이사를 하게 된다면 그때 강제집행 신청을 취소하면 된다.

강제집행 접수 후 연락을 기다렸지만 채무자와는 끝까지 연락이 닿지 않았다. 강제집행 신청 접수 후 2주 정도 뒤에 1차 예고장이 나갔다. 그래도 여전히 연락이 없었다. 시간이 지나도 더 이상 진전은 없을 것 같았다.

집행 예고 기간이 지나고 일주일쯤 흘렀을까, 집행관 사무실에서 강제집행 날짜가 정해졌다며 연락이 왔다. 집행일은 전화를 받은 날로부터 3주 후로, 약 한 달 분 이자 비용을 계산해야 했다. 그런데 운이 좋았다. 때마침 법원에 접수되어 있던 강제집행 사건이 취소되면서 3주 후가 아니라 3일 후에 진행할 수 있었다. 사실 강제집행까지 가고 싶지 않았다. 채무자와 연락이 됐다면 소정의 이사비라도 챙겨드릴 마음이 있었다. 하지만 집행하는 순간 돌이킬 수 없다.

강제집행이 조금이라도 빨리 진행되길 원한다면 담당 집행부에 사건 진행일을 문자나 전화로 물어보는 것이 좋다. 우는 아이 떡 하나 더 준다는 말이 있지 않은가.

강제집행부터 물품 수탁계약까지

드디어 강제집행을 하는 날이다. 아침 일찍 현장으로 이동했다. 아파트 입구에 들어서자 트럭 세 대와 사다리차 한 대가 눈에 띄었다. 하지만 사다리차는 사용하지 못했다. 나무들이 무성해 사다리차가 진입할 수 없는 상황이었기 때문이다. 아쉬웠다. 사다리차를 이용하지 못하면 엘리베이터를 이용해야 한다. 그러면 시간이 더 소요되고 소음과 진동으로 민원이 들어올 여지가 생긴다. 많은 노무자가 왔다 갔다 하니 해당 동 주민들이 불편을 겪을 수도 있다.

현관문에 각종 안내문이 붙어 있다. 경매가 진행되는 집들의 특징이다. 예고장도 처음 모습 그대로인데 점유자가 이곳에 한 번도 오지 않았음을 예상할 수 있다.

집행관과 집행 노무자들이 도착했다. 노무자 수는 유체동산의 양에 따라 달라지지만, 30~40평대 아파트 기준으로 보통 10~15명 내외다. 평수보다 실제 짐의 양이 많으면 그에 비례해 더 많은 사람이 필요하고 그에 따라 노무비가 추가된다.

실무에서는 다음 사항을 참고하면 도움이 될 것이다.

- 강제집행을 할 때 집행 노무자 1인당 인건비는 12만 원 수준이다(법원별 차이 있음).
- 점유자 상이, 기타 사유로 집행 불능이 된다면 미리 납부한 비용의 30%가 차감된다.

- 무인명도, 조조명도, 휴일명도, 야간명도 시에는 비용을 추가 납부해야 한다.

먼저 집행관이 노무자들과 매수인 외에 성인 2명(입회증인)의 신분을 확인한다. 해당 부동산의 점유자가 없거나 있더라도 문을 열어주지 않을 때가 있는데 이때 채권자 외 성인 2명의 증인이 반드시 필요하다. 그래야 부재시라도 강제 개문 후 집행을 할 수 있다. 집행관 사무실에 따라 집행 통보를 하루 전에 받는 경우도 많기에 급히 증인을 구해야 하는 상황이 올 수도 있다. 그러면 소정의 비용을 드리면서 인근 부동산중개소, 단지 상가 시설 관계자분들에게 도움을 요청하기도 한다.

〈그림 4-9〉 낙찰받은 물건의 현관문 모습

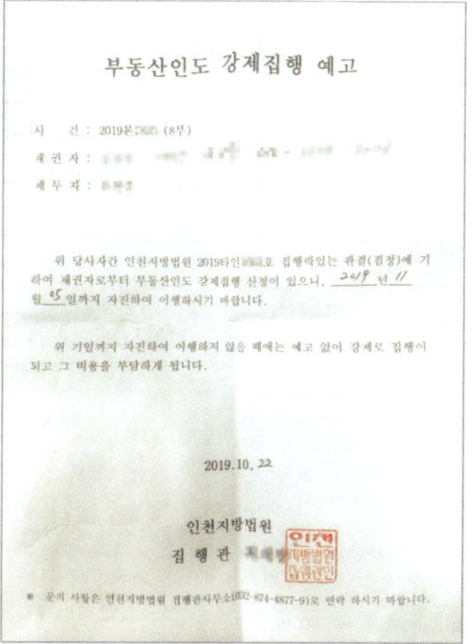

부동산인도 강제집행 예고

사 건 : 2019본[illegible] (8부)
채 권 자 : [illegible]
채 무 자 : [illegible]

위 당사자간 인천지방법원 2019타인[illegible]호 집행력있는 판결(결정)에 기하여 채권자로부터 부동산인도 강제집행 신청이 있으니, 2019 년 11 월 05 일까지 자진하여 이행하시기 바랍니다.

위 기일까지 자진하여 이행하지 않을 때에는 예고 없이 강제로 집행이 되고 그 비용을 부담하게 됩니다.

2019.10.22

인천지방법원
집 행 관 [illegible]

※ 문의 사항은 인천지방법원 집행관사무소(032-874-4877-9)로 연락 하시기 바랍니다.

〈그림 4-10〉 강제집행 현장

〈그림 4-11〉 강제 개문

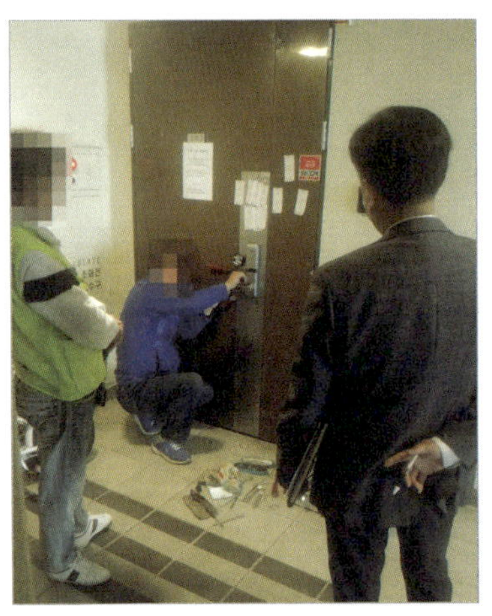

내부를 보셔야 매매나 전·월세 거래가 빨리 되지 않겠냐고 물어보는 것도 방법이다. 그러면 잠깐 와서 증인을 서주기도 한다.

강제로 문을 열어야 할 때는 열쇠공이 필요하다. 아파트, 빌라 등은 대부분 2~3분 만에 문이 열린다. 안으로 들어갔지만 내부에는 아무도 없었다. 집 상태는 예상했던 것보다 괜찮았고 따로 수리할 것은 없어 보였다.

강제 개문 후 안으로 들어가면 집행관과 담당자가 내부 곳곳을 살핀다. 인도명령결정문에 있는 채무자가 실제로 점유하고 있는지를 확인하는 절차다. 최소한 과거에 살았거나 살고 있다는 흔적이라도 있어야 집행이 가능하다. 그러나 아무도 없었기에 거주 여부를 확인할 수 있는 점유 흔적을 찾기 시작했다. 예를 들면 점유자 명의의 통장, 신문이나 케이블 TV 수신료 등의 고지서, 상패, 명함 등이다. 어떤 것이라도 좋으니 하나라도 나와야 집행이 가능하다. 대개 장롱에서 통장 한두 개쯤은 나오는데 이번에는 채무자가 살고 있음을 증명할 만한 것이 쉽사리 발견되지 않았다.

그러던 중 집행관이 서재방 서랍 안에서 채무자 소유의 수첩을 발견했다. 노트에 본인의 이름과 가족 인적 사항이 적혀 있어서 채무자가 거주하고 있는 곳임을 확인할 수 있었다. 이에 집행관은 함께 올라온 노무반장에게 1층에 대기하는 노무 인력이 해당 아파트 내부로 올라올 수 있게 사인을 보냈다.

이제 짐을 옮길 시간이다. 귀중품이 남아 있다면 사진을 찍어두는 게 좋다. 집행을 마친 후에 채무자가 '귀중품이 있었는데 사라졌다'고 주장하며 낙찰자에게 책임을 물을 수도 있기 때문이다. 그러나 대개 특별히 귀중품이라고 할 만한 것이 없다. 하지만 혹시 몰라서 고가로 보이는 가방 사진을 찍어두고 강제집행을 시작하기도 한다.

집을 살펴보니 현재 살고 있는 상태에서 사람만 사라진 것 같은 느낌이 들었다. 아기용품이며 옷, 화장품 등 모든 것이 그대로 있었다. 도대체 채무자 가족은 어디를 간 것이고 강제집행을 할 때까지 왜 아무런 연락도 하지 않았을까?

노무자들이 박스를 들고 들어와 순식간에 모든 물품을 쓸어 담았다. 장롱, 침대, TV, 세탁기 등 모든 물품이 빠져나가는 데 2시간 정도가 걸렸다. 사다리차를 이용할 수 있었다면 1시간 정도로 짐을 모두 반출했을 것이다. 노무자들이 물품을 옮기는 동안 현관문의 비밀번호를 바꾸었다. 이걸로 마침내 명도가 완료되었다.

집 안에 있는 모든 짐이 반출된 것을 확인한 후 채권자(새로운 소유자)는 최종적으로 물품 보관각서에 사인한다. 그리고 집행관이 현관문에 '알리는 말씀'을 붙이면 비로소 강제집행이 종료된다. 점유자에게 '당신의 유체동산(짐)이 어느 물류창고에 보관되어 있으니 그 주소로 가서 찾아가라'고 알려주는 내용이다. 점유자가 짐을 일찍 찾아갈수록 보관·처리비용을 절약할 수 있다.

여기서 끝이 아니다. 마지막으로 해야 할 일이 하나 더 남았다. 물류창고 담당자와 물품 보관 수탁계약서를 작성한다. 물품 보관료는 한 달 기준 30만 원 선납 조건이었고, 1톤 트럭 한 대분 15만 원과 2.5톤 트럭 두 대분 60만 원까지 총 105만 원을 납부했다.

물품은 채무자가 찾아가지 않으면 유체동산 경매 신청 후 내가 다시 낙찰받아 폐기 처분해야 한다. 유체동산 처리 기간은 평균 두 달 정도 걸린다. 물류창고 보관료 3개월분을 선불로 요구하는 곳이 많지만 나

〈그림 4-12〉 물품 보관각서와 알리는 말씀

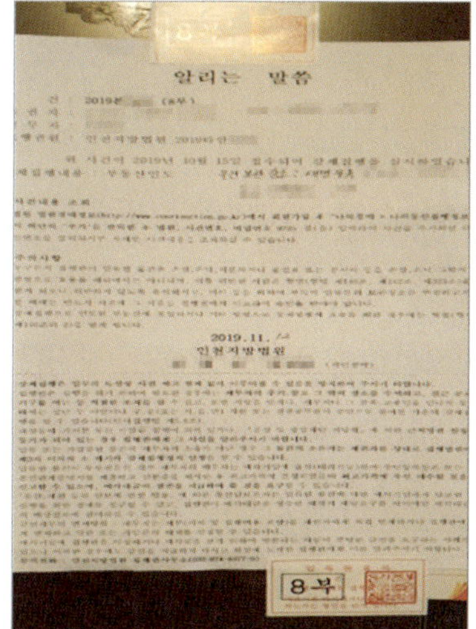
알리는 말씀

2019.11.

인천지방법원

8부

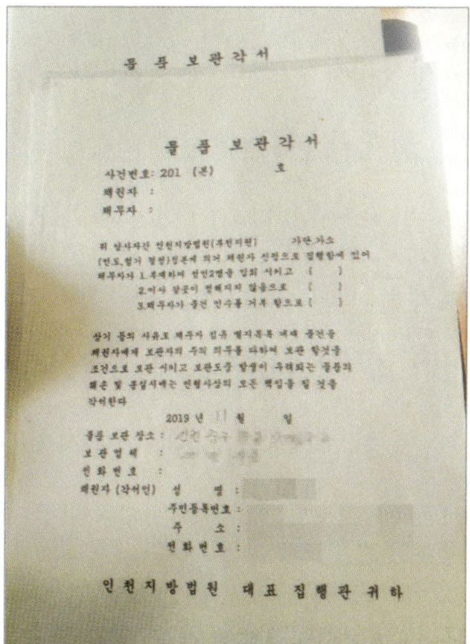
물 품 보 관 각 서

물 품 보 관 각 서

사건번호: 201 (본) 호

채권자 :

채무자 :

위 당사자간 인천지방법원(부천지원) 가단 가소 (인도,철거 명령)정본에 의거 채권자 신청으로 집행함에 있어 채무자가 1.부재하여 성인2명을 입회 시키고 ( )
2.이사 장소이 정해지지 않음으로 ( )
3.채무자가 물건 인수를 거부 함으로 ( )

상기 등의 사유로 채무자 입주 목적물 내에 물건을 채권자에게 보관자의 주의 의무를 다하여 보관 할것을 조건으로 보관 시키고 보관도중 발생이 우려되는 물품의 훼손 및 분실시에는 민형사상의 모든 책임을 질 것을 각서한다

2019 년 11 월 일

물품 보관 장소 :

보 관 업 체 :

전 화 번 호 :

채권자 (각서인) 성 명 :

주민등록번호 :

주 소 :

전화번호 :

인 천 지 방 법 원 대 표 집 행 관 귀 하

는 대체로 한 달씩 선불 계약을 한다. 일찍 짐을 찾아갈 가능성도 있기 때문이다.

여기까지 오는 것은 정말 끝까지 가는 경우다. 10건에 1~2건도 되지 않으니 미리 겁먹을 필요는 없다. 점유자와 협의하거나 적정 이사비를 주고 마무리하는 것이 서로에게 좋다. 하지만 이 건의 경우 연락조차 되지 않으니 어쩔 수 없는 선택이었다.

내야 할 미납 관리비를 미리 알아두자

강제집행을 완료한 후 관리비를 납부하기 위해 관리사무소로 이동했다. 연체된 관리비가 800여만 원으로 아파트치고 많이 연체된 상태였다. 물론 미납 관리비 액수는 낙찰받기 전부터 알고 있었다. 밀린 관리비까지 고려해서 낙찰받은 것이니 상관없지만 이 금액을 다 낼 필요는 없다. 먼저 그동안 연체된 관리비 고지서를 모두 달라고 해서 봤더니 수년 전부터 해당 세대 점유자가 관리비를 제대로 내지 않은 것이었다. 나는 판례에서 판시하는 대로 최근 3년 치 공용 부분만 납부하겠다고 얘기했다.

관리사무소 소장님은 그렇게는 절대 안 된다며 지금까지 밀린 모든 관리비와 연체료를 내기 전까지는 수도 공급을 하지 않겠다는 얘기까지 했다. 이럴 때 괜히 얼굴 붉히며 다툴 필요가 없다. 관리사무소도 하나의 사업자다. 관리사무소에 걸려 있는 사업자등록증 사진을 찍고 집에 와서 그 주소지로 내용증명 1통을 보내면 된다.

발송하고 며칠 후 관리사무소 소장님에게 연락이 왔다. 3년 치 공용 관리비와 최근 2개월분만 납부해달라고 했다. 굳이 내가 납부할 필요가 없지만 소장님이 제안한 대로 합의했다. 어차피 관리비 800여만 원 인수를 고려하고 받은 데다 소액을 가지고 더는 통화하고 싶지 않아서다. 분쟁으로 이어질 경우 소송비용과 기회비용을 따져보자. 적정선에서 합의하는 것도 정신 건강에 좋다.

양도세 절세를 위한 임차인 들이기

바로 팔면 양도세를 절반이나 내야 하므로 이제 전세 또는 월세를 놓을 차례다. 명도 전부터 부동산중개소에 전세 임대 문의를 해두고 명도 즉시 내부를 볼 수 있다고 말해둔 덕에 명도 이틀 만에 전세 계약이 체결됐다. 명도가 마무리되기 전부터 여러 부동산에서 계약을 하고 싶다는 연락을 받았지만 아파트 내부를 볼 수 없어 발길을 돌린 사람이 많았다. 대단지에 초등학교가 100m 거리에 있으며 역세권이다 보니 전·월세 수요가 늘 있었고 2년 후 팔기 위해 전세를 주었다.

정리하면 다음과 같다.

- 낙찰가: 2억 4,200만 원
- 취·등록세: 400만 원
- 집행비용: 300만 원
- 관리비: 500만 원
- 전세: 2억 2,000만 원

들어간 비용은 전체 약 2억 5,400만 원이고 전세를 놓았기에 실제 투자된 금액은 약 3,400만 원이다. 당시 시세 기준 약 4,600만 원의 시세차익을 기대할 수 있다. 당연히 현재는 더 많이 올랐다.

두고 간 물건은 함부로 버리지 말자

유체동산 경매 절차 알아두기

강제집행을 마쳤다고 해서 모든 절차가 끝난 것은 아니다. 물류창고로 옮겨져 보관되고 있는 유체동산을 해결해야만 진짜로 끝이 난다. 쓰레기 짐이라 할지라도 내 것이 아니기에 반드시 절차를 거쳐 처리해야 한다. 참고로 유체동산 경매는 강제집행이 완료되고 2주 뒤에 신청할 수 있다. 유체동산 경매까지 진행하는 경우는 10건 중 1~2건이지만 그 절차를 알고 있는 것과 모르는 것은 천지 차이다. 다음 절차대로 진행하면 된다.

법원과 가까운 주민센터에서 채무자의 초본 받기

채무자의 초본 2통을 발급받아 법원에 제출해야 한다. 인천지방법원과 가까운 주민센터에서 채무자의 초본을 발급받았다.

초본을 발급받기 위해서는 몇 가지 서류가 필요한데 모든 서식은 주민센터에 비치되어 있다.

- 집행비용 예납 안내 영수증
- 집행비용 납부 영수증
- 낙찰자 신분증
- 등초본 교부 신청서

대리인이 갈 경우 대리인 신분증, 주민등록등초본교부 위임장이 추가로 필요하다.

법원 집행관실에 채무자 초본 제출

초본을 발급받았다면 법원 집행관실로 간다. 담당 부서로 가서 다음 세 가지 서류를 제출하면 된다.

- 강제집행 목적물 외 동산의 매각허가신청서

- 수입인지 1,000원(법원 내에 있는 은행에서 구입 가능)
- 채무자 초본 2통

어떤 법원은 채무자에게 내용증명을 두 번 발송했다고 했더니 반송됐다는 증명 서류를 요구하기도 한다. 유체동산 경매를 신청할 때는 법원별 일부 차이가 있으므로 어떤 서류가 필요한지 담당자에게 확인하는 게 좋다.

서류 제출 후 사건을 접수하는 곳에서 집행비용 예납 안내 접수증과 납부서를 받는다. 유체동산 경매 신청비용으로 약 20만 원이 나왔다.

은행에서 비용 납부 후 유체동산 경매 참여

경매 신청 후 유체동산 경매일까지는 보통 3개월 정도가 걸린다. 빨리 처리하고 싶다고 해서 앞당길 수 있는 게 아니다. 절차가 있기 때문이다.

3개월 뒤 동산 경매기일통지서가 집으로 날아왔다. '3월 25일 14시 30분부터 유체동산 경매가 실시되니 참석하라'라는 내용이었다. 감정평가된 금액은 약 100여만 원 이었다. 이제 매각 장소로 가서 낙찰을 받으면 된다. 현장에는 폐기물을 전문적으로 처리하는 사람들이 대기하고 있다. 이분들에게 100~200만 원 정도의 비용을 내고 낙찰받은 폐기물을 모두 처리할 수 있다.

마지막으로 당일까지 계산된 물류창고비용을 납부하면 경매 절차가 모두 끝난다. 잔금을 납부한 후 유체동산 폐기 처분까지 약 4개월이 걸렸다.

이렇게 낙찰받으면 유체동산(대부분 필요 없는 짐)까지 내 것이 된다. 물류창고 관계자에게 창고를 열어달라고 한 뒤 쓸만한 물건들을 가져와도 무방하다. 창고를 임대해 이런 짐만 전문적으로 낙찰받아 쓸모 있는 것을 중고장터에 파는 사람들도 있다.

숨어있는 함정,
세대합가와 대위변제

갑자기 선순위임차인이 나타난다면?

어떤 아파트에 입찰하려는데 누가 사는지 알고 싶다면 주민센터에 가서 전입세대열람원을 확인하면 된다. 이때 필요한 준비물은 다음과 같다.

- 신분증
- 해당 아파트 경매 사건 출력본
- 수수료 500원

항상 떼어볼 필요는 없다. 소유자가 거주하거나 대항력 없는 임차인이 거주하는 사건이라면 경매 사이트만 보고 입찰해도 무방하다. 하지만 말소기준권리보다 전입이 빠른 임차인 등 대항력 있는 임차인이 거주하는 사건에 입찰해야 할 때, 임차인이 보증금 전부를 배당받지 못하는 건이라면 전입세대열람원 확인은 필수다.

전입세대열람원을 떼어보면 보통 세대주의 전입일이 기재되어 있다. 세대원이 있다면 그들 중 세대주보다 일찍 전입한 사람이 있는지 확인해야 한다(세대원의 이름과 전입일자를 열람할 수 있다).

세대합가란 주민등록상 독립되어 있던 별도의 세대가 하나로 합쳐진 것을 말한다. 전입세대열람원을 보면 세대주의 전입일이 있는데 이외에 최초로 전입한 세대원의 전입일이 기재되어 있고, 세대주의 전입일보다 세대원의 전입일이 빠를 때는 세대합가로 본다.

대항력 있는 임차인 가족이 살다가 세대원 일부가 전출한다고 해도 가족 일부의 주민등록이 남아 있다면 임대차 관계에서 제3자에 대한 대항력을 주장할 수 있다.

258쪽의 〈그림 4-13〉에서 매각물건명세서의 비고란을 보면 세대주가 해당 물건에서 거주하다가 전출과 전입을 반복한 것을 알 수 있다. 여기서 확인해야 할 부분은 세대주가 전출한 시기에 자녀들이 여전히 해당 물건에 주민등록이 되어 있었는지다. 대항력 여부가 결정되므로 매우 중요한 정보이지만 법원에서는 알 수 없다고 했다. 하지만 제일 마지막줄에 보면 경매신청채권자가 제출한 임차인의 주민등록초본에 의해 자녀도 함께 주민등록이 이전되었다고 기록되어 있다. 채권

〈그림 4-13〉 매각물건명세서 비고란에 적힌 주의사항 예

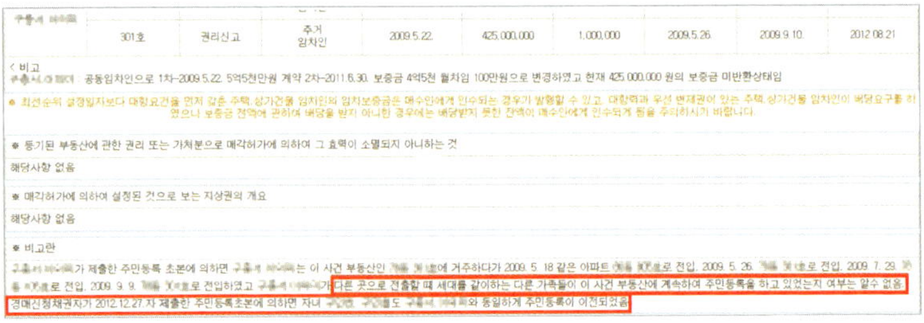

[illegible]	301호	권리신고	주거 임차인	2009.5.22.	425,000,000	1,000,000	2009.5.26.	2009.9.10.	2012.08.21

< 비고
[illegible] : 공동임차인으로 1차-2009.5.22. 5억5천만원 계약 2차-2011.6.30. 보증금 4억5천 월차임 100만원으로 변경하였고 현재 425,000,000 원의 보증금 미반환상태임

● 최선순위 설정일자보다 대항요건을 먼저 갖춘 주택.상가건물 임차인의 임차보증금은 매수인에게 인수되는 경우가 발생할 수 있고, 대항력과 우선 변제권이 있는 주택.상가건물 임차인이 배당요구를 하였으나 보증금 전액에 관하여 배당을 받지 아니한 경우에는 배당받지 못한 잔액이 매수인에게 인수되게 됨을 주의하시기 바랍니다.

● 등기된 부동산에 관한 권리 또는 가처분으로 매각허가에 의하여 그 효력이 소멸되지 아니하는 것

해당사항 없음

● 매각허가에 의하여 설정된 것으로 보는 지상권의 개요

해당사항 없음

● 비고란

[illegible]가 제출한 주민등록 초본에 의하면 [illegible]는 이 사건 부동산인 [illegible]에 거주하다가 2009. 5. 18 같은 아파트 [illegible]로 전입, 2009. 5. 26. [illegible]로 전입, 2009. 7. 29. [illegible]로 전입, 2009. 9. 9. [illegible]로 전입하였고 [illegible]가 다른 곳으로 전출할 때 세대를 같이하는 다른 가족들이 이 사건 부동산에 계속하여 주민등록을 하고 있었는지 여부는 알수 없음. 경매신청채권자가 2012.12.27.자 제출한 주민등록초본에 의하면 자녀 [illegible]도 [illegible]와 동일하게 주민등록이 이전되었음

출처: 스피드옥션

〈그림 4-14〉 채권자가 제출한 소명자료가 있음을 알려주는 정보

2012-12-14	채권자 (주)우리은행의양수인[illegible] 현황조사 재명령 신청서 제출
2012-12-27	채권자 (주)우리은행의양수인[illegible] 선순위전입자소명자료제출 제출

출처: 스피드옥션

자가 제출한 소명자료에 대한 기록은 〈그림 4-14〉에서 확인할 수 있다. 이에 따르면 결과적으로 임차인에게 대항력은 없다. 이러한 내용을 확인하고 무사히 낙찰받을 수 있었다.

선순위임차인이 있을 경우 매각가(낙찰가)는 크게 하락할 수 있고 그러면 채권자는 손실을 입게 된다. 이 때문에 채권자는 손실을 피하기 위해 채무자(담보제공자)가 대출 당시 제공한 전입세대열람, 무상임차각서 등 선순위임차인이 아니라는 소명자료를 담당 경매계에 제출하거나 경매 정보 사이트에 제공하기도 한다. 그러니 어렵다고 포기하지 말고 적극적으로 알아보는 자세가 필요하다.

잔금 납부 후에 1억 원을 추가로 내지 않으려면

대다수는 흔히 말소기준권리(근저당권, 가압류, 담보가등기, 경매개시결정 기입등기, 배당요구를 한 전세권)를 외우고 이것만 찾으면 권리분석이 끝났다고 생각한다. 물론 초보라면 이 정도로 충분하지만 때에 따라 숨어 있는 함정까지 찾을 수 있어야 한다. 바로 소멸될 채권의 권리자나 대항력 없는 임차인이 자신의 채권을 살릴 수 있는 방법인 대위변제다. 대위변제는 채무자의 빚을 이해관계자 또는 제3자가 대신 갚아주는 것으로 이로 인해 말소기준권리가 바뀌는 상황을 특히 조심해야 한다.

낙찰을 받고 잔금을 내야 소유권이 생긴다. 달리 말하면 낙찰 이후 잔금을 내기 전까지 등기부상 권리 변동이 얼마든지 생길 수 있다는 얘기다. 예를 들어 은행에서 설정한 근저당권이 말소되거나 기타 담보채권이 소멸할 수도 있다. 260쪽의 〈그림 4-15〉를 예로 권리가 어떻게 변동하는지를 살펴보자.

을구 3번 근저당권이 말소기준권리이므로 임차인은 대항력이 없고 낙찰자가 인수할 것도 없다. 하지만 을구 3번 근저당권이 임차인의 (법정대위)변제에 의해 말소된다면 말소기준권리는 을구 6번 근저당권으로 바뀔 수 있다. 따라서 말소기준권리가 을구 3번에서 을구 6번 근저당권이 되므로 임차인의 임대보증금은 낙찰자(새로운 소유자)가 인수해야 한다.

담보가치 대비 채무 금액(근저당권 설정 금액)이 많다면 빚을 갚는 게 어렵겠지만, 담보가치 대비 채무가 낮은 편이라면 변제 가능성을 고려

〈그림 4-15〉 등기부상 권리 변동 체크하기

임차인현황 건물소멸기준 : 2001-09-15 | 배당종기일 : 2011-11-09 매각물건명세서 예상배당표

순위	성립일자	권리자	권리종류(점유부분)	보증금금액	신고	대항	참조용 예상배당여부 (최저가 기준)
1	전입 2009-05-22 확정 없음 배당 없음	호00	주거임차인 미상	【보】 미상	X	없음	현황조사 권리내역 미배당금 소멸예상

● 임차인(별지)점유

- (점유자 의 처)이 선순위근저당권을 대위변제 말소시키고 대항력을 회복한 신고서 제출함

건물 등기 사항 건물열람일 : 2011-08-30 등기사항증명서

구분	성립일자	권리종류	권리자	권리금액	상태	비고
갑1	1996-01-20	소유권	신00		이전	증여
을3	2001-09-15	(근)저당	근00000000000	24,000,000원	소멸기준	(주택) 소액배당 4000 이하 1600 (상가) 선순위담보물권기준 상,임,법 보호대상아님
을6	2010-05-26	(근)저당	최00	36,000,000원	소멸	
갑8	2010-11-18	압류	인0000		소멸	(세정과-29631)
갑9	2011-08-25	강제경매	최00	청구: 39,000,000원	소멸	

출처: 스피드옥션

해야 한다. 예를 들어 시세 5억 원 아파트에 선순위 근저당권(A) 2,000만 원, 이후 임차인(B) 전세보증금 1억 원이 있다고 가정하자. 가장 앞선 2,000만 원의 근저당권은 채무자, 전세 임차인, 기타 제3자에 의해 얼마든지 변제되어 말소될 수 있다. 임차인 B가 대위변제를 한다면 대항력이 살아나므로, 낙찰자는 낙찰가 외 추가로 1억 원(임차인의 전세보증금)을 인수해야 한다.

낙찰자 입장에서 보면 날벼락과 같다. 그것도 잔금을 치른 이후라면? 그러므로 등기부를 입찰 전, 낙찰 후 매각허가결정 전, 잔금 납부 전에 각 시기마다 열람하는 것이 안전하다.

이밖에 유치권, 법정지상권, 선순위 임차인, 보증금 증액 등도 등기부에 나타나는 권리가 아니므로 주의해야 한다.

허위 유치권을 가려내면 투자 기회가 많아진다

유치권 신고된 부동산, 무조건 패스하지 마라

최근 중복점유를 주장하는 유치권자가 있었다. 점유권도 물권인 만큼 물건에 대한 타인의 침탈을 저지하고, 배타적으로 물건을 지배할 수 있는 속성을 가진다. 배타적으로 지배할 수 있다는 말은 다른 사람과 중복으로 점유할 수 없다는 뜻이다. 임차인이 점유하고 있으면, 즉 임차인에게 점유권이 있으면 다른 사람은 임차인의 점유를 침탈할 수 없다. 임차인의 점유권과 중복으로 점유권이 인정될 수 없다는 것이다. 물건에 대한 소유자가 다수여서 공동으로 점유할 수는 있다. 하지만

1인의 단독 점유권이 성립한 상태에서 이와 동일한 점유권은 중복으로 성립할 수 없다.

이러한 법리는 물권의 속성상 당연히 인정되는 것이어서 임차인과 유치권자가 협의해 '당신은 계속 영업해라. 그렇지만 점유는 나와 공동으로 하자.'라고 약정한다 해도 그 약정대로 둘의 공동점유가 인정되지 않는다. 일단 임차인의 점유가 성립된 이상 유치권자의 점유는 중복점유로 인정될 수밖에 없고, 점유가 없는 유치권은 성립되지 않으므로 유치권자는 낙찰자에게 대항할 수 없다. 그 취지를 소명할 수만 있다면 명도소송이 아닌 인도명령으로 간단히 유치권자를 몰아낼 수 있다. 하지만 실제로 공사한 흔적과 자료가 있거나 점유 시기 등이 모호한 경우 입증 책임은 낙찰자에게 있기에 인도명령이 기각되거나 명도소송으로 처리되는 경우도 많다. 따라서 최악의 경우 소송까지 갈 수 있음을 인지하고 비용과 기간을 고려하여 낮은 금액으로 입찰하기도 한다.

허위 유치권 신고의 대처방안 및 형사책임 가능성

임차인이 있는데도 유치권 신고가 되어 있다면 그 경우의 수가 여럿이어서 신중히 검토할 필요가 있다. 유치권자가 점유 없이 유치권을 신고했을 수도 있고, 유치권자가 임차인의 도움을 받아 건물 일부라도 점유할 수도 있으며, 최악의 경우 임차인이 점유하지 않고 유치권자만 점유할 수도 있기 때문이다. 또한, 유치권자가 임차인을 통해 간접점유할 수도 있다.

결국 임차인 이외의 자가 유치권을 신고한 경우 중복점유는 인정되지 않으므로 유치권은 점유의 부존재를 이유로 성립되지 않는다는 전제하에 응찰해야 한다. 단, 임차인과 유치권자가 공모해 점유를 허위로 만들어내거나 특별한 사정으로 임차인은 점유하지 않고 유치권자의 단독점유일 수도 있으니 치밀한 현장조사는 필수다. 추후 명도소송을 염두에 두고 현장 사진이나 관리사무소의 확인, 증인의 포섭 등 증거를 확보해둔다면, 임차인과 유치권자의 공모에 의한 허위진술과 증거조작을 막는 데 큰 도움이 된다.

공사대금의 소멸시효는 3년이다. 그런데 유치권자가 공사가 중단된 때, 즉 채권을 행사할 수 있었던 때로부터 3년이 넘도록 아무런 권리행사를 하지 않았다면 공사대금 채권은 시효로 소멸했으니 비교적 간단히 끝낼 수 있다. 만일 공사업자가 유치권을 행사하며 건물을 점유했다고 주장하더라도 이는 기존의 공사대금 채권의 행사와는 별개의 권리행사다. 유치권자가 채무자의 재산에 공사대금으로 가압류나 가처분 등을 한 사실이 없으면 소멸시효는 계속 진행한다는 것이 판례의 일관된 입장이라는 점을 근거로 반박하며 대법원 판례자료를 첨부하면 된다.

허위로 법원에 권리를 신고한 자들은 형법상 강제집행면탈죄, 입찰방해죄가 성립될 수 있고, 사안에 따라서는 사기죄가 성립될 수 있다. 검찰에서는 불구속수사원칙의 예외로 허위 신고된 유치권의 금액이 큰 경우 구속수사를 진행한 바 있으며, 법원에서는 이례적으로 허위 유치권 신고자에게 징역형을 선고하기도 했다.

허위 유치권자들 또한 나름 사전에 치밀하게 준비하고 대응할 것이라는 전제하에 이들이 꼼짝 못 할 만한 증거자료 몇 개 정도는 확보한 후 형사고소를 하겠다고 엄포를 놓으며 자발적인 명도를 유도하는 것이 효과적이다. 유치권자들과 대면하기에 앞서 형사고소나 명도소송 등 민형사상 조처를 하겠다는 내용이 담긴 내용증명을 한 통 보내는 것도 좋다. 내용증명에는 유치권이 성립되지 않는 이유를 논리적으로 조목조목 반박하고, 이에 대한 증거자료를 확보하고 있다는 정도로 간략하게 설명한다. 이때 낙찰자 개인 명의보다는 친분 있는 변호사나 법무사 명의의 내용증명이 더 효과적이다.

형사고소를 하겠다고 경고할 때는 구속수사 사례, 실형선고 사례를 적시한 후 부가적으로 고소를 제기하면 나중에 협상을 통해 고소를 취하해도 친고죄가 아닌 이상 처벌받게 된다는 취지를 밝히자. 나중에 협상을 통해 합의가 이뤄져도 처벌받는다는 생각에 상대방은 초조해질 것이고, 그 결과 협상의 시점이 고소장 접수 시기까지 당겨질 수 있다.

허위 유치권자에게 적용 가능한 법조문

허위로 유치권을 신고하거나 비용을 과다하게 부풀려 점유를 행사하는 자에게 성립이 가능한 형사법 조문을 알아두자. 이보다 많은 항목이 있지만 실제로 적용될 수 있는 대표적인 사례들로 요약했다. 알아두면 상대를 압박하거나 내용증명을 보낼 때, 협상을 위해 만날 때 도움이 될 것이다.

1. 건물주와 공모해 채권자들의 희생하에 재산을 빼돌리거나 저가 낙찰을 의도한 경우 강제집행면탈죄(형법 제327조)
2. 허위 유치권을 신고해 입찰질서의 공정을 해한 자는 경매입찰방해죄(형법 제315조)
3. 낙찰자가 생긴 후에도 계속해서 유치권을 주장하며 금전을 요구하는 경우 사기죄(형법 제347조)
4. 폭행, 협박의 방법으로 유치권 금액을 요구하면 공갈죄(형법 제 350조)
5. 유치권에 대한 인도명령을 집행할 때 집행관의 집행을 방해했다면 공무집행방해죄(형법 제136조)
6. 점유이전금지가처분이 기재된 종이를 파손했다면 공무상비밀표시무효죄(형법 제140조)
7. 강제집행으로 명도받은 부동산에 다시 침입했다면 강제집행효용 침해죄(형법 제140조의 2)
8. 허위의 공사계약서를 작성, 유치권신고서에 첨부해 법원에 제출했다면 사문서위조 및 동행사죄(형법 제231조, 234조)
9. 점유개시일에 관해 경매개시결정 전으로 진술해달라고 증인에게 부탁했다면 의중교사죄(형법 제152조, 155조)

유치권자의 점유 상태를 확인하자

경매 부동산에 유치권 신고가 되어 있었는데 신고 날짜가 매각기일(입찰일) 하루 전이었다. 하지만 아파트에 유치권이 성립하거나 인정되는

〈그림 4-16〉 유치권신고가 되어 있는 물건 정보

사건번호 2018타경 검색 | 총 1건

관심물건등록 리스트인쇄 리스트인쇄2 텍스트보기 이미지보기 요약보기 50개씩

법원명 사건번호 물건번호	소 재 지	용도	감정가 최저가	매각기일 (개찰기일) [입찰인원]	결과 유찰수 %	조회수
정보제공 : (주)스피드옥션 http://www.speedauction.co.kr						
부천 2018-72824	경기도 부천시 춘의동 [대지권 9.2평] [전용 14.1평] [유치권,중복사건,관련사건]	다세대 (빌라)	221,000,000 154,700,000 매각 202,390,000	2019-01-29 [입찰10명]	배당종결 1회 (70%) (92%)	509

출처: 스피드옥션

〈그림 4-17〉 유치권 신고가 허위임을 유추할 수 있는 자료

현황조사서

법원	부천지원	명령회차	1 회	중복병합사건	2018타경 (모사건)

기본정보

- 사건번호 : 2018타경 부동산강제경매
- 조사일시 : 2018년06월28일 2018년06월29일

부동산 임대차 정보

번호	소재지	임대차관계
1	경기도 부천시	0명

전경도 5건 (사진보기)

부동산의 현황 및 점유관계 조사서

1. 부동산의 점유관계

소재지	1. 경기도 부천시
점유관계	채무자(소유자)점유
기타	현장에 임하여 소유자 장경호를 만났으며, 소유자 가족들이 거주하고 있다고 진술하였음

2. 부동산의 현황
주거용 공동주택

출처: 대한민국법원 법원경매정보

경우는 드물다.

성립 요건 중 일부를 살펴보면 점유자는 채무자의 동의하에 점유해야 하고 유치권 배제 특약이 없어야 한다. 낙찰받은 물건의 유치권 신고는 의심스러운 점이 한두 가지가 아니었지만, 무엇보다 민법 제320조의 성립 요건인 '점유'를 하고 있지 않았다.

민법 제320조 유치권의 내용

① 타인의 물건 또는 유가증권을 점유한 자는 그 물건이나 유가증권에 관하여 생긴 채권이 변제기에 있는 경우에는 변제를 받을 때까지 그 물건 또는 유가증권을 유치할 권리가 있다.

제328조 점유상실과 유치권소멸

유치권은 점유의 상실로 인하여 소멸한다.

유치권자는 경매개시결정등기 전부터 점유 상태여야 하는데 현황조사서를 보면 유치권자가 아닌 채무자(소유자) 가족들이 점유하고 있는 것을 알 수 있다.

나는 허위 유치권임을 확신하고 평소대로 입찰가를 적어 낙찰받았다. 낙찰 후 사건열람을 통해 유치권신고를 한 사람이 누군지 확인해봤다. 업체명과 주소가 적혀 있는 유치권신고서를 발견했고 신고서 제출자인 업체명을 인터넷에서 검색해봤더니 인테리어 업체였다. 그런데 주소는 신고서에 적혀 있는 것과 달랐다. 직접 찾아가 보기로 했다. 내비게이션에 주소를 입력했더니 오래된 아파트 주소가 나왔다. 네비게이션이 안내하는 곳으로 이동했다.

도착한 곳은 인테리어 업체와 전혀 상관없는 곳이었다. 그냥 아파트 단지만 있을 뿐이었다. 아파트 경비원에게도 물어봤지만 그런 업체는 본 적이 없다고 했다. 한 번 더 확인하기 위해 인터넷 포털 사이트에서 검색되는 업체로 전화를 걸었다.

나: 안녕하세요. ○○종합설비죠? ○○○ 대표님과 통화 좀 할 수 있을까요?

업체 대표: 누구요? ○○종합설비는 맞는데 ○○○ 대표란 사람은 없는데요? 내가 대표인데 무슨 일이죠?

나: 아, ○○○란 분은 모르시는 분인가요?

업체 대표: 네. 전혀 모르는 사람입니다.

나: 네! 알겠습니다.

예상한 대로 허위 유치권신고였다. 경매를 하다 보면 종종 이런 허위신고서를 접하게 된다. 그렇다면 이런 일은 왜 일어나는 것일까? 일부 경매 학원에서 이런 사기성 스킬을 마치 고급 정보인 것처럼 가르친다고 한다.

이유는 이렇다. 경매를 처음 접하는 사람들은 경험을 쌓고 싶은 마음에 1,000만 원 정도만 수익이 나도 괜찮다는 생각으로 입찰가를 높게 쓴다. 최대한 빨리 낙찰받아 경매 투자 경험을 쌓고 싶은 마음 때문이다. 그런데 경매 초보자들이 유치권신고가 접수됐다는 문구를 보면 어떤 마음이 들까? 혹시 모를 위험성 때문에 대부분 입찰을 포기할 것이다. 그렇게 경쟁자를 몇 명이라도 줄여보려는 의도로 법원에 허위 유치권 신고서를 제출하는 것이다. 법원은 제출된 신고서가 허위인지 아닌지를 따지지 않는다. 법원으로 들어오는 문서는 형식상 요건만 갖추면 일단 받아주고, 문건 송달 내역에 어떤 문서가 접수되었음을 기재한다. 이런 점을 악용하는 사람들이 있을 뿐이다.

양도세 반의 반으로 줄이는 매매사업자 활용법

양도세 절감 효과가 큰 부동산매매사업자의 장점

부동산매매사업자를 이용한 투자는 정부의 고강도 부동산 규제를 피할 수 있는 투자 방법 중 하나다. 매매사업자의 가장 큰 장점은 양도소득세를 크게 줄일 수 있다는 것이다. 법인은 아니지만, 법인처럼 사업상 지출되는 거의 모든 비용을 공제받을 수 있는 부동산매매사업자에 대해서 알아보자.

부동산매매사업자란 사업자 코드 '703011'로 주거용 주택을 합법적으로 사고팔 수 있는 사업자를 말한다(〈표 4-2〉).

〈표 4-2〉 부동산매매사업자 규정

<table>
<tr><td rowspan="2">**703011**</td><td>부동산 개발 및 공급업</td><td>주거용 건물 개발 및 공급업</td></tr>
<tr><td colspan="2">• 직접 건설활동을 수행하지 않고 전체 건물 건설공사를 일괄 도급하여 주거용 건물을 건설하고, 이를 분양 · 판매하는 산업활동을 말한다. 구입한 주거용 건물을 재판매하는 경우도 포함한다. (토지보유 5년 미만)

〈제외〉
※토지보유 5년 이상(→703012)</td></tr>
</table>

출처: 법제처 국가법령정보센터

매매사업자로서 취득한 부동산은 매도하지 않고 보유만 해서는 안 된다. 부가가치세법 시행 규칙 제2조 2항에서 매매사업은 1과세기간(6개월)에 1회 이상 주택을 취득하고, 2회 이상 매도를 하는 사업이라고 명시되어 있기 때문이다(272쪽 〈그림 4-18〉).

그러나 초보 투자자가 6개월 내에 주택을 1회 이상 취득하고 2회 이상 매도하기란 어렵기 때문에 기존 판례를 참고하거나 부가가치세법에서 정한 매도·매수 횟수 문제를 해결할 수 있다(273쪽 〈그림 4-19〉). 매매사업에 해당하느냐 아니냐는 사업 활동으로 볼 수 있는 정도의 계속성과 반복성을 가장 중요한 기준으로 보며 이를 대법원 판례를 통해 확인할 수 있다.

주택의 취득부터 매도까지 단계별로 매매사업자가 어떤 장단점을 가지는지 살펴보자.

〈그림 4-18〉 매매사업자의 정의(부가가치세법 시행 규칙상)

부가가치세법 시행규칙

[시행 2021. 10. 28.] [기획재정부령 제867호, 2021. 10. 28., 타법개정]

기획재정부(부가가치세제과), 044-215-4326, 4321
기획재정부(부가가치세제과 (영세율, 면세분야), 044-215-4322

제2조(사업의 범위) ①「부가가치세법 시행령」(이하 "영"이라 한다) 제3조 제1항 제6호 단서에 따른 전 · 답 · 과수원 · 목장용지 · 임야 또는 염전은 지적공부상의 지목과 관계없이 실제로 경작하거나 해당 토지의 고유 용도에 사용하는 것으로 한다.

② 건설업과 부동산업 중 재화를 공급하는 사업으로 보는 사업에 관한 영 제3조 제2항에서 "기획재정부령으로 정하는 사업"이란 다음 각호의 어느 하나에 해당하는 사업을 말한다.

1. 부동산 매매(주거용 또는 비거주용 건축물 및 그 밖의 건축물을 자영건설하여 분양 · 판매하는 경우를 포함한다) 또는 그 중개를 사업목적으로 나타내어 부동산을 판매하는 사업
2. 사업상 목적으로 1과세기간 중에 1회 이상 부동산을 취득하고 2회 이상 판매하는 사업

출처: 법제처 국가법령정보센터

취득 단계 및 보유 단계

부동산매매사업자는 법인이 아닌 개인이다. 취득 단계에서 주택 수를 계산할 때 기존 명의로 가지고 있는 주택 수도 포함해 취득세를 계산하게 된다. 예를 들어 개인 명의의 주택이 비조정지역에 1채 있고 매매

〈그림 4-19〉 매매사업자의 정의와 관련한 판례

대법원 1996.10.11. 선고 96누8758 판결

[부가가치세부과처분취소][공1996.11.15.(22),3362]

[판결요지]

[1] 부동산의 거래행위가 부가가치세의 과세요건인 부동산매매업에 해당하는지 여부는 그 거래행위가 수익을 목적으로 하고, 그 규모, 횟수, 태양 등에 비추어 사업활동으로 볼 수 있는 정도의 계속성과 반복성이 있는지 여부 등을 고려하여 사회통념에 비추어 가려져야 하고, 부가가치세법시행규칙 제1조 제1항은 부동산매매업으로 볼 수 있는 경우를 예시적으로 규정한 것에 불과하여, 그 부동산 거래가 전체적으로 사업목적하에 계속성과 반복성을 갖고 있는 이상 위 규정상의 판매횟수에 미달하는 거래가 발생하였다고 하더라도 그 과세기간 중에 있은 거래의 사업성이 부정되는 것이 아니다.

출처: 대법원 종합법률정보

사업자로 새롭게 취득한다면 2주택이 된다. 해당 주택이 조정지역이라면 8%, 비조정 지역이라면 1~3%의 취득세를 내야 한다.

보유 단계에서 부과되는 재산세, 종합부동산세는 매매사업자용 주택과 기존에 개인 명의로 보유 중인 주택 수 전부를 합산한다. 그러므로 취득 단계, 보유 단계에서는 매매사업자의 장점이 거의 없다고 봐야 한다.

〈표 4-3〉 주택 구입 시 취득세율

주택 수		조정대상지역	비조정대상지역
1주택 (지역구분 없음)	6억 원 이하	1%	
	6억 원 초과~9억 원 이하	1.01~2.99%	
	9억 원 초과	3%	
2주택		8%	1~3%(1주택과 동일)
3주택		12%	8%
4주택 이상		12%	12%

출처: 국토교통부 보도자료(관계부처합동), "주택시장 안정 보완대책"

양도단계

매매사업자 투자의 장점은 취득 시점이 아닌 양도 단계에 있다. 사업자가 아닌 개인으로 부동산을 매도할 때는 양도소득세를 내야 하지만, 매매사업자는 사업자이기 때문에 종합소득세를 내는 것이 원칙이다. 따라서 주택을 사고파는 경우에도 다음의 종합소득세 과세표준에 따른 세율에 따라 세금을 낸다.

예를 들어 비조정지역에 주택을 취득해 1년 이내에 매도했는데, 필요비용을 제외한 수익 금액이 2,000만 원이라고 해보자. 이때 내야 하는 세금은 '(2,000만 원 × 15%) −108만 원(누진공제액) = 192만 원'이다.

같은 조건에 일반적인 방법으로는 주택을 취득하고 1년 이내에 매도할 경우 단기양도세율은 70%이므로 약 1,400만 원을 납부해야 한

〈표 4-4〉 소득세율

(단위: %, 원)

소득 과세표준	소득세율	누진공제액
1,400만 원 이하	6%	-
5,000만 원 이하	15%	126만 원
8,800만 원 이하	24%	576만 원
1억 5,000만 원 이하	35%	1,544만 원
3억 원 이하	38%	1,994만 원
5억 원 이하	40%	2,594만 원
10억 원 이하	42%	3,594만 원
10억 원 초과	45%	6,594만 원

〈표 4-5〉 단기 양도소득세율

구분		주택 · 입주권	분양권
보유 기간	1년 미만	70%	70%
	2년 미만	60%	60%
	2년 이상	기본세율	-

다. 매매사업자와 일반 개인의 양도 시 세금을 비교해보면 이처럼 무려 1,200만 원 이상 차이가 난다.

과표 구간 상승에 따른 세율이 올라갈 수 있다는 점도 알아야 한다. 예를 들어 매매사업을 잘 영위해서 10채의 주택을 팔았다면 해당 연도의 수익을 전부 합산한다. 그 결과 다음 해 5월 종합소득세를 신고할 때는 필요비용을 뺀 총수익 금액으로 계산하기 때문에 과표가 높아질 수 있다.

매매사업자의 비교과세

매매사업자라고 해서 무조건 좋은 것은 아니다. 단점 중 하나인 비교과세라는 것을 알아야 한다. 소득세법 제64조에 해당하는 자산을 사고 팔았을 경우, 양도소득세와 종합소득세를 비교해서 더 큰 세금을 내야 하는 것이다. 여기에 해당하는 자산은 분양권, 비사업용 토지, 미등기 양도자산, 조정대상지역 입주권, 조정대상지역 중과 대상 주택이다. 여기에 해당하는 부동산을 계속 사고팔면 결국 양도세율이 더 크기 때문에 매매사업자를 이용한 투자의 실익이 없을 수도 있다.

결론적으로 매매사업자로 투자는 단기양도 시 활용하는 게 좋다. 경매로 낙찰받아 바로 매도해도 고율의 단기 양도세율이 아닌 종합소득세율로 계산되기에 충분히 절세가 가능하다. 하지만 단점도 있다.

매매로 인한 사업소득이 추가로 생기면 국민연금과 건강보험료가 상승할 수 있고, 직장인이라면 종합소득세를 계산할 때 근로소득과 사업소득이 합산되기에 과표가 올라갈 수 있다. 그 세금이 두려워 투자에 나서지 못하는 사람이 많다. 부동산을 살 때 취득세를 내고 보유 기간에 재산세, 종부세 내며 팔 때도 세금을 많이 내고 나면 뭐가 남느냐는 것이다.

하지만 생각을 조금만 달리해보자. 세금을 낸다는 건 수익이 있다는 것이다. 우리가 마시는 맥주 한 캔, 기름 한 방울에도 세금이 붙는다. 세금 걱정 때문에 아무것도 하지 않는 것보다는 많이 벌어 최고세율을 적용받는 게 나 자신은 물론 이 사회에도 이롭지 않을까?

경매에서 활용도 높은 내용증명

내용증명을 잘 활용할수록 협상력이 올라간다

명도를 할 때 상대방과 반드시 만나야 하는 것은 아니다. 점유자와 대면하지 않고 협의가 되는 경우도 많다. 내용증명과 전화 통화로 소통해서 협의가 되기도 한다. 내용증명은 경매뿐 아니라 매매 과정, 임대차 관계에서도 유용하다. 발송한 내용증명은 추후 소송 시 중요한 증거 자료로 활용될 수 있으며 낙찰자의 의사를 명확하게 전달할 수 있다. 당장의 구속력은 없지만 상대방에게 '협조하지 않을 경우 이런 조치를 취할 수 있습니다'는 메시지를 전달해 압박감을 주므로 협상에서 유리한 위치에 설 수 있다.

미납관리비 청구관련 내용증명 회신

반대로 내용증명을 받게 된다면 어떻게 해야 할까? 경매 투자를 하다 보면 내용증명을 보내고, 받는 경우가 생기는데 가끔 아님 말고 식으로 오는 것들이 있다. 요즘 내용증명이 일상화된 탓인지 임대차 2법 시행 이후 통화나 문자, 카톡 등 통상의 통지 방법보다 문서의 활용이 늘어나는 것 같다.

동시에 몇 건의 투자를 진행하다보니 집과 회사로 문서들이 오는데, 그중 올여름 경매로 매입한 건물의 옆 건물 소유자로부터 내용증명이 한 통 도착했다. 밑도 끝도 없이 1차로 내용증명을 보냈다고 하는데 처음에는 무슨 소리인지 알 길이 없었다.

요지를 보니 9월 초 아침 7시경 태풍으로 발생한 본인 건물의 외벽 손실에 대한 보상 조치를 요구하는 내용이었다.

내가 낙찰받은 건물 간판이 태풍에 날아가면서 자신의 건물 외벽에 부딪혀 손상되었고 이로 인해 직접 손해액이 2,600만 원이 발생했다고 한다. 간접 손해액은 추후 산정할 예정이며 이를 변상하지 않으면 법적 조치를 취한다는 내용이 담겨 있었다. 실제로 이들은 곧바로 수천만 원의 지급 명령까지 신청했다.

보는 순간 실소가 나왔다. 일단 우겨보자는 식의 내용증명으로 간주

〈그림 4-20〉 옆 건물 소유자에게 온 내용증명

발신인 ○○○

주소 ○○시 ○○구 ○○동

수신인 정민우 귀하

주소 ○○시 ○○구 ○○동

제목 알림

1. 귀사의 발전을 기원합니다.
   2020년 9월 3일 오전 07시 50분경에 태풍으로 발생한 ○○타워건물 벽체(드라이비트) 손실에 대해 이미 1차 내용증명으로 알려드렸습니다.
2. 이에 대하여 귀사에서 아무런 답변이 없으므로 2차 내용증명을 발송합니다.
3. 위 사고로 인하여 현재 지출된 직접 손해액은 아래와 같습니다. 간접 손해액은 추후에 별도로 산정한 예정입니다.
   가. 철거 및 폐기물 처리비: 1,826,000원
   나. 징크판 재설치비: 24,500,000원
   다. 합계: 26,326,000원
4. 귀사에서는 빠른 시일 내에 본 종회에 위 내용을 확인하시고 성의 있는 보상 조치를 해 주시기를 바랍니다. 계속 답변이 없으면 부득이 법적 조치를 취하겠습니다.
5. 연락과 문의는 위 종회 사무실 총무이사 ○○○에게 하시면 됩니다.

※ 첨부자료: 1, 공사 완료 사진

회장 직무대행 ○○○

〈그림 4-21〉 옆 건물 소유자에게 보낸 답변서 내용 일부

건물 외벽 손실 보상 조치에 관한 답변서

수신인 ○○○
주소 ○○시 ○○구 ○○동
발신인 정민우
주소 ○○시 ○○구 ○○동

제목 건물 외벽 손실 보상 조치에 관한 답변서

1. 귀하의 사업이 날로 번창하시길 기원합니다.
2. 귀하가 보내신 2020년 9월 3일, 건물 외벽 손실 보상 조치에 대한 내용증명을 잘 받았습니다. 앞으로 본인(발신인)이 취할 조치에 대해 아래와 같이 통보합니다
3. 원고 주장의 부당성
   가. 원고는 청구원인을 구체적으로 주장 및 입증해야 할 것입니다.
      1) 원고는 이 사건 건물 외벽에 설치된 '엘 모텔' 간판(이하, '이 사건 간판'이라고만 합니다)이 원고의 건물 외벽 벽체에 강철선으로 부착되어 시공되었는데, 2020.9.3. 태풍으로 인하여 위 간판에 부착된 강철선이 원고의 건물 외벽 벽체를 강하게 잡아 당겨서 외벽 벽체가 그 힘을 이기지 못하고 뜯겨 떨어져 나가는 사고(이하, '이 사건 사고'라고만 합니다)가 발생하여 이로 인해 손해를 입었다고 주장하나, 구체적으로 이 사건 간판 또는 건물의 설치 · 보존상의 하자 등에 대해 주장 및 입증해야 할 것입니다.
      2) 원고는 피고들이 불법행위자 본인으로서 또는 사용자로서(피고들의 피용자가 불법행위를 저지른 경우) 나아가 손해의 원인을 일으킨 건물의 점유자 및 소유자로서 어떤 연유로든 궁극적으로 손해배

상책임을 져야 한다고 주장하나, 원고는 피고들에게 손해배상책임을 구하기 위한 법리를 구체적으로…….

하고 나는 즉시 답변서를 보냈다.

이런 경우 당황하지 말고 사실 관계를 정리해서 작성하거나 법률전문가의 도움을 받으면 좋다. 주장 내용과 자료를 첨부하여 전달하면 된다. 이 사건도 빠른 대처와 사실 관계를 소명하여 승소하였고 상대측에게 소송비용까지 청구했다.

〈그림 4-22〉 해당 건 소송비용 청구 내역

기본내용 (수원지방법원) 검색화면 청사배치

사건번호	2022나[illegible]	사건명	[전자]손해배상
원고	한OOOOOOOOOOO	피고	정OO
재판부	제2민사부(다)(전화:031-210-1406)		
접수일	2022.01.12	종국결과	2023.02.10 원고패

출처: 대한민국 법원 대국민 서비스

이번에는 또 다른 케이스다. 경기도의 지분 경매로 매입한 아파트관리사무소에서 내용증명을 보내왔다. 관리비가 수개월 연체되어 법적 조치를 진행하겠다는 내용이었다. 소액 심판청구는 물론 전기 사용과 수도 공급 제한까지 하겠다는 협박성 문구가 포함되어 있는 것을 보고 오히려 웃음이 나왔다.

〈그림 4-23〉 아파트 관리사무소에서 보낸 내용증명

3단지아파트관리사무소

우 : 10082 경기도

문서번호 : 청현3관 2010-18

시행일자 : 2020. 10. 19.

수 신 : 정 민 우님 귀하

이 우편물은 2020-10-19
제 34022190000016호에 의하여
내용증명우편물로 발송하였음을 증명함

발 신 : 경기도 3단지관리사무소

제 목 : 체납관리비 납부 독촉 최고장

1. 귀하의 건승과 행운을 기원합니다.

2. 공동주택관리법 제23조 및 동법 시행령 제23조 와 당 아파트 관리규약 제81조에 의해 귀하는 당 아파트 **301동 호 소유자로서** 관리비등을 납부하여야 함에도 불구하고 현재 귀하의 관리비가 수개월 연체되어 관리업무 수행에 막대한 지장을 초래하고 있습니다.

3. 그 동안 독촉장 및 유선상으로 수차례 납부를 독려하였으나, 관리비 체납이 장기화되어 관리규약 제81조에서 정하는 바에 따라 **법적조치 진행 (지급명령 신청 또는 소액심판청구) 및 징수권자에게 요청하여 전기사용을 제한을 요청하거나 수도공급제한 장치로 절수조치를 실시 할 수 있으니** 불미스러운 일이 발생하지 않도록 관리비를 2020년10월 23일까지 납부하여 주시기 바랍니다.

가) 관리비 미납현황

월 분	미수금액	연체금액	미수소계
2020.08	205,650	1,220	206,870
2020.07	208,790	3,640	212,430
2020.06	201,930	5,580	207,510
2020.05	195,910	7,410	203,320
총계(4개월)	812,280	17,850	830,130

나) **납부기한 : 2020년 10월 23일 기준**

No. 발송 2020. 10. 19

다) 납부은행 : 예금주 3단지 입주자대표회의

- 하나은행 :
- 농 협 :
- sc스텐다드차타드 :
- 국민은행 :
- 신한은행 :
- 새마을금고

※ 관리비를 납부한 경우 관리사무소 (Tel :)로 연락하여 주시기 바랍니다.

※ 2017.01월분부터 연체료는 일할계산 되므로 납부일 기준으로 익월 청구되나,10월23일 기준 연체료 포함하여 발송하였습니다.

3단지아파트관리사무소

이 아파트 관리단은 거주하는 사람이 아니라 등기부를 떼어보고 소유자에게 관리비를 청구한 것으로 보였다. 나는 즉시 답변서를 보냈다.

〈그림 4-24〉 아파트 관리사무소에 보낸 답변서

아파트 관리비 연체에 관한 답변서

수신인 경기도 ○○아파트 관리사무소

주소 ○○시 ○○구 ○○동

발신인 정민우

주소 ○○시 ○○구 ○○동

제목 아파트 관리비 연체에 관한 답변서

1. 귀하의 사업이 날로 번창하시길 기원합니다.
2. 귀하가 보내신 20 년 월 일, 아파트 관리비 연체에 대한 내용증명을 잘 받았습니다. 앞으로 본인(발신인)이 취할 조치에 대해 아래와 같이 통보합니다.

– 아 래 –

1. 수신인이 보낸 내용증명을 살펴보면 발신인이 10*동 1901호의 소유자라 하여 "관리비 등을 납부하여야 함에도 불구하고 수개월 연체되어 관리 업무 수행에 막대한 지장을 초래하고 있다", "독촉장 및 유선 상으로 수례 납부를 독촉하였다."고 하였는데 전화 한 통 받은 사실이 없습니다. 복사/붙여넣기 수준의 내용증명은 지양해주시길 바라며, 만일 이전에 독촉장을 발송한 사실이 있다면 등기 우편물을 보낸 날짜와 근거, 통화 기록 등이 있을 테니 발신인에게 그 사실을 확인시켜 주시길 바랍니다. 만일 허위로 이런 사실을 내용증명에 기재한 것이라면 책임을 묻겠습니다.
2. 관리비는 등기부상 소유자가 납부하는 것이 아닌 임차인 등 해당 전유부를 사용하는 실사용자가 납부해야 할 것입니다. 그럼에도 불구하고

엉뚱한 곳에 내용증명을 보내어 행정력을 낭비하는 이유가 무엇인지 모르겠습니다. 발신인은 경락으로 일부 지분을 이전받았을 뿐 해당 아파트(10*동 1901호)에 입주하거나 사용한 적이 없습니다.

3. 관리사무소의 통상 업무 중 하나는 입주자 명부 등을 통해 입주민 인적사항, 차량 등록, 점유자 관계 등을 기록, 보관하는 것입니다. 입주자 관리카드 등에 입주, 이사 등 입주자 변경 관련 내용이 있을터임에도 불구하고 등기사항전부증명서 한 번 떼어보고 현 소유자(지분권자)에게 밀린 관리비 80여만 원을 내라는 행태에 실소를 금할 수 없습니다. ㅇㅇ아파트 관리사무소는 실사용자가 아닌 살아 본 적도 없는 지분권자에게 체납관리비 납부 독촉 최고장을 보내 80여만 원을 청구하며 관리 업무에 막대한 지장을 초래한다고 하는 것입니까? 담당 직원의 실수인지 소장의 지시인지 발신인은 잘못된 행태의 주체를 밝혀 그 책임을 묻겠습니다.
4. 발신인 본인도 추후 입주를 해야 할 수 있는데 입주민들의 관리비로 운영되는 관리사무소에서 이런 행정력 낭비 및 미숙한 업무 처리에 예비입주민으로써 큰 안타까움을 느낍니다.
5. 정말 몰라서 그런 것이라면 연체된 관리비를 징수할 수 있는 방법을 알려드리겠습니다. 귀 관리사무소 관리 규약과 해당 아파트 호수의 입주자명부 등을 먼저 찾아보고 계속 연체시 해당 전유부내 단전, 단수 조치 등 독촉 및 소송 절차를 개시하기 바랍니다(소액사건의 경우 지급명령 신청이라는 아주 효율적인 방법이 있습니다).
6. 통상의 아파트 관리규약 관리주체의 의무 및 책임을 보면 관리주체의 대표자와 그 직원은 업무와 관련하여 업무 소홀 내지 과실로 인해 입주자에 손해를 끼친 경우에 그 손해를 관리소장, 건물관리업체가 연대하여 책임이 있다고 명시되어 있을 것입니다.
7. 발신인은 관리비 징수를 위한 단수 조치 등 업무 태만시 다른 입주자들과 상의를 거쳐 부실채권 관리에 대한 손해배상책임 및 업무 소홀에 관한 책임도 함께 물을 것입니다. 기본적인 업무도 제대로 하지 못하는 관

리사무소를 믿고 추후 입주시 관리비를 내야하는지 혼란스럽습니다.

8. 해당 관리사무소는 이런 부분을 확실하게 인지하고 이제라도 과실을 인정하며 앞으로는 업무소홀 및 과실로 인한 부실채권이 발생하여 입주자들에게 피해가 가지 않도록 해주시길 당부합니다.
9. 앞으로 행정력 낭비의 사례가 더 있지 않기를 바라며 관리 규약에 의거 아파트 관리 고유의 업무에 충실해 주시길 바랍니다.
10. 그럼 다가오는 연말 복 많이 받으시고 관리사무소장님 이하 직원분들의 평안을 바랍니다.

2020.11.2.

위 발신자: 달천 (인)

위와 같이 회신하여 결국 관리비를 한 푼도 내지 않아도 되었다. 이처럼 아님 말고 식의 무분별한 내용증명을 받았다면 당황하지 말고 자신의 입장과 주장을 차분하게 정리해 글로 써서 보내면 된다.

매각 불허가 사례 : 낙찰받은 빌라 호수가 잘못됐어요!

현황과 공적장부 불일치 사건

경매를 하다 보면 건축물대장 등 공적장부와 실제 현황에 차이가 나는 경우가 있다. 예를 들어 아파트, 빌라 등의 건축도면에 나와 있는 호실의 번호(공부)와 실제 현관에 붙어 있는 호실의 번호(현황)가 다른 경우다. 왜 이런 현상이 발생하는 것일까? 건물 준공 후 각 세대에 호수를 명명하는 과정에서 도면과 다르게 붙였기 때문이다. 이런 물건이 종종 경매로 나오는데, 쉽게 생각할 문제가 아니다. 낙찰 이후 엉뚱한 사람을 명도해야 할 수도 있다.

〈그림 4-25〉 해당 물건의 경매 정보

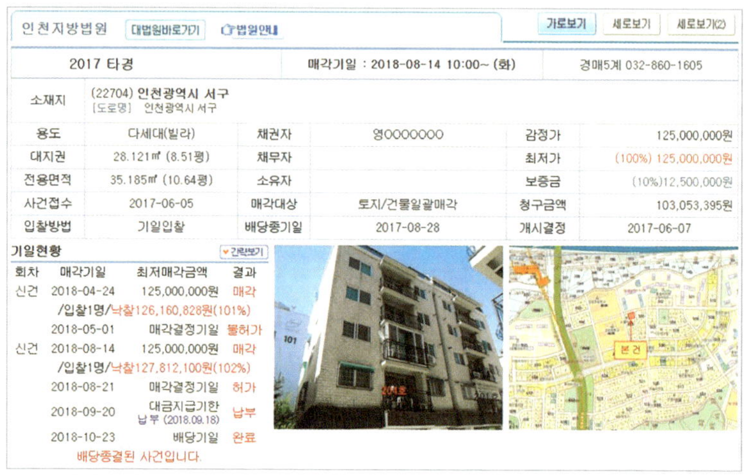

인천지방법원 대법원바로가기 법원안내 가로보기 세로보기 세로보기(2)

2017 타경	매각기일 : 2018-08-14 10:00~ (화)	경매5계 032-860-1605

소재지	(22704) 인천광역시 서구 [도로명] 인천광역시 서구				
용도	다세대(빌라)	채권자	영OOOOOOO	감정가	125,000,000원
대지권	28.121㎡ (8.51평)	채무자		최저가	(100%) 125,000,000원
전용면적	35.185㎡ (10.64평)	소유자		보증금	(10%)12,500,000원
사건접수	2017-06-05	매각대상	토지/건물일괄매각	청구금액	103,053,395원
입찰방법	기일입찰	배당종기일	2017-08-28	개시결정	2017-06-07

기일현황 간략보기

회차	매각기일	최저매각금액	결과
신건	2018-04-24	125,000,000원	매각
	/입찰1명/낙찰126,160,828원(101%)		
	2018-05-01	매각결정기일	불허가
신건	2018-08-14	125,000,000원	매각
	/입찰1명/낙찰127,812,100원(102%)		
	2018-08-21	매각결정기일	허가
	2018-09-20	대금지급기한 납부 (2018.09.18)	납부
	2018-10-23	배당기일	완료

배당종결된 사건입니다.

출처: 스피드옥션

이 경매 사건에서 실제로 채무자 겸 소유자가 점유하는 호수는 문패 기준 204호인데 공부상(건축물대장상)으로는 201호다. 이런 오기는 수분양자나 매수인이 건축도면을 제대로 확인하지 않고 등기를 넘겨받는 과정에서 생긴다. 이런 집이 경매로 진행되면 여러 사람 피곤하게 하는 물건이 탄생하는 셈이다. 아무 상관 없는 옆집이 경매에 나올 수 있다는 얘기다. 결론부터 말하자면, 현황과 공적장부가 일치하지 않을 때는 언제나 공적장부가 우선시된다.

〈그림 4-26〉 공부와 현황상의 호수 불일치

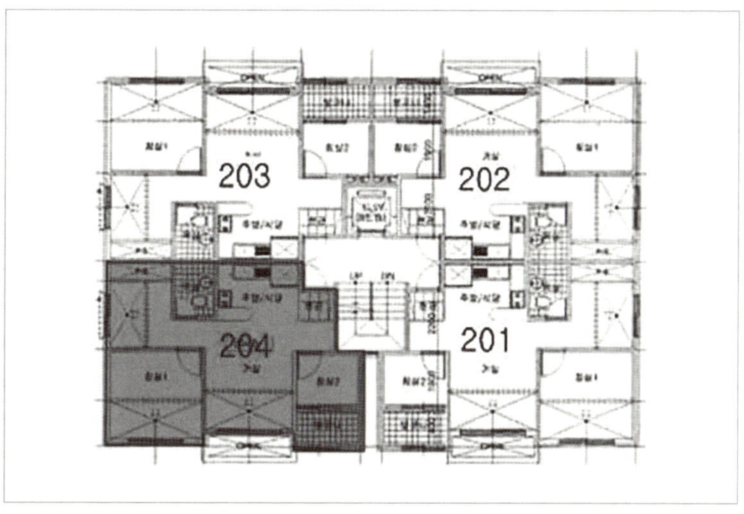

경매로 나온 집 vs. 실제 채무자가 거주하는 집

특히 초보자들은 이런 사실을 인지하지 못하거나 대수롭지 않게 생각하고 입찰할 수 있는데 주의해야 한다. 낙찰의 기쁨도 잠시, 대개 명도 과정에서 알게 되며 집행 불능에 빠지는 등 문제가 발생할 수 있기 때문이다. 소유권이전 이후 명도 대상은 실제로 살고 있는 점유자가 되어야 하지만, 집행 법원의 명도 대상자는 공부를 기준으로 한다.

생각해보자. 실제 점유자와 명도 대상자가 일치하지 않는데 협의 불발 시 집행이 제대로 되겠는가? 옆집의 채무로 억울한 사람이 명도 당할 수 있는 어처구니없는 상황이 발생할 수 있다.

이런 경우 법원에서 판단하는 명도 기준(인도명령결정 여부)은 어떨까? 법원별로 차이가 있으나 잔금 후 인도명령신청이 기각될 가능성이 크다. 물론 명도소송으로 다투면 바로잡아 승소할 수 있겠지만, 일반인에게는 소송을 진행한다는 것 자체가 시간과 비용을 낭비하게 하고 스트레스를 유발한다. 그것도 아파트, 빌라 등을 조금 싸게 받으려고 경매를 하면서 장기간 소송을 진행하고자 하는 사람은 많지 않을 것이다.

협의가 되면 좋겠지만 그렇지 않을 경우 법적 절차를 진행해야 한다. 이런 경우 크게 세 가지 정도의 해결 방법이 있다.

- 인도명령이 기각될 것을 고려하고 처음부터 명도소송을 진행한다. 시간적·금전적 손해가 있을 수밖에 없다.
- 전 소유자를 설득한다. 가장 좋은 시나리오는 실제 경매로 나온 공부상 204호(현황상 201호) 소유자를 만나 함께 구청에 가서 도면을 바로잡는 것이다. 가장 깔끔한 방법이지만 처음보는 사람과의 협의가 쉬운 게 아니다. 만일 임차인이 점유하고 소유자와 연락이 닿지 않는다면 이 방법은 어렵다.
- 낙찰 이후 매각불허가 신청을 한다. 법원이 받아들이면 다행이지만 기각될 확률도 높다.

낙찰 후 공부상 204호(현황상 201호) 점유자를 만났다. 모녀가 살고 있었는데 이런 상황을 전혀 모르고 있었다. 처음에는 경계하다가 상황을 설명하니 크게 당황해했다. 일단 시간을 드릴 테니 본인도 알아보시라 하고, 연락처를 받아서 돌아왔다.

다음 날 다시 통화를 했다. 이제 상황 파악이 됐는지 분노와 망연자실함의 감정이 동시에 느껴졌다. 사실을 바로 알려주고 서로 피해를 줄이기 위해 열심히 설명했지만, 낙찰자에 대한 경계심이 더 깊어진 것이다. 바로 옆집에서 수년을 살면서 누군지도 몰랐고, 동장에게 연락처를 물어서 전화해 본 모양이다. 그분들도 이런 상황을 모르기는 마찬가지여서 해결 방법을 찾지 못하고 이리저리 알아보느라 정신이 없어 보였다.

나는 "함께 의견을 모아봅시다."라고 하면서 앞서의 두 번째 해결 방법을 제시했다. 소유자 겸 채무자를 설득해서 잘못된 것을 바로잡기로 하고 3자가 함께 대면했다. 하지만 모두가 예민한 상황에서 대화가 잘 될 리 없었다. 서로 언성이 오갔고, 엉뚱하게 피해를 보게 된 아주머니는 '난 모르겠으니 그냥 다 나가라' 식의 반응을 보였다.

소강상태가 되고 나서야 이야기를 이어나갔다. 결국 시간문제일 뿐 명도 과정이 진행될 수밖에 없으며, 앞으로 어떤 절차를 어떻게 진행될지 설명했다. 그리고 시간이 지체될수록 무단 거주에 대한 부당이득 반환 문제가 발생할 수 있으니 잘 생각하시라고 최대한 공손히 전달했다. 그들은 한결같이 자신의 처지를 한탄하기만 할 뿐 처음에는 해결하려는 생각을 하지 못하는 것 같았다.

2주 정도 시간이 지나자 일단 해결하자는 데 뜻이 모였다. 채무자의 부인은 집이 남편 명의인데 혼자 살고 있었고, 본인도 더는 이 집에 미

〈그림 4-27〉 매각불허가 신청서

신 청 이 유

1. 귀원 위 경매사건의 공부상 호수는 204호이나 현황은 201호입니다.
2. 위 신청인은 낙찰시점까지 1항 정보에 대하여 위 채무자 겸 소유자인 ○○○가 공부상에는 204호 소유자로 되어 있지만, 실제로는 문패가 201호인 집에 거주하는 것으로 인지했습니다.
3. 낙찰 후 4월 25일 19시 20분 경, 현황 201호에 방문을 해보니 △△△이라는 소유자가 살고 있었습니다(공부상 201호의 등기부를 떼어보니 소유자와 ○○○ 의 이름과 일치합니다).
4. 그렇다면 본래 공부상 204호 소유자 △△△은 현황 201호에 살고 있어야 한다는 말이 맞는데, 실제로도 201호에 거주하고 있는 것이었습니다.
5. 이유는 오직 건축물현황 기준으로 매각 대상이 결정되었기 때문에 이러한 일이 발생한 것으로 보입니다.
6. 귀 법원의 문건/송달 내역을 살펴보면 6월 16일에 현황조사보고서가 제출되었고 감정평가서 제출은 6월 22일에 이루어졌습니다.
7. 현황조사서 내용 중 "폐문부재로 이해관계인을 만날 수 없어, 전입세대열람 결과 소유자 이외의 전입 세대는 없음."이라고 되어 있습니다. 하지만 이는 현재의 사실과 전혀 다릅니다.

위 내용을 근거로 민사집행법 제123조 1항의 매각의 불허 단서인 "정당한 이의신청"으로 본 건은 당연히 매각불허 되어야 할 것이므로 본 신청에 이르게 되었습니다.

신청인: 달천

련이 없다는 뜻을 내비쳤다. 그러면서 옆집 아주머니가 안됐다며 위로를 하기도 했다. 처음보다 일이 진행되는 듯한 느낌이었다. 하지만 본인은 무조건 서너 달은 여기 있을 거라고 했다.

더 앉아서 이야기를 해봐도 답은 안 나오겠다는 판단에 다시 연락하자고 하고 일어섰다. 일단 퇴거 의사를 비친 것만으로도 성과는 어느 정도 얻었다는 생각이 들었다.

그리고 다음 날, 공부상 거주자에게 연락을 했다. 더 질질 끌 필요가 없었다. 그렇다고 억울한 일을 당한 사람을 상대로 명도소송을 진행할 생각도 없으니 얼른 법원에 가서 '매각불허가 신청서'를 제출하라고 알려줬다(〈그림 4-27〉). 내가 낸 매각불허가 신청에 힘을 싣기 위해서다. 그분은 바로 법원에 매각불허가 신청서를 제출했고, 최종적으로 매각불허가 결정이 났다.

억울하게 집을 잃을 뻔했던 아주머니는 전 채무자 겸 소유자에게 연락하여 건축도면 변경 신고를 했다. 그리고 그 사항을 매각물건명세서에 추가로 기재하여 다시 경매가 진행되었다.

소유자가 한 명인 다가구 주택이라면 동/호수 오기가 크게 문제 되지 않는다. 한 건물에 여러 세대가 전입되어 있는 구조이기 때문이다. 하지만 아파트, 빌라 등 집합건물은 호수별로 소유자가 다르기 때문에 혼동이 올 수 있다. 예를 들어 지하층을 B1로 표시하지 않고 1층 내지 지상층으로 잘못 표기하게 되면 그 위의 층들까지 줄줄이 문제가 생기는 것이다. 위와 비슷한 이유로 임차인이 서로 남의 집을 자기 집으로 착각하고 잘못 전입한 사례도 있었다. 이 경우 낙찰자는 실제 낙찰받은 부동산의 임차인만 상대하면 된다. 하지만 경매 입찰 대상의 실제 현황과 공적장부가 일치하지 않는다면 일단 조심해야 한다. 기준은 항상 공적장부가 우선이다.

명도하기 전 알아두면 좋을 것들

- 인도명령은 잔금 납부일로부터 6개월 이내에 신청해야 한다. 처리 기간을 고려하여 잔금 납부와 동시에 신청하는 것이 좋다.
- 배당받는 임차인이 있는 경우 낙찰자는 '명도확인서'라는 무기로 쉽게 점유를 이전받을 수 있다.
- 시기에 맞는 적절한 내용증명 발송은 추후 분쟁을 막아줄 수 있고 원활한 명도 협의에 도움이 된다.
- 아파트, 오피스텔, 빌라 등 주거용 사건은 강제집행을 통한 유체동산 경매까지 가는 경우가 드물다. 협의가 되는 경우가 많지만, 협의가 되지 않더라도 절차대로 진행하면 된다는 생각으로 편하게 입찰하자.

제5장

제2의 월급 만드는 임대수익 도전하기

2026년에는 수익형 부동산을 주목하자.
목표 수익률을 정해 기존 임차인과 협상하거나,
인테리어 등으로 경쟁력을 높인다면
고정 수익을 얻으면서 인플레이션 방어도 할 수 있다.

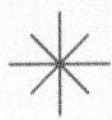

수익형 부동산 VS. 차익형 부동산

수익형 부동산의 급부상

《돈의 속성》 저자 김승호 회장은 우리나라에서 부자가 되는 방법은 사업, 투자, 상속뿐이라고 말했다. 하지만 요즘 사업을 시작해서 성공하는 사람은 많지 않은 것 같다. 환율 불안 등 국내외 변수에 흔들리는 경우가 너무나 많기 때문이다. 예를 들어 미국의 급격한 금리 인상이나 천문학적인 돈 풀기, 2020년 갑자기 전 세계를 폐쇄 공포와 공급망 붕괴로 몰고 간 코로나19, 뜬금없는 계엄령 선포 및 대통령 탄핵 사건 등은 그 누구도 예측하지 못했다. 이는 사업자들이 무방비로 리스크에 노출되어 있다는 뜻이다. 이를 증명하듯 멀쩡히 잘나가던 사업자들도 경기 변동에 따라 어려움을 겪거나 망하는 경우가 부지기수다. 특히 우리나라는 자영업의 비율이 높은 편인데 창업 이후 5년 이상 생존율이 약 30% 밖에 되지 않는다고 한다.

감당할 수 있는 리스크라면 기꺼이 안을 수 있지만, 예상치 못한 변수는 사업의 난이도를 투자보다 훨씬 높게 만들어 버린다. 현실적인 패시브 인컴(Passive income)의 대안은 주식 배당 수입이나 부동산 월세다. 하지만 100만 원 내외의 현금흐름을 만들려면 최소한 억 단위의 종잣돈이 필요하다. 안전하고 좋은 상품의 공급은 한정되어 있는데 월세 수입을 얻고자 하는 수요는 늘 있으니 수익률이 낮아질 수밖에 없다. 지금 이 순간에도 돈의 가치는 계속 낮아지고 있는데 창업을 하면 소득에 비해 리스크가 크다는 사실을 이제는 많은 사람이 알고 있다. 그렇다고 돈을 손에 쥐고 있어도 손해고 투자를 잘못하면 더 큰 손해다. 그래서 그 막대한 유동성이 부동산, 금, 주식, 비트코인 등 자산 시장으로 흘러간다.

최근 경매 시장을 보면 핵심지 아파트에 대한 인기는 물론 입지 좋은 오피스텔, 다가구, 건물, 지식산업센터의 낙찰가율 및 입찰자 수가 늘어나고 있다. 이는 은퇴 전후의 5060 세대는 물론 월세, 현금흐름에 관심을 두는 3040 세대가 늘어나고 있기 때문이다. 조금이라도 더 안전하고 변동성이 낮은 곳으로 돈이 몰린다. 이때 분위기에 휩쓸리지 않으려면 중심을 잡는 게 필요하다. 나만의 목표 수익률이 필요한 이유다.

아파트 등 시세 차익형 부동산은 상승 초입 시기를 놓치면 훨씬 높은 가격을 주고 사야 한다. 하지만 수익형 부동산은 그렇지 않다. 아파트는 매매나 전·월세 중 반드시 선택해야 하는 필수재지만 상가는 사도 되고 안 사도 그만이다. 대체재가 얼마든지 있기 때문이다. 그 결과 공급이 부족하다고 해서 상가 가격이 급등하는 경우는 드물다. 그러니 조급하게 생각하지 말고 작은 돈으로 차분히 경험을 쌓아가길 추천한다. 처음에는 월세 30만 원을 목표로 해도 좋다. 월 30만 원을 무시하지 마시라. 아무것도 안 해도 평생 하루 한 끼 밥값이 생긴다는 건 기분 좋은 일이다.

수익형 부동산은 경기 변동, 금리, 매입 시기도 중요하지만 리스크 대비 및 관리가 중요하다. 장점은 주택에 비해 레버리지를 높게 활용할 수 있다는 것이다. 나의 경우 상가, 대형 오피스텔, 지식산업센터는 60~80% 내외의 대출을 받는다. 그리고 팔지 않고 오래 보유하는 경우가 많다. 매매로 찾는 사람이 드물어서 환금성이 낮기 때문이기도 하지만 월세가 잘 들어오는데 굳이 양도세를 내가며 팔 이유가 없기 때문이다.

수익형 부동산에 투자할 때는 충분히 발품을 판 이후 매입하는 '원샷 원킬' 정신이 필요하다. 한 건 제대로 투자하면 평생 효자 노릇을 하지만 한 번의 실수로 큰 위험에 빠질 수도 있다는 것을 명심하라. 다행인 것은 약간의 종잣돈으로 연습할 수 있다는 것이다. 경험이 쌓여야 자신만의 기준이 생긴다. 남의 추천이 아닌 내 기준에 따라 투자해야 성공 투자가 가능하다. 목표 수익률과 리스크 관리에 포커스를 맞춰야 한다. 경험상 매입한 부동산에서 장기간 현금흐름이 안정적으로 나온다면 삶의 질이 높아지고 환금성도 높아진다.

현금흐름을 만드는 방법은 부동산뿐만 아니라 부업, 주식 배당, 채권, 이자 소득 등 다양하니 자신에게 맞는 투자를 찾는 게 필요하다. 여기서는 부동산과 레버리지 활용으로 현금흐름을 만드는 법을 안내한다. 수년 전 케케묵은 사례가 아닌 2025년 최신 사례로 업데이트하였으니 독자들의 관심과 노력에 따라 방향타 역할을 할 수 있으리라 믿는다.

시세차익을 원하는가, 아니면 월세 수입을 원하는가

많은 사람이 부동산으로 돈을 벌고 싶다고 말하면서도 정작 어떤 부동산부터 접근해야 하는지는 깊이 생각하지 않는다. 수천만 원 또는 수억 원의 시세차익을 원하는가? 아니면 매달 100만 원이라도 좋으니 현금흐름이 발생하는 월세 수입을 원하는가? 둘 다 가지고 싶다고? 만일 여러분의 생각이 그렇다면 아쉽다. 욕심을 내기에 앞서 명확한 한 가지 목표가 먼저라는 사실을 기억하자.

대표적인 시세차익형 부동산이 아파트다. 보통 인터넷에 올라온 매물을 보고 중개소를 통해 매입하는데, 경매로도 살 수 있다. 그리고 그 아파트에서 월세를 받을 수도 있다. 하지만 수익률은 보잘것없는 수준일 것이다. 아파트는 보유세(재산세, 종부세)를 고려하면 수익률이 크게 낮아지거나 마이너스가 되는 경우도 많다. 그래서 사람들은 보통 전세로 세팅을 하거나 추후 매도를 염두에 두고 아예 비워두는 경우도 있다. 월세를 받아 대출 이자를 내는 것보다 전세보증금을 받아 실투자금을 최대한 줄인 뒤 시세차익형 투자로 접근해왔다. 하지만 이제는 달리 접근해야 한다. 서울, 수도권 아파트의 경우 최소 향후 3년 이상은 공급 부족으로 인해 월세 수익률이 높아질 것이다. 그러니 두려워하지 말고 경매 투자를 적극적으로 활용할 필요가 있다.

그럼 수익형 부동산으로는 어떤 것이 있을까? 매달 현금이 들어오는 월세 소득형 부동산의 대표적인 상품이 오피스텔, 상가 그리고 지식산업센터다. 부동산을 팔기 전까지 평생 월세를 받을 수 있는 셈이다. 물론 임차인이 있다는 가정에서다. 그런데 현재의 임차인이 얼마나 오래 있을지는 누구도 모른다. 언제든 더 나은 입지와 시설을 찾아 떠날 수 있다고 생각해야 한다. 그래서 수익형 부동산은 공실 관리가 중요하다. 집은 임대료를 낮추면 어떻게든 임차인이 들어오지만, 상가는 상권이 한번 무너지면 제발 관리비만 내고 공짜로 쓰라고 해도 들어오지 않는 경우도 있다. 그래서 수익형 부동산 투자자들은 자신의 영업을 위해 시설에 돈을 많이 들이는 임차인, 예를 들면 대형 학원, 병·의원, 한의원, 상장 법인, 우량 회사 등을 선호한다.

부동산을 보유하면서 불안하다면 좋은 투자라고 하기 어렵다. 상가나 지식산업센터는 막상 팔려고 하면 좋은 입지가 아닌 이상 쉽게 팔리지도 않는다. 매입 수요가 많지 않기 때문이다.

상가의 가치(가격)가 올라가는 경우는 오직 월세가 올라갈 때다. 예를 들어 100만 원이던 월세를 20만 원 올려 120만 원을 받을 수 있다면 그 상가의 가치는 약 2,000만 원 내외의 상승이 이루어진다. 그 반대도 마찬가지다. 기존 임대료에서 20~30만 원이 내려간다면 수천만 원의 가치가 사라지는 것과 같다. 그래서 월세를 내릴 바에야 공실로 두는 임대인이 많다. 자산 가치 하락 손실을 확정하고 싶지 않은 것이다. 이것은 일종의 편향이라고 본다.

그러니 여러분의 목표부터 명확히 하라.

시세차익형 투자로 종잣돈을 만들어 안정적으로 월세가 나오는 부동산을 사는 순서가 일반적이다. 하지만 정부의 대책 이후 주택과 비주택은 자산 증가 속도에 차이가 있다는 것도 알아야 한다. 월급처럼 고정된 월세 수입이 있다는 것은 삶의 질을 직접적으로 높여주지만 환금성이나 자산이 늘어나는 속도 면에서는 아파트의 상대가 되지 않는다.

불과 2~3년 전에 서울 수도권 아파트 몇 채를 전세 레버리지로 사두었다면 아마도 지금쯤 엄청난 자산 증식을 이뤘을 것이다. 내 주위에는 전문 투자자들이 많은데 대부분 시세차익형 투자자로 최근 2년 사이 자산 규모가 급증했다. 크게 늘어난 보유세(종부세, 재산세)를 낼 때마다 스트레스를 받는다고 하지만 그들은 지금도 최고의 투자처를 찾기 위해 부지런히 움직인다.

내 집 마련 전이라면 청약 또는 아파트 경매를 추천한다. 내 집 마련을 했다면 추가로 주택수를 늘리기가 쉽지 않을 것이다. 그렇다면 월세 투자에도 관심을 가져보자. 정부의 강력한 대출 규제를 직접적으로 받지 않고 레버리지를 더 많이 활용할 수 있으며 아파트에 비해 경쟁이 치열하지 않다. 단, 현장 조사는 필수다.

돈 되는 꿀팁

월세 수익률 어떻게 계산하나

리스크는 안기 싫어하면서 높은 수준의 수익률을 원한다면 잘못된 것이다. 경매든 일반 매매든 상식선에서 생각해야 한다. 예를 들어 누군가 연 20% 이상의 수익률을 제시한다면 흔들릴 게 아니라 그냥 웃어넘길 수 있어야 한다.

현재 금리 수준에서 부동산으로 올릴 수 있는 수익률은 통상 3~5% 내외로 물가 상승률 수준밖에 되지 않는다. 그런데 경매를 활용하거나 대출, 즉 레버리지를 활용하면 그 비율에 따라 수익률이 8~20% 내외로 훌쩍 뛴다.

$$수익률\ 계산법 = \frac{월\ 임대료 \times 12}{입찰가 - 보증금} \times 100$$

$$레버리지\ 수익률\ 계산법 = \frac{월\ 임대료 \times 12 - 대출이자(년)}{입찰가 - (보증금 + 대출금)} \times 100$$

모든 투자는 분자값(월세 수입)을 높이고 분모값(투입 자금)을 낮추려는 노력이 필요하다.

목표 수익률과 적정 입찰가 산정법

목표 수익률 설정과 시세 확신의 중요성

수익형 부동산은 주로 월세를 받는 상품이므로 매입 전에 목표 수익률이 있어야 한다. 즉 시세와 원하는 수익률에 따라 입찰 가격이 달라지는 것이다. 사람마다 목표 수익률은 다를 수밖에 없다. 누구는 시세차익을 올릴 수 있으니 정기예금 금리만 나와도 좋겠다고 하고, 누구는 공실·세금·관리 리스크 등을 고려하여 예금 금리의 두세 배 이상의 수익률을 거두길 원한다. 정답은 없지만, 초보가 처음부터 너무 높은 수익률을 목표로 한다면 패찰을 거듭할 것이다.

나는 상가·지식산업센터·오피스텔 등 부동산 종류별로 목표 수익률을 다르게 책정하고, 서울·수도권·지방 등으로 나누어 목표 수익률을 계산한다. 예를 들어 강남 테헤란로 인근 오피스텔의 목표 수익률은 5%, 인서울 지식산업센터 목표수익률은 6% 이상, 지방 상가는 8% 이상으로 잡는 식이다.

입찰가를 자신 있게 써낼 수 있는 근거는 최소 임대료에 대한 확신이다. 그다음 시장에 나온 매물의 가격대 및 최저가가 얼마인지 보면 된다. 아무리 원하는 수익률에 부합해도 급매가보다 더 높은 가격을 주고 살 필요가 없기 때문이다. 나만의 기준이 명확하고 해당 부동산의 평균 수익률을 안다면 현재 시장 참여자들의 심리적 마지노선이 보인다. 욕심을 조금만 내려놓으면 낙찰받는 것은 어렵지 않다. 나 역시 이 정도 써내면 되겠다 싶은 마음이 들 때는 여지없이 낙찰을 받았다.

초보일수록 입찰 대상에 대한 확신 수준이 부족하다. 이는 패찰의 주요 원인이 되므로 해당 지역의 지속적인 낙찰 결과 모니터링을 추천한다. 그리고 낙찰가율, 입찰자수, 시세 대비 얼마나 싸게 낙찰되는지 등의 데이터가 쌓인 후 입찰하는 게 낫다. 입찰 전날까지도 불안하거나 낙찰 확률이 낮을 것 같다는 생각이 든다면 입찰을 하지 않는 게 낫다. 초보일수록 패찰이 연속되면 멘탈을 잡기가 쉽지 않고, 이는 경매 투자에서 멀어지는 결과는 낳는다.

수익형 부동산 시세 파악과 적정 입찰가 산정법

아파트 시세 조사는 쉽게 하는 사람들이 많지만, 상가 등 수익형 부동산의 시세 파악에 어려움을 겪는 이들이 많다. 그런 경우 다음과 같은 방법을 사용해 대략적인 입찰가를 잡을 수 있다.

- 수익형 부동산 입찰 적정가 산정법: 임대 보증금 3,000만 원에 월세 150만 원의 상가에 입찰할 경우(목표 수익률 6% 가정)

(150만 원×12/0.06)+3,000만 원 = 3억 3,000만 원

이 금액을 1차 기준으로 잡고 유사 매물 가격, 위치, 동선, 공실 위험, 대출 금리 수준, 예상 보유 기간 등을 고려하여 입찰가를 가감 조정한다.

월세 받는 부동산, 이렇게 접근하라

현금 가치는 지금 이 순간에도 천천히 녹아내리고 있다

현재 시중은행의 1년 만기 정기예금(적금) 금리는 3% 내외 수준으로 돈을 불리는 데 그리 좋은 선택지가 아니다. 그러나 경매 투자를 하면 은행에 넣어두는 것보다 몇 배의 수익을 올릴 수 있다. 팔 때 시세차익까지 고려하면 하지 않을 이유가 없다.

지금 이 순간에도 내 통장의 현금 가치는 계속 떨어지고 있으며, 창업은 리스크가 높다. 무엇보다 투입하는 시간에 비해 올릴 수 있는 소득에도 한계가 있다. 특히 최근 원화 가치 하락폭이 커지고 있으므로

〈그림 5-1〉 주요국 달러 대비 통화 가치 등락폭

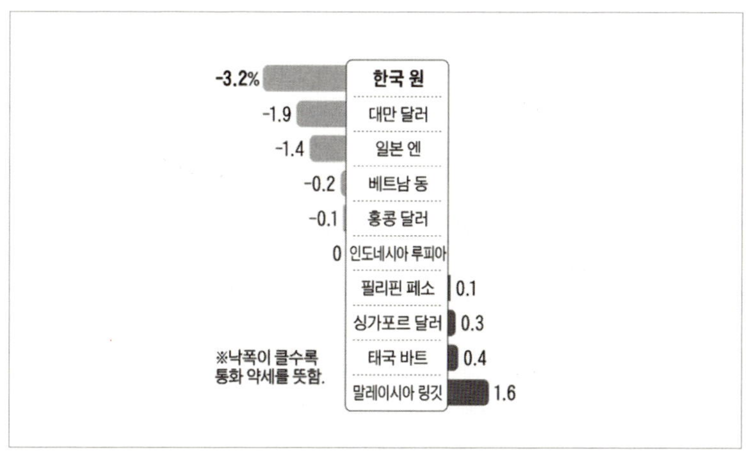

자료 : 한국은행, 2025년 11월 기준

현금을 오래 보유할수록 손해다.

사업 역시 리스크가 크고 시스템화하기가 쉽지 않다. 직장에 다니는 사람도 불안하기는 마찬가지다. 지금이야 매달 꼬박꼬박 나오는 월급에 기댈 수 있지만 퇴직 후를 생각하면 가슴이 절로 답답해진다. 돈을 손에 쥐고 있어도 손해이고, 종잣돈이 들어가는 투자를 혹시 잘못한다면 더 큰 손해다. 시장에 풀린 막대한 유동성이 지금 이 순간에도 진공상태의 자산을 메우기 위해 이동하고 있으며 주식·부동산·비트코인·파생상품 등으로 몰린다.

최근 경매 시장을 보면 안전한 입지 또는 우량 임차인이 있는 사건은 여지없이 입찰자가 많다. 안전한 수익형 부동산을 매입하려는 수요는 쉽게 줄어들지 않을 것이다. 다수가 원하는 것은 무리가 되지 않는

〈그림 5-2〉 변동성이 큰 원달러 환율 추이

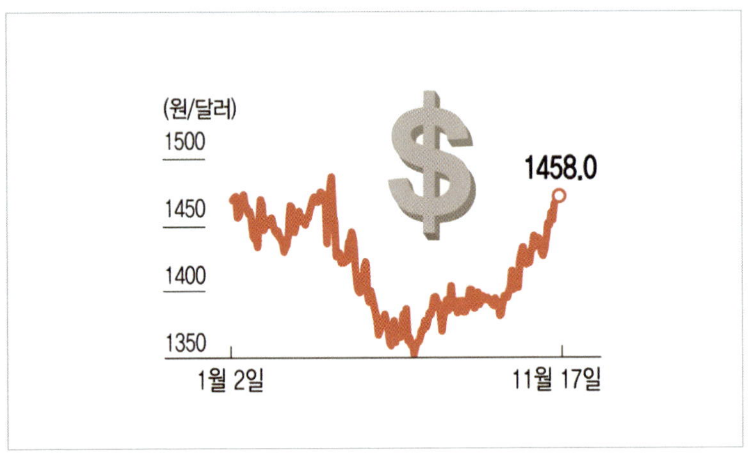

자료 : 한국은행, 2025년 기준

선에서 투자해 월세를 받는 것이다.

하지만 반대로 생각해보자. 입지 좋고, 안전하고, 수익률 좋은 부동산을 당신이라면 팔고 싶겠는가? 이런 매물은 시장에 잘 나오지도 않지만 가끔 나온다고 해도 미래의 이익까지 더해져 거래된다. 필연적으로 수익률이 낮아지는 것이다. 초과 이익을 얻으려면 그만큼 발품을 팔거나 남들이 모르는 정보를 얻기 위한 노력을 해야 한다. 내가 산 금액보다는 오를 거라는 확신이 있고, 보유하는 동안 최소한의 월세가 나온다는 확신이 생길 때 매입(낙찰)의 결실을 얻을 수 있다.

규제가 강한 아파트 경매만 고집할 필요가 없다. 서울·수도권·지방의 시세가 다르게 움직이는데 초기의 상승 흐름에 올라타는 게 가장 좋다. 이와 달리 상가 등 수익형 부동산은 금리가 상승하면 몸값은 하락한다. 이때 경매·공매 등을 활용한 저가 낙찰의 기회가 있다. 반대로 금리 하락기에는 일반매매와 경매 낙찰가에 큰 차이가 없는 경우가 많다. 어느 쪽을 강하게 규제하면 돈은 잠시 움찔했다가 반드시 상대적 이익이 있는 곳으로 흘러가게 되어 있다. 돈이 흘러들어오는 길목에 미리 가서 있는 사람이 있는데, 바로 시장 흐름을 읽는 사람들 또는 부자들이다.

시세차익형 부동산 vs. 임대수익형 부동산

부동산에 투자할 때는 시세차익형 부동산과 월세를 받을 수 있는 임대수익형 부동산으로 나누어 생각해볼 필요가 있다. 시세차익형 부동산은 시세보다 싸게 사서 차익을 얻는 것이고 임대수익형은 말 그대로 월세 수입을 얻는 것을 목적으로 한다.

그리고 시세차익형 투자가 가능하려면 높은 환금성이 전제되어야 한다. 아무리 싸게 사도 내가 원할 때 팔리지 않는다면 좋은 투자라고 할 수 없다. 일반적으로 환금성이 좋은 부동산은 아파트가 최고다. 그 다음 오피스텔(아파트를 대체할 수 있는), 역세권 빌라 순이다.

임대수익형 부동산에 투자할 때는 해당 물건이 원하는 수익률에 부합해야 한다. 즉 팔아서 시세차익을 얻기보다는 보유하는 동안 안정적으로 월세를 받을 수 있어야 한다. 상가, 지식산업센터, 업무용 오피스텔, 창고 등이 대표적인 수익형 부동산인데 이들은 환금성이 낮다. 정리하자면, 환금성 측면에서는 필수재인 주거용 부동산이 가장 좋고(필수재인 만큼 정부의 규제도 강하다), 반대로 수익성 측면에서는 위에 나열된 부동산 취득이 유리하다.

아파트 같은 시세차익형 부동산은 적기를 놓치면 구매 비용이 크게 높아질 수 있다. 같은 아파트를 누구는 5억 원에 사고 누구는 3년 뒤 10억 원에 매입하기도 하는 이유다. 한동안 시세가 눌려 있다가 상승하는 초입에 매입한 사람들은 정책이나 금리 같은 변수에 흔들리지 않고 투자할 수 있다. 반대로 상승 꼭지에 올라탄 사람들은 '금리가 올라간다', '종부세 폭탄 고지서가 날아온다', '살 사람은 다 샀다' 등의 기사나 소식을 접하면 멘탈이 흔들리게 된다. 그 때문에 투자에서 중요한 것이 시기와 매입가를 낮추려는 노력이다. 그 방법이 경·공매가 됐든 급매가 됐든, 사는 순간 매도의 운명이 결정될 수 있다는 사실을 잊지 말자.

그에 비해 임대수익형 부동산은 아파트처럼 입주량, 미분양, 상승기·하락기 등 사이클을 크게 따질 필요가 없다. 경기 변동, 금리, 매입 시기도 중요하지만 리스크 대비와 임대 관리 여부가 더 중요하다. 시세차익형 상품에 비해 레버리지 비율을 높게 사용할 수 있다. 나의 경우 상가는 기본 70~80%, 지식산업센터는 60~80% 내외의 대출을 받는다. 인서울 역세권의 지식산업센터, 오피스텔, 상가는 매도 계획이 없다. 월세가 잘 들어오는 부동산을 굳이 많은 양도세를 내가며 팔 이유가 없기 때문이다. 자금 준비가 되어 막상 매입하려고 하면 '좋은 매물'이 시장에 없는 이유가 바로 이것이다. 내 눈에 좋으면 남들 눈에도 좋아 보이고 그 반대의 경우도 마찬가지다.

안전한 부동산의 네 가지 조건

임대수익형 중에서도 다음의 조건을 갖춘 부동산이라면 '안전'하다고 말할 수 있다.

- 나온 매물이 거의 없고 임차 수요가 늘 있다.
- 임대차 계약 갱신마다 월세 시세가 꾸준히 우상향 중이다.

〈그림 5-3〉 2025년 국채수익률 추이

- 한 번 임차인이 들어오면 잘 바뀌지 않는다.
- 내가 원할 때 현금화할 수 있다.

참고로 필자의 현재 수익형 부동산 매입 기준은 '미국채 금리×2' 수준이다. 2026년 기준 최소 8% 이상의 수익률을 목표로 한다.

안전하고 성장성 있는 상품은 공급이 한정되어 있다. 부동산 투자에서 이상적인 것은 보유하는 동안 월세 수입을 얻다가 원하는 시기에 팔아서 시세차익을 올리는 것이다. 그리고 끊임없는 재투자로 우량 자산 취득에 도달할 수 있다.

정부가 내놓는 수십 번의 강력한 대책을 맞아도 '돈'은 끊임없이 제 갈 길을 간다. 한번 제대로 투자하면 평생 연금처럼 월세가 나온다.

시세차익형을 목표로 할 때는 시기를 놓치면 이른바 '지각비'를 내야 한다. 투자를 하다 보면 최근에 많이 올랐다는 것을 알면서도 처음 생각보다 수천만을 더 내고도 들어가야 하는 경우가 종종 있다. 하지만 수익형 부동산은 한두 달 늦게 산다는 이유로 지각비를 내야 하는 경우는 거의 없다. 충분히 공부해서 상품의 가치를 보는 눈을 키운 다음에 매입해도 좋다는 얘기다.

특히 수익형 부동산 투자를 위해 매입할 때는 서두르지 않는 게 좋다. 이 말은 좋은 물건이 나왔을 때 망설이라는 얘기가 아니다. 평소에 공부를 꾸준히 해두되, 괜찮은 부동산이 발견되면 즉시 계약금을 보낼 수 있어야 한다. 같은 돈으로 누구는 10억 가치의 부동산을 사고 누구는 5억 가치의 부동산을 산다. 끊임없는 비교를 통해 이것이 좋다, 아니다를 알 수 있으니 나만의 목표 수익률을 정하고 평소에 월세가 나오는 부동산에 관심을 두어야 한다.

상대적 평가를 통해 안전한 곳으로 돈이 몰리는 것은 자연스러운 현상이다. 지금 이 순간에도 수많은 사람이 투자 대상만 다를 뿐 더 나은 내일을 위해 재테크에 열심이다. 부동산은 대한민국 사람들에게 가장 많이 입에 오르내리는 투자 대상이다. 우리 실생활과 밀접한 관련이 있기 때문이다. 여러 자산 중에 가장 많은 세금을 징수하는데도 투자하려는 사람들이 끊이지 않는다. 하지만 이를 쉽게 생각하고 뛰어들어서는 안 된다. 취득·보유·양도 단계마다 많은 세금을 내야하고 때로는 공실 기간이 길어질 수도 있다. 안정적인 월세 소득을 얻기까지는 정신적·감정적 노동이 필요하다.

너무 어렵게 생각하지 말자. 한 번 사면 오래 가져가도 좋을 자산을 매입할 뿐이다. 시세가 오르면 고마운 것이고, 오르지 않아도 매월 정기적인 소득을 주니 부동산은 내게 고마운 존재다.

상가보다 안전한 수익형 부동산, 지식산업센터 경매 투자법

수익률과 입지가 중요하다

월세를 받을 수 있는 상업용 부동산 중 상가보다 안전한 것이 지식산업센터다. 상가는 개별성이 강하므로 어떤 업종을 유치하느냐에 따라 수익률이 크게 달라진다. 하지만 지식산업센터는 어떤 회사가 들어오든 해당 지역에서 거래되는 임대 시세가 정해져 있다. 예를 들면 성수동 평당 5만 원, 문정동 4만 5,000원 하는 식이다. 상가는 상인을 상대로 월세를 받고 지식산업센터는 회사를 상대로 월세를 받을 수 있다고 생각하면 된다.

상가나 지식산업센터 모두 월세를 받는 부동산 상품이다. 단기간에 팔아 시세차익을 올릴 수 있는 부동산이 아니란 뜻이다. 따라서 수익률이 매입 근거가 되고 수익률 향상에 초점을 맞춰야 한다.

수익률을 높이려면 싸게 사거나 월세를 높이면 된다. 둘 다 가능하게 하는 것이 투자자가 해야 할 일이고, 그 일을 해냈을 때 나에게 평생 월급을 주는 멋진 수익률의 부동산이 탄생한다. 부동산을 싸게 사기 위해 경매·공매·분양 등 다양한 방법을 활용하고, 임대료를 높이기 위해 임대관리에 신경을 써야 한다. 경험상 부동산의 가치는 내가 관심을 주는 만큼 올라갔다.

물리적 방법으로 수익률을 높일 수도 있다. 예를 들어 80평짜리 지식산업센터에서 300만 원의 임대료를 받을 수 있다고 해보자. 이를 20평씩 네 칸으로 나누어 100만 원씩 4개의 사무실에서 월세를 받는 식이다. 그러면 월 100만 원, 즉 연 1,200만 원의 추가 수입이 생긴다. 이렇게 하면 수익률이 높아질뿐더러 매도할 때도 훨씬 유리하다.

320쪽의 〈그림 5-4〉처럼 번호가 나뉘어 표기되어 있다면 십중팔구 사무실을 분할해 사용하고 있다고 보면 된다.

그러나 장점이 있으면 단점도 있기 마련이다. 일단 공사비용이 들어간다. 구조에 따라 차이가 있지만 기본적으로 파티션을 설치하고 출입문을 각각 내야 하며 전기 배선 문제도 생길 수 있다. 거기에 냉난방 설치비용 등이 추가된다.

그리고 주차 문제도 미리 정리해야 한다. 평수에 따라 한 호실당 주차 가능 대수가 달라지는데 서울, 수도권이라면 최대 2~3대 수준이므

〈그림 5-4〉 1개 호실을 4개로 나누어 임대한 지식산업센터

로 주차가 불가능한 경우가 많다. 하루 이틀이야 주차 요금을 낼 수 있지만 매일 자동차로 출근해야 하는 경우라면 입주가 어려울 수 있다.

서울의 지식산업센터 관심 지역 및 인근 지하철역을 분류해보면 다음과 같다.

① 구로·가산디지털단지 권역: 구로역, 가산디지털단지역

② 성수 권역: 성수역, 뚝섬역

③ 영등포 권역: 당산역, 문래역, 영등포구청역

④ 강서 권역: 증미역, 가양역, 마곡나루역 라인

⑤ 송파·문정 권역: 문정역, 가락시장역 등

①번은 임대 목적의 취득이 제한된 국가산업단지에 속하고, ②~⑤번은 누구나 자유롭게 사고팔 수 있는 곳으로 내가 주로 눈여겨보는 지역이다.

2019년 이전까지는 서울의 지식산업센터를 800~1,000만 원대에 분양받기도 했지만, 현재는 서울, 수도권 어디든 1,000만 원 이하는 없다고 보면 된다. 2026년 1월 기준 최근 3년간 공급된 서울 지식산업센터 분양가는 최저 2,000만 원대 중반에서 최대 3,500만 원대에 이른다(당산역 1차, 2차 skv1 타워). 예를 들어 1평에 200만 원의 차익을 보았다고 가정하면, 50평을 분양받은 사람은 1억 원의 시세차익을 볼 수 있다는 얘기다.

그동안 시행사도 건설사도 수분양자도 재미를 보아왔다. 하지만 2022년 초부터 저금리 시대가 막을 내리고 공급 과잉이 겹치며 지식산업센터는 직격탄을 맞게 된다.

급변한 지식산업센터 경매 시장

2026년 1월 기준 수도권 전체에 1,200여 개의 지식산업센터가 있다. 이 중 약 20%는 착공도 하지 못했거나 아직 짓고 있다. 거래는커녕 마이너스 프리미엄에도 안 팔리는 현장이 많다. 완공된 건물은 애타게 임차인을 기다리고 있다. 그나마 서울 역세권은 공실률이 낮지만 고양·하남 등 경기권 및 평택·오산 등 수도권 이남 지역은 묻지마 투자로 많은 이가 어려움에 처했다.

여기에 금융기관이 2025년 하반기 상가, 지식산업센터 등 임대용 부동산에 대한 대출 기준을 크게 강화했다. 잔금 대출 비율을 크게 낮추거나 거절하는 사례가 나오고 있다. 약 2~3년 전 분양받은 사람들은 그야말로 진퇴양난이다.

분양받은 지산의 중도금 대출은 입주가 시작되면서 담보대출로 전환되는데 건물을 짓는 사이 인근 공실 증가, 담보가치 하락에 따라 은행들이 대출을 크게 줄이거나 아예 해주지 않으려 하기 때문이다. 현재 수도권 지식산업센터 중 약 30%는 신탁회사 주도로 건설되고 있는데 지식산업센터발 신탁사 부실 위험 리스크까지 거론되기도 했다.

그렇다면 일반인인 우리는 어떻게 지식산업센터 경매에 접근할 수 있을까?

역발상으로 접근해 성공하는 지식산업센터 경매

사람들은 대출 한도가 크게 줄었다는 생각에 투자를 미루는 데 역발상이 필요하다. 임대용으로 취득 시 최악의 경우 대출이 불가할 수 있으니 대출 비율 0%로 계산해 경매로 싸게 낙찰받는 것이다. 대출 한도가 크게 줄어든 것은 나만 받는 페널티가 아니기에 충분히 기회가 있다고 생각한다.

온갖 좋지 않은 뉴스가 쏟아지고 대출마저 막혀서 아무도 입찰하지

〈그림 5-5〉 감정가의 42%에 낙찰된 지식산업센터 경매 매물

수원지방법원
2024 타경

경매19계 031)210-1221

법원정보보기 관할법원안내

매각기일 (수) 2025-09-17 10:00:00 ~

경기도 화성시 영천동 875-1 동탄코너원스마트타워
[도로명주소] 경기도 화성시 동탄영천로 131 (영천동,동탄코너원스마트타워)

용도	아파트형공장	채권자	수협은행	감정가	186,000,000원
		채무자		최저가	(34%) 63,798,000원
대지권	대지권미등기	소유자		보증금	(10%) 6,379,800원
건물면적	42.52㎡ (12.86평)	매각대상	토지/건물일괄매각	청구금액	179,467,458원
사건접수	2024-06-24	배당종기일	2024-09-10	개시결정	2024-06-28

기일현황 전체보기

사진 더보기

회차	매각기일	최저매각금액	결과
2차	2025-07-02	130,200,000원	유찰
3차	2025-08-19	91,140,000원	유찰
4차	2025-09-17	63,798,000원	매각
	입찰4명/낙찰77,520,000원(42%) 2등 입찰가 : 71,500,000원		
	2025-09-24	매각결정기일	허가
	2025-11-06	대금지급기한	

않으면 어떻게 될까? 수분양자가 가장 큰 피해자가 되며 신탁사, 금융기관, 임차인, 국가(세금으로 충당하는 경우) 모두 매우 어려워지는 구조다. 어느 정도 입찰자가 있어야 말도 안 되는 헐값 낙찰과 소수 투자자의 독식을 막을 수 있다.

지금은 경기권의 수억 원대 분양한 부동산의 경우 수천만 원에 낙찰되기도 한다. 서울 소재 지식산업센터는 그나마 사정이 나은 편으로 분양가의 70~85% 내의 수준에 매각된다.

다음은 종잣돈 5,000만 원 내외로 투자할 수 있는 사례다. 남들이 손사래 치며 손 놓고 있을 때 움직여야 한다. 많이 유찰된 물건보다는 집, 직장 근처 등 잘 알고 있거나 자주 다니는 지역부터 시작하자.

323쪽의 〈그림 5-5〉는 2025년 11월 잔금을 치른 경기도 화성의 한 지식산업센터 경매다.

- 감정가 : 1억 3,000만 원
- 낙찰가 : 7,750만 원
- 취득세 및 등기 : 450만 원
- 총 투입비용 : 8,200만 원

임대 시세는 아래와 같다.

- 임대 시세 : 보증금 500만 원 / 월세 45만 원
- 수익률 : 7%

〈그림 5-6〉 임차인 현황 및 건물 등기부 요약

임차인현황 건물소멸기준 : 2021-11-02 / 배당종기일 : 2024-09-10 매각물건명세서 → 예상배당표 →

순위	성립일자	권리자	권리종류(점유부분)	보증금금액	신고	대항	참조용 예상배당여부(최저가기준)
1	사업 2022-05-12 확정 2022-05-12 배당 없음		상가임차인 42.5200 ㎡	보 5,000,000원 월 450,000원	X	없음	현황조사 권리내역
2	사업 2022-05-12 확정 2022-05-12 배당 없음	전자	상가임차인 42.5200 ㎡	보 5,000,000원 월 450,000원	X	없음	현황조사 권리내역
비고							보증금합계 : 10,000,000원 월세합계 : 900,000원

건물 등기 사항 건물열람일 : 2024-07-09 채권총액 : 190,800,000원 등기사항증명서 →

구분	성립일자	권리종류	권리자	권리금액	상태	비고
갑1	2021-10-18	소유권	아시아신탁		이전	보존
갑2	2021-11-02	소유권이전			이전	매매 신탁재산의 처분
을1	2021-11-02	(근)저당	수협은행	190,800,000원	소멸기준	
갑3	2024-06-28	임의경매	수협은행	청구: 179,467,458원	소멸	

2026년 1분기 기준 지식산업센터는 실사용이 아니라면 대출 비율이 크게 낮아졌다. 하지만 분양가 대비 절반 이하에 낙찰이 가능하므로 충분히 도전할 수 있다. 위 부동산은 대출 한 푼 없이 자기 자본 7,700만 원을 투입하면 매월 45만 원의 월세를 받을 수 있다. 앞으로 시장이 정상화될 때까지 잊고 지내면 된다. 노 레버리지 7%대 수익률에 만족하는 사람이 선택할 수 있는 투자다.

다음은 전용면적 18평, 분양가 약 2억 원대의 의정부시 고산동의 한 신축급 지식산업센터 경매다.

임직원 5~10명까지도 근무할 수 있는 공간이지만 현재 월세 수준은 40만 원 정도로 매우 낮게 형성되어 있다. 임대 시세가 앞으로 올라가리라 예상하고 입찰가를 써내면 안 된다. 특히 경기권의 지식산업센터 과잉 공급 충격은 2~3년이 더 지나야 어느 정도 마무리된다.

- 분양가 : 2억 원(수분양자는 약 80%의 대출을 받았다)
- 감정가 : 1억 2,300만 원
- 낙찰가 : 7,000만 원(28%)
- 취득세 및 등기비용 : 400만 원
- 총 투입비용 : 7,400만 원
- 현재 임대 조건 : 보증금 500만 원 / 월세 40만 원
- 실제 투자비용 : 6,900만 원

전액 현금 투자 시 6,900만 원이 소요되고 수익률은 7% 이상 나온다.

〈그림 5-7〉 감정가의 28% 선에 낙찰된 지식산업센터 경매 매물

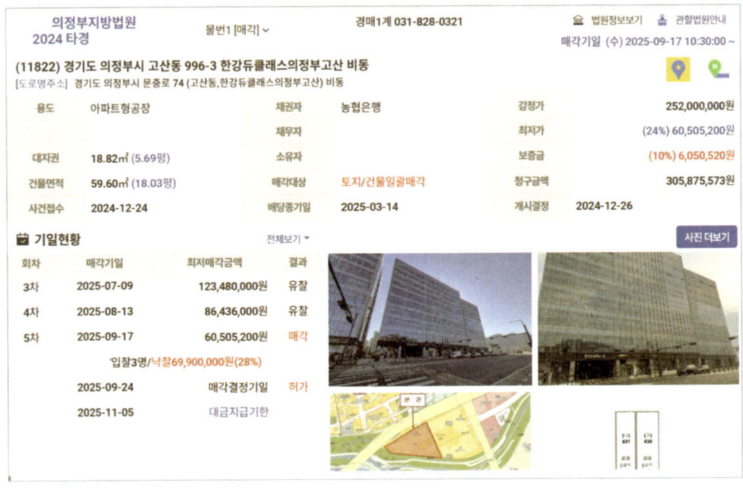

의정부지방법원
2024 타경
물번1 [매각]
경매1계 031-828-0321
법원정보보기
관할법원안내
매각기일 (수) 2025-09-17 10:30:00 ~
(11822) 경기도 의정부시 고산동 996-3 한강듀클래스의정부고산 비동
[도로명주소] 경기도 의정부시 문충로 74 (고산동,한강듀클래스의정부고산) 비동
용도 아파트형공장
채권자 농협은행
감정가 252,000,000원
채무자
최저가 (24%) 60,505,200원
대지권 18.82㎡ (5.69평)
소유자
보증금 (10%) 6,050,520원
건물면적 59.60㎡ (18.03평)
매각대상 토지/건물일괄매각
청구금액 305,875,573원
사건접수 2024-12-24
배당종기일 2025-03-14
개시결정 2024-12-26
기일현황
전체보기
사진 더보기
회차 매각기일 최저매각금액 결과
3차 2025-07-09 123,480,000원 유찰
4차 2025-08-13 86,436,000원 유찰
5차 2025-09-17 60,505,200원 매각
입찰3명/낙찰69,900,000원(28%)
2025-09-24 매각결정기일 허가
2025-11-05 대금지급기한

경기도 김포시 구래동의 지식산업센터도 비슷한 낙찰가율을 보인다.

- 분양가 : 1억 5,000만 원
- 감정가 : 9,000만 원
- 낙찰가 : 5,540만 원(37%)
- 취득세 및 등기비용 : 360만 원
- 기타 비용 : 100만 원
- 총 투입 비용 : 6,000만 원
- 현재 임대 조건 : 보증금 500만 원 / 월세 35만 원
- 실제 투자비용 : 5,500만 원

〈그림 5-8〉 감정가의 30%에 낙찰된 지식산업센터 경매 매물

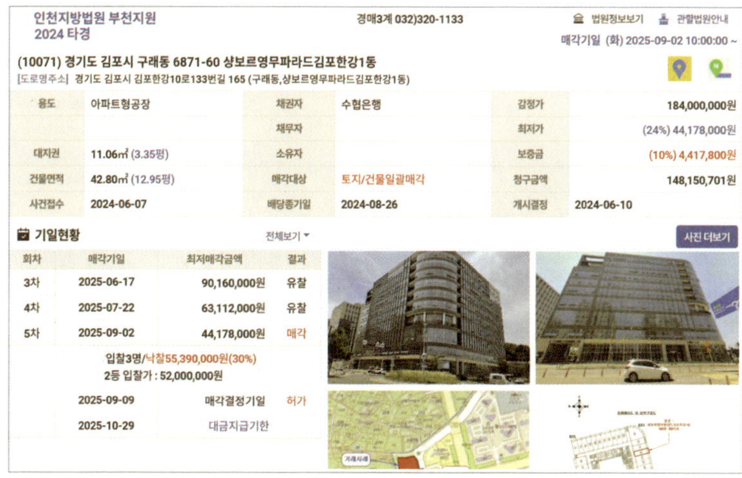

인천지방법원 부천지원
2024 타경

경매3계 032)320-1133

법원정보보기 관할법원안내

매각기일 (화) 2025-09-02 10:00:00 ~

(10071) 경기도 김포시 구래동 6871-60 샹보르영무파라드김포한강1동
[도로명주소] 경기도 김포시 김포한강10로133번길 165 (구래동,샹보르영무파라드김포한강1동)

용도	아파트형공장	채권자	수협은행	감정가	184,000,000원
		채무자		최저가	(24%) 44,178,000원
대지권	11.06㎡ (3.35평)	소유자		보증금	(10%) 4,417,800원
건물면적	42.80㎡ (12.95평)	매각대상	토지/건물일괄매각	청구금액	148,150,701원
사건접수	2024-06-07	배당종기일	2024-08-26	개시결정	2024-06-10

기일현황 전체보기

사진 더보기

회차	매각기일	최저매각금액	결과
3차	2025-06-17	90,160,000원	유찰
4차	2025-07-22	63,112,000원	유찰
5차	2025-09-02	44,178,000원	매각
	입찰3명/낙찰55,390,000원(30%) 2등 입찰가 : 52,000,000원		
	2025-09-09	매각결정기일	허가
	2025-10-29	대금지급기한	

최초 분양가 대비 3분의 1 수준에 낙찰되었다. 월세는 35만 원을 받을 수 있으며 수익률은 다음과 같다.

월 35만 원 × 12개월 = 연 420만 원

수익률 : 7.6%

이렇듯 대출 없이 소액으로 7%대의 수익률을 쉽게 올릴 수 있다.

다음은 경기도 시흥 배곧 신도시에 위치한 지식산업센터다. 분양 면적 60평대(전용 33평)로 3년 전 분양가가 3억 원이 넘었던 곳이다.

- 감정가 : 3억 5,000만 원

〈그림 5-9〉 감정자의 27%에 낙찰된 지식산업센터 경매 매물

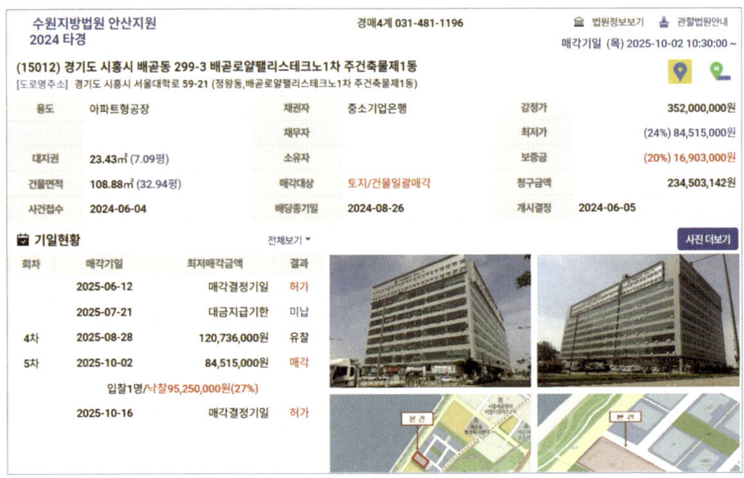

수원지방법원 안산지원 2024 타경　　경매4계 031-481-1196　　법원정보보기　관할법원안내

매각기일 (목) 2025-10-02 10:30:00 ~

(15012) 경기도 시흥시 배곧동 299-3 배곧로얄팰리스테크노1차 주건축물제1동

[도로명주소] 경기도 시흥시 서울대학로 59-21 (정왕동,배곧로얄팰리스테크노1차 주건축물제1동)

용도	아파트형공장	채권자	중소기업은행	감정가	352,000,000원
		채무자		최저가	(24%) 84,515,000원
대지권	23.43㎡ (7.09평)	소유자		보증금	(20%) 16,903,000원
건물면적	108.88㎡ (32.94평)	매각대상	토지/건물일괄매각	청구금액	234,503,142원
사건접수	2024-06-04	배당종기일	2024-08-26	개시결정	2024-06-05

기일현황　　전체보기　　사진 더보기

회차	매각기일	최저매각금액	결과
	2025-06-12	매각결정기일	허가
	2025-07-21	대금지급기한	미납
4차	2025-08-28	120,736,000원	유찰
5차	2025-10-02	84,515,000원	매각
	입찰1명/낙찰95,250,000원(27%)		
	2025-10-16	매각결정기일	허가

- 낙찰가 : 9,500만 원(27%)
- 취득세 및 등기비용 : 500만 원
- 총 비용 : 1억 원

2025년 10월 단독 낙찰로 매입가는 분양가의 약 4분의 1 수준이다.

- 임대 시세 : 보증금 1,000만 원 / 월 80만 원
- 실제 투자금 : 9,500만 원
- 수익률 : 10%

현재 임대 시세를 고집하기보다 월세 수준을 해당 건물에서 제일 낮

추면 공실 기간을 줄일 수 있다. 분양가 대비 약 4분의 1 수준에 낙찰받았기에 월세를 조정해 줄 수 있는 여지가 충분하다.

면적이 넓은 사무실은 부담스러워하지만 이런 중소형 사무실은 시세보다 20~30만 원만 싸게 임대해도 경쟁력이 생긴다.

월급처럼 월세 받는 부동산 경매

위의 다양한 사례에서 보듯 수익형 부동산 경매를 통해 6~10% 내외 수익률을 만들 수 있다. 대출을 활용한다면 수익률은 더 높아진다.

배가 아픈데 안과를 갈 순 없듯 내가 원하는 게 무엇인지를 먼저 알아야 그 방향을 찾아갈 수 있다. 간혹 자신이 무엇을 원하는지도 모른 채 남들 따라 부동산 투자에 성급히 뛰어드는 이들을 본다. 내 소득수준, 레버리지 가능 비율, 은퇴 시점, 투자 성향 등에 따라 내 목적에 부합하는 부동산을 찾아내는 게 먼저다. 그리고 그것을 매입하기 위해 발품을 팔고 매 건을 비교하고 생각하는 수고가 필요하다. 1년, 아니 몇 달만 꾸준히 해도 그런 부동산 몇 개는 나타나기 마련이다.

많은 사람들이 아파트만 쳐다보거나 멈춰있는 사이 경매와 부동산 시장의 흐름을 아는 사람들은 오피스텔, 지식산업센터 같은 수익형 부동산을 헐값에 낙찰받고 있다.

많이 유찰된 먼 곳보다 집과 사무실 인근 수익형 부동산부터 관심을 두길 바란다. 어느 지역이 얼마에 낙찰되고 몇 %의 수익률에 맞춰 낙찰되는지 꾸준히 검색하고 공부하면 월세 수입이 나오는 부동산을 취득할 수 있다.

위의 실투자금을 보면 비교적 소액으로 현금흐름을 만들 수 있다는 것을 보여준다. 현재 대출 규제는 주거용 부동산에 한하며 비주거용 부동산은 소득 증빙에 따라 여전히 50~80% 수준의 대출이 가능하다.

수익형 부동산 투자는 책상에서 최대한 손품을 팔고, 현장에서 확인하는 방법이 가장 좋다. 그 수고에 대한 대가는 월급처럼 매달 통장에 정해진 월세가 들어오는 것이다. 이것이 당신의 삶의 질을 확실히 높여줄 것이다. 경기가 좋지 않을 때는 기대감을 낮추고 현상 유지만 해도 이길 수 있는 게임을 하는 게 낫다.

돈 되는 꿀팁

알아두면 쓸 데 많은 임대차 계약의 기술

매매가에도 영향을 주는 임대차 계약 기술

아파트를 경매로 낙찰받았고 간단한 인도명령 절차로 명도를 마쳤다고 하자. 이제 임대를 해야 하므로 꾸미는 기술이 필요하다. 아파트든 오피스텔이든 명도 이후 청소는 필수다.

좋은 청소 용역 업체들이 많다. 해당 전문가에게 합당한 비용을 지불하고 원하는 서비스를 받자. 보통 평당 1만 원 이상의 비용이 든다. 그들은 내 집의 가치를 끌어 올려줄 고마운 사람들이다. 괜한 돈을 쓰는 게 아니라 가치를 올린다고 생각하는 게 나중을 위해서 훨씬 이득이다. 내가 할 수 있는 방법을 다 동원하여 가치를 높이는 것이 임대관리의 첫걸음이다.

한번은 낙찰받은 물건을 청소하는 것을 보고 자신에게 세를 달라며 먼저 말을 걸어온 사람도 있었다. 당연히 그렇게 했다. 동일한 조건이라면 깔끔한 게 먼저 나간다.

신발장에 방향제도 넣어두고 모델하우스에서 쓰는 슬리퍼도 갖다 놓자. 20평대는 2개, 30평대는 3개, 40평대는 4개면 적당하다.

임차인이 들어오면 시설물에 대해 설명도 할 겸 음료수나 휴지를 사 들고 찾아가기도 한다.

"사는 동안 불편한 게 있으면 말씀해주세요."

어차피 보일러나 빌트인 가전제품 등은 집주인이 고쳐주게 되어 있다. 하지만 말이라도 이렇게 하면 임차인은 '아, 신경을 써주는구나' 하고 고마워한다. 그럴 때 이렇게 덧붙인다.

"단 월세 연체는 피해주세요. 매달 내야 하는 이자가 있어서 연체되면 매우 곤란합니다."

아무것도 아닌 것 같지만 이 한마디로 연체 확률을 줄일 수 있다.

이 밖에도 월세를 올릴 때는 합리적인 이유가 있어야 하고, '밀당'도 적당히 할 줄 알아야 한다. 월세 10만 원 자체는 작게 느껴질 수 있지만 수익률 면에서 보면 큰 액수다. 그리고 정해진 수익률은 이후 매매가에도 영향을 미친다.

임대차 계약 시 반드시 피해야 하는 무보증 월세

임대하다 보면 보증금을 낮추는 대신 월세를 올려주겠다는 제의를 가끔 받는다. 나는 월세가 조금 낮아도 보증금이 높은 것을 선호하지만, 마침 공실 상태라면 유혹에 흔들리기 십상이다. 특히 현재 이자와 관리비가 부담스럽다면 들어오려는 임차인에게 감사한 마음마저 들며 덥석 계약하게 된다. 보증금 2,000만 원에 월 80만 원이 임대 시세라고 가정하면 보증금을 500만 원 또는 1,000만 원에 월 100만 원으로 계약하는 것이다.

상가, 지식산업센터 같은 수익형 부동산은 보증금을 월차임의 10배로 산정하는 것이 일반적이다. 예를 들면 월세가 150만 원인 사무실이라면 임대보증금은 1,500만 원이 산정된다. 하지만 주거용이면서 담보가치가 있는 아파트, 빌라, 고급 오피스텔, 주상복합 등은 최소한 12~24개월 이상의 넉넉한 보증금을 받아두는 편이 좋다. 내부 옵션이 잘 되어 있는 경우 소액의 보증금을 받는다면 월세를 끝까지 연체해 보증금을 모두 소진하고 TV, 세탁기, 오븐, 전자레인지, 주방기구 등을 모조리 떼어가서 팔아버리는 일도 있으니 주의하자.

이를 몸소 깨우치게 된 계기가 있었다. 때는 수년 전, 금요일 밤에 지인들과 소위 불금을 보내고 있었다. 그때 전화 한 통이 걸려 왔다. 업무시간 외에 모르는 번호는 전화를 잘 받지 않는데, 그날따라 얼떨결에 전화를 받았다. 얼마 전 낙찰받은 지역의 부동산 중개업소 사장님이었다. 대형 평수의 아파트를 낙찰받아 임대 문의를 해놓았는데,

마침 내일 바로 들어올 분이 계시다는 것이다. 그러면서 보증금을 3,000만 원에서 1,000만 원으로 낮춰줄 수 없겠느냐고 하신다. 명색이 50평대 신축급 대형 아파트인데 그래도 보증금 1,000만 원은 너무하지 않느냐고 묻자, 미국 시민권자이고 한국에 1년 정도 체류하시게 되었단다. 전에도 집을 구하러 오셨던 분으로 차도 멋진 수입차라고 하면서 걱정 안 하셔도 될 것 같다는 말을 덧붙였다.

어차피 공실 상태인데 술김에 그러시라고 하고 전화를 끊었다. 그러고는 100만 원의 입금 알림이 왔다. 계약금으로 보낸 듯했다. 다음 날 중개업소에서 임대차계약을 하기 위해 만났다. 멋진 슈트를 차려입은 미국 시민권자(?) 60대의 신사로, 준수한 외모가 인상적이었다. 오늘 나머지 잔금 900만 원을 치러야 하는데 토요일이라 출금할 수 없었다고 한다. 한국은 토요일에도 얼마든지 은행 CD기를 통해 인출할 수 있다고 하자 여권과 여행자 수표를 꺼내시며 1,000달러를 기재하더니 본인의 서명을 했다. 그러면서 한국 ○○은행에 예금(deposit)이 있으니, 월요일에 확인하면 될 것이라고 했다. 예전에 엄청난 덩치의 건달 10여 명이 나의 대형 아파트를 합숙소로 이용한 적도 있고, 임차인들이 서버를 두고 불법 도박장을 개설해 형사님들에게 수사협조를 의뢰받은 적도 있다. 하지만 이런 경우는 또 처음이었다.

나는 경로우대 사상이 투철하다. 현금 카드가 없어 인출은 어렵고 월요일에 은행 문이 열리면 찾아서 입금하겠다. 주말 이틀을 호텔에서 자기에는 좀 그러니 사정을 봐주면 감사하겠다는 말에 계약금을 100만 원 더 넣는 것으로 하고 믿어드리기로 했다.

약속된 월요일, 은행 마감 시간까지도 아무런 연락이 없었다. 혹시나 하면서도 일부러 먼저 연락하지 않았다. 기다리다 퇴근 후에 전화했더니 전원이 꺼져 있다. 다음 날 중개업소 사장님에게 전화가 온다. 중개수수료를 주기로 했는데, 연락이 안 된단다.

역시 불길한 예감은 틀리지 않는다. 그제야 아차 싶었다. 호의를 베푸는 것이 아니었구나. 당시 워낙 바쁘기도 했고, 그래도 며칠을 더 기다려 보기로 했다. 일주일 후 문자가 왔다. 미국에 다시 갔다 와야 하는데 열흘 정도 걸린다고. 걱정하지 말라고. 슬슬 열이 받았다. 혹시나 해서 여권에 있는 이름으로 인터넷 검색을 하기 시작했다. 그러던 중 우연히 한 카페글이 검색 되었다. 'PAUL X KIM'이라는 분이 이태원의 ○○호텔에 자주 나타나며, 전문적으로 사기를 치는 사람이라는 내용과 함께 여러 피해자의 댓글이 있었다. 거주지가 불분명한데 주소를 알고 싶다는 이도 있었고, 잡히기만 하면 어찌한다는 섬뜩한 내용도 있었다. 수소문 끝에 최근에는 한 인테리어업체 사장에게 공사대금을 주지 않아 피소를 당한 사실도 알게 되었고, 연락처까지 확보했다. 이제는 돈이 문제가 아니라 호의를 기만으로 돌려주는 그분에게 정당한 대가를 치르게 하고 싶었다.

정중히 문자를 드렸다. 말씀하신 열흘은 기다려드린다고. 하지만 계약서상 특약에 따라 잔금납부 불이행으로 인한 명도가 진행될 예정이라고 통보했다(다행히 특약에 유체동산포기각서 사인을 받아두었다).

하루당 얼마씩 계산해 계약금은 돌려드릴 테니, 열흘 안에 비우지 않으시면 계약서상 특약에 따라 강제개문 후 내부에 있는 유체동산은 모두 폐기처분 할 것이라고 했다. 그러나 아무리 특약사항이 있더라도 남의 물건을 함부로 건드리면 안 된다. 추후 법적으로 분쟁이 생겼을 때 정상참작이 가능할 뿐, 불법 행위가 성립할 수 있다. 주거침입죄나 재물손괴죄는 형사고발 대상이다(초범은 약식기소나 벌금형을 받게 되지만, 그들도 비용 문제와 경찰을 싫어하기는 마찬가지라서 소송을 걸어오는 경우는 드물다).

열흘째 되는 날, 주차장에 그분의 차가 있는 것을 관리소장님을 통해 확인했다. 새벽 3시쯤, 친분이 있는 열쇠업자를 데리고 집에 찾아갔다. 분명히 거실에 불이 켜져 있고 TV 소리가 나는 것을 들었는데, 벨을 눌러도 인기척이 없었다. 장비를 이용해 강제로 문을 열려고 하자 그제야 자고 있었다며 잠옷 차림으로 나왔다. 나를 보더니 진정하시라고 커피를 내오신다. 제가 무슨 일을 하는지 아시냐고 묻자 중개업소 사장님과 관리소장님을 통해 들었다고 한다. 합법적으로 또는 비합법적으로 얼마든지 사장님을 명도할 수 있다고 마지막으로 통보했다. 그러자 처음부터 이럴 생각은 아니었으며, 돈이 곧 마련될 것 같으니 며칠만 시간을 달라고 간곡히 부탁하셨다.

만일 나가지 않고 버틴다면 폐기처분은 하지 못하니 인근 컨테이너 보관업체에 보내려고 예약까지 해둔 참이었다. 물론 운반 및 보관비용은 내가 부담해야 한다. 계약금으로 받은 200만 원을 활용할 생각이었다.

며칠 후 이사 약속일, 관리사무실에 연락해 아침에 이삿짐 차가 도착했는지 확인부터 했다. 다행히 아침부터 짐을 싣고 있다고 했다. 그 얘기를 듣고 현장으로 달려가서 집 내부 상태를 확인했다. 그리고 월차임 100만 원을 거주 기간에 맞춰 보증금에서 공제한 후 10원 단위까지 정확히 돌려드렸다. 이사비만 두 번 날리게 되었다며 투덜거리면서 신사분은 그렇게 떠나갔다.

3주 후, 정상적인 보증금을 받고 다시 계약했다. 처음 그 임차인을 소개해주신 중개업소 사장님은 중개수수료는 고사하고 나에게 원망만 들었으니 억울하기도 할 것이다.

토요일과 일요일, 국경일에는 법원, 은행, 등기소를 비롯한 모든 관공서가 쉬기 때문에 수표입금 등에도 어려움이 있다. 금요일 업무시간 이후부터 일요일 사이의 계약과 잔금을 주의하자. 특히 매매 잔금은 어떠한 경우라도 당일 소유권이전 접수가 되어야 하므로 토요일과 일요일, 공휴일은 잔금일이 될 수 없다. 임대차도 마찬가지다. 잔금 전액 입금 전에는 함부로 비밀번호 등을 알려줘서는 안 된다. 특히 연휴가 긴 경우 아무 권리변동이 없으면 좋겠지만, 등기부상 아직 기재되지 않은 권리가 튀어나올 수도 있다.

이후 그분의 소식을 인근의 중개업소 사장님으로부터 들을 수 있었다. 가까운 옆 단지로 이사했는데, 임대인이 현재 명도소송 중이란다. 아마도 비슷한 수법으로 입주부터 했을 것이다. 그때 시간을 내어서라도 경찰서에 신고했다면 피해자가 더는 발생하지 않았을 텐데 하는 생각이 들었다. 관리하는 부동산이 많아 되도록 임차인들의 편의를 봐드리는 편인데, 이런 분 때문에 선량한 다른 임차인들이 피해를 본다. 잘 해결되기는 했으나 원칙대로 하지 않아 생긴 일이었다.

월세 조건이 좋다고 보증금을 적게 받으면 나중에 임차인에게 끌려다닐 수 있다. 이는 앉아서 돈 빌려주고 엎드려 빌려준 돈 받는 것과 비슷하다. 더는 공제할 보증금이 없어 이사 비용을 줘가며 제발 나가만 달라고 하는 경우도 보았다. 아무리 수익률이 높아도 무보증 월세는 피하자. 최소한 월세의 1년분 이상의 보증금을 받아두자. 보증금을 높게 받아두는 것이 가장 속 편하다.

무조건 이기는 오피스텔 경매 투자법

현금흐름과 시세 차익을 동시에, 오피스텔 경매

단기간에 서울 아파트 가격이 거침없이 오르자 이를 대체할 수 있는 오피스텔 수요가 늘고 있다. 나 또한 괜찮은 오피스텔 매물 하나를 눈여겨 보고 있었다. 위치는 9호선 가양역과 증미역 사이로 여의도, 강남 권역으로 출퇴근하는 사람들이 많다.

9호선 라인은 급행 노선이 있어 여의도역과 고속터미널역, 신논현역 등 핵심지와 강남권을 20분대에 빠르게 도착할 수 있다. 그래서 실제로 서쪽은 김포공항부터 여의도, 강남에 직장을 둔 사람들이 선호한

〈그림 5-10〉 등촌동 경매 예

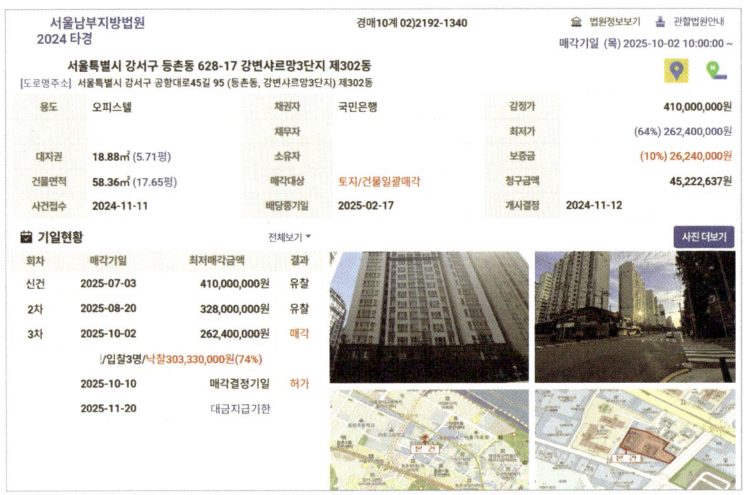

서울남부지방법원 2024 타경

경매10계 02)2192-1340

법원정보보기 관할법원안내

매각기일 (목) 2025-10-02 10:00:00 ~

서울특별시 강서구 등촌동 628-17 강변샤르망3단지 제302동

[도로명주소] 서울특별시 강서구 공항대로45길 95 (등촌동, 강변샤르망3단지) 제302동

용도	오피스텔	채권자	국민은행	감정가	410,000,000원
		채무자		최저가	(64%) 262,400,000원
대지권	18.88㎡ (5.71평)	소유자		보증금	(10%) 26,240,000원
건물면적	58.36㎡ (17.65평)	매각대상	토지/건물일괄매각	청구금액	45,222,637원
사건접수	2024-11-11	배당종기일	2025-02-17	개시결정	2024-11-12

기일현황 전체보기 ▾ 사진 더보기

회차	매각기일	최저매각금액	결과
신건	2025-07-03	410,000,000원	유찰
2차	2025-08-20	328,000,000원	유찰
3차	2025-10-02	262,400,000원	매각
	/입찰3명/낙찰303,330,000원(74%)		
	2025-10-10	매각결정기일	허가
	2025-11-20	대금지급기한	

다. 강남, 여의도에 비해 상대적으로 임대료가 저렴하기 때문이다.

9호선 라인 아파트 및 오피스텔은 전세 수요는 물론이고 월세를 시세보다 조금만 낮추면 빠른 임대가 가능하다. 하지만 현재 나와 있는 매물은 비싸다. 경매로 매입하면 시세보다 조금 낮게 월세를 놓을 수 있는 여지가 생기고, 이는 공실 리스크를 크게 낮출 수 있음을 의미한다.

위의 매물에 대한 매매가, 임대 시세, 실투자금, 수익률은 다음과 같다.

- 감정가 : 4억 1,000만 원
- 낙찰가 : 3억 300만 원(74%)
- 취득세 : 1,400만 원
- 기타 비용 : 200만 원

〈그림 5-11〉 등촌동 매물 전세가 및 월세 시세

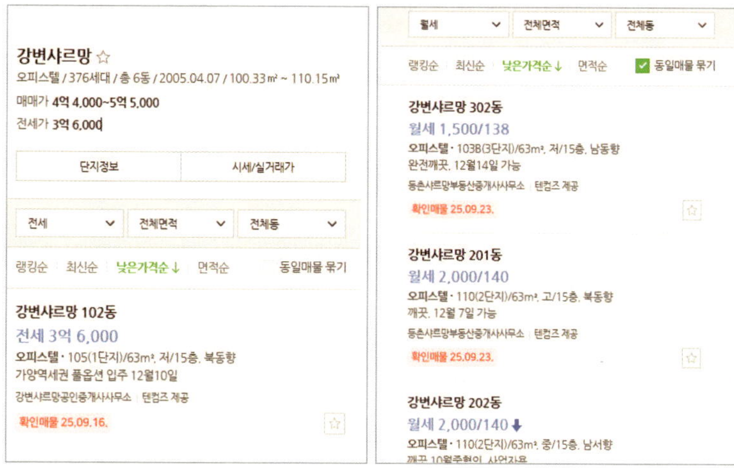

- 총 투입비용 : 3억 1,900만 원
- 전세가 : 3억 6,000만 원
- 월세 시세 : 보증금 2,000만 원/월세 140만 원

경매를 통해 성공적으로 오피스텔을 매입했다고 해도 거기서 게임이 끝나는 것은 아니다. 매입 이후 출구 전략이 필요하다. 일반적인 전략은 총 3가지다. 이 중 한 가지를 자신의 현재 상황에 맞게 선택할 수 있다.

1. 시세차익 투자를 원한다면

전세를 주어 투자금 전부를 회수한다. 현재 서울 아파트 전세 공급이 부족한 상태다. 대출이 없고 집이 깨끗하다면 오피스텔이라도 빠른 임대 계약이 가능하다.

취득세, 등기비용을 포함한 총 투입 비용은 3억 1,900만 원, 전세금 3억 6,000만 원을 받으면 4,000만 원의 종잣돈을 만들 수 있다. 서울 부동산을 내 것으로 만들고 현금도 생기는 것이다. 이를 종잣돈 삼아 다른 투자에 활용할 수 있다.

내 돈 한 푼 안 들이고 소유가 가능하지만, 물가상승률 이상으로 오를 자산이어야 의미가 있다. 지하철역 가까운 오피스텔의 매매가 및 임대료는 장기적으로 물가상승률을 충실히 따라가고 있다.

2년 후 임대 만기 시점 매각하거나 전세가를 올려 투자금을 추가로 만들어도 좋다. 내 돈이 들어간 게 없기에 마음 편히 결정할 수 있다.

2. 월세 수익을 원한다면

낙찰가의 60~70% 대출을 받아 실투자금을 줄여 월세를 받는다. 예를 들어보자.

- 낙찰가 : 3억 300만 원
- 총 매입 비용 : 3억 1,900만 원
- 대출 : 2억 1,200만 원(낙찰가의 70%)
- 대출 이자 : 74만 2,000원(금리 4.2%)
- 보증금 회수 : 2,000만 원
- 총 투입비용 : 8,700만 원

- 순 월세 : 65만 원(140만 원 - 75만 원)
- 수익률 : 5.6%
- 레버리지 수익률 : 9%

인서울 역세권 부동산 수익률을 고려했을 때 5.6%의 수익률은 낮지 않다. 추후 금리 인하 시 레버리지 수익률은 높아지고 그에 따라 매매가도 상승할 수 있다.

하지만 금리가 내리지 않거나 시세가 오르지 않아도 상관없다. 현재 시세만 유지해도 1억 원의 시세차익을 볼 수 있기 때문이다.

3. 단기 매도를 원한다면

총 매입 비용이 3억 1,900만 원이 든 매물의 2025년 12월 기준 최저가 매물 시세는 4억 4,000만 원이다. 오피스텔은 아파트에 비해 환금성이 낮으므로 가격을 다소 내려야 거래가 된다. 최저가 매물보다 약 8,000만 원 싸게 내놓으면 즉시 매도가 가능하다.

단기에 약 4,000만 원이 생기지만 양도소득세를 감안하면 그리 좋은 선택이 아니다. 급전이 필요하거나, 단기 투자를 통해 빠르게 시드머니를 늘리고 싶다면 이런 방식의 투자가 가능하다. 다만 다수의 입찰과 현장 조사를 반복해야 하는 수고가 필요하다.

이렇듯 서울, 경기 역세권 오피스텔은 현재의 주택에 초점이 맞춰진 대출 규제 대상이 아니므로 이를 피해 갈 수 있다. 장기 보유가 가능한 중요 포인트는 아파트를 대체할 수 있어야 한다는 것이다.

한 번의 낙찰로 은퇴 가능한 다가구, 건물 경매 투자법

초보자도 도전할 수 있는 다가구, 꼬마 건물 경매 투자

주된 일자리에서 퇴직하는 나이 평균 50세, 수명은 100세 시대가 다가오고 있다. 법정 정년을 60세에서 65세로 연장하는 법이 새로 만들어진다고 하더라도 무려 30년 내외를 더 살아야 한다.

갈수록 복지비용이 늘어나는 정부와 자식들의 도움을 기대하기가 어렵고 국민연금만으로 노후 생활을 보장받기도 어렵다.

노인이 되어서도 일을 해야 하는 상황에 내몰리는 것은 누구나 바라는 상황이 아닐 것이다. 퇴직 후에 뛰어들면 늦다. 우리는 그 전에 준비해야 한다.

아래는 현금흐름을 만드는 방법과 생각해봐야 할 리스크다.

1. 소유한 부동산을 통해 임대 소득 창출하기 → 리스크 : 금리상승 위험, 공실 위험
2. 주식 배당금을 받는 방법 → 리스크 : 높은 변동성, 주가/배당금 하락 위험
3. 은행 등 금융기관에서 이자 받는 방법 → 리스크 : 많은 자금 투입, 수익률 낮음, 인플레이션 위험
4. 연금으로 생활비를 충당하는 방법 → 리스크 : 공무원, 군인, 전문직 등 일부 직업군의 혜택
5. 자영업 등 개인 사업 → 리스크 : 장기 생존 확률 낮음
6. 노동력을 제공해 임금을 받는 방법 → 리스크 : 정년 있음, 비자발적 퇴사 위험

1번에서 3번은 누구나 바라는 형태의 현금 창출 방법이다. 많은 이들이 월세를 받고 싶어 하고 상가, 오피스텔 등의 수익형 부동산을 떠올린다. 하지만 대출 금리 상승, 공실 리스크가 있다.

매달 나오는 상가 월세로 생활비를 충당하는 임대인이 있다고 치자. 경기 악화로 임차인이 나가고 공실 기간이 길어진다면 매달 나가는 대출 이자와 관리비는 큰 부담으로 다가온다. 게다가 상가, 오피스텔 등 수익형 부동산은 꾸준히 시세가 오르는 상품도 아니다.

부동산의 임대료를 한 두 곳에서 받아 생활비를 쓴다면 리스크에 노출된 상태다. 하지만 같은 돈으로 이를 10여 곳으로 늘릴 수 있다면 어떨까? 시세차익도 노릴 수 있고 연금처럼 안정적인 월세가 나오는 상품은 없을까? 놀랍게도 있다. 바로 다가구 주택이다.

상가, 지식산업센터, 오피스텔은 보통 한 채의 부동산에서 하나의 월세가 나온다. 그러나 다가구 주택은 10가구 내외인 경우가 많기에 단 한 채의 투자로 노후 준비가 가능하다. 단, 기업체나 대학교 인근 등 입지가 중요하고 임대 관리 능력이 필요하다.

임대 중에 자연 공실이 발생해도 여러 곳에서 월세가 들어오기에 대처할 수 있는 시간이 있다. 임차인이 장기간 들어오지 않는 장기 공실 리스크도 월세 수준이 높지 않기에 상가나 지식산업센터에 비하면 낮은 편이다.

실제로 상업용 부동산의 경우 한번 상권이 무너지면 제발 관리비만 내고 공짜로 쓰라고 해도 들어오지 않아 리스크가 높아진다. 그렇기 때문에 상업용 부동산 한 채에 올인하는 투자 방식은 지양해야 한다. 하지만 주거용 부동산은 최악의 경우라도 월세를 낮추면 어떻게든 나간다.

경매 낙찰 이후 명도 걱정 역시 하지 않아도 된다. 대부분 원룸이거나 투룸 이하이기에 임차인들이 오래 머문다는 생각을 하지 않으며 짐도 거의 없다.

이처럼 다가구 주택은 내 땅을 소유하면서 거주할 수 있으며, 월세 수익이 발생한다는 장점이 있다. 땅값과 건축비가 매년 상승하기에 현재 시세보다 싸게 매입하면 웬만해서 손해 볼 일이 없다.

다가구 주택 경매 실제 사례

현재 전국에 진행 중인 다가구 주택 경매사건은 서울 30건 포함 전국 220채 정도다. 수도권, 광역시 대학가, 산업단지 인근에 입찰할 수 있는 다가구 매물이 2026년 줄줄이 나올 예정이다.

여기에는 2023년~2025년 임차인의 보증금을 돌려주지 못해 나오는 매물이 다수 포함되어 있다.

〈그림 5-12〉 대전 다가구 주택 경매 예

대전광역시 중구 문창동
[도로명주소] 대전광역시 중구 문창로

용도	근린주택	채권자	대전서부새마을○○	감정가	2,442,701,360원
대장용도	단독주택	채무자		최저가	(49%) 1,196,924,000원
토지면적	324㎡ (98.01평)	소유자		보증금	(10%) 119,692,400원
건물면적	689.18㎡ (208.48평)	매각대상	토지/건물일괄매각	청구금액	767,658,200원
사건접수	2023-06-14	배당종기일	2023-09-20	개시결정	2023-06-15

기일현황 전체보기 ▾ 사진 더보기

회차	매각기일	최저매각금액	결과
신건	2024-01-16	2,442,701,360원	유찰
3차	2024-03-26	1,196,924,000원	매각
	/입찰7명/낙찰1,560,000,000원(64%) 2등 입찰가 : 1,477,900,000원		
	2024-04-02	매각결정기일	허가
	2024-05-02	대금지급기한 납부 (2024.05.02)	납부
	2024-06-12	배당기일	완료

변경공고
변경 내용 없음

감정평가현황 창천감정 , 가격시점 : 2023-07-04 감정평가서 →

토지	건물	제시외건물(포함)	제시외건물(제외)	기타(기계기구)	합계
1,377,000,000원	1,015,901,360원	49,800,000원	x	x	2,442,701,360원

〈그림 5-13〉 서울 송파구 다가구 주택 경매 예

자금력이 있다면 서울 역세권을 노리는 게 낫지만, 꼭 인서울 다가구 주택만 고집할 필요는 없다. 서울 땅값만 오르는 게 아니기 때문이다. 지방, 광역시급 7~10% 이상 수익률이 나오는 다가구 주택 경매는 계속 나오고 있다. 공실 없이 건물 관리가 잘되고 8% 내외의 수익률만 맞춰놓으면 매도 역시 가능하다.

전문 투자자들은 시행사의 토지 매입 정보를 듣고 진입하기도 하며 낙찰 후 전체 세대를 전세로 맞추고 투자금을 전액 회수하거나 플러스피(임대 보증금〉매입가 및 부대비용)로 만든다.

다음은 2024년 5월에 잔금을 치른 다가구 주택이다. 입주 5년 차 4층 건물로 신축에 속한다.

- 전체 감정가 : 약 24억

• 대지 감정가 : 13억 7,700만 원

• 건물 감정가 : 10억 원

대지 100평인 4층 주택이 15억 6,000만 원에 낙찰되었다.

비교하기 나름이지만 현재 기준 서울 마포구 24평형 아파트 한 채 가격도 안 되는 돈이다.

이 곳은 한 시행사가 개발을 진행하려는 곳으로 평균 보상 예정가는 2,700만 원 선이다. 1군 건설사 H사, P사가 붙었을 만큼 개발 의지가 강하다. 보상 협의 예정이며 현재는 모든 호실에 대한 임대를 맞춘 상태다.

재정비 촉진구역, 구역 재개발 지역 등의 개발 호재가 있는 곳의 투자도 좋지만 처음에는 자신이 잘 아는 지역, 시세 파악을 쉽게 할 수 있는 곳부터 찾아보면 좋다.

중개업소 몇 곳을 들려 시세 조사를 꾸준히 하다보면 특정 지역 시세에 대한 감을 잡을 수 있다.

해당 다가구 건물의 구성을 살펴보자. 1층 상가는 임대 시세 보증금이 2,000만 원에 월세가 80만 원이다. 2층에는 5개, 3층에는 3개 그리고 4층에는 3개의 호수가 있어 총 14곳에서 월세를 받을 수 있었다. 평형과 방 개수에 따라 임대료에 차이가 있다. 시세는 다음과 같다.

• 월세 시세

– 3룸 : 보증금 2,000만 원 / 월세 85만 원

– 2룸 : 보증금 2,000만 원 / 월세 65만 원

– 1.5룸 : 보증금 1,000만 원 / 월세 50만 원

• **전세 시세**

– 3룸 : 1억 5,000만 원

– 2룸 : 1억 2,000만 원

– 1.5룸 : 8,000만 원

호수별 임대 시세는 〈표 5-1〉과 같다.

임대 보증금으로 6억 5,000만 원을 회수하고 월세는 약 540만 원을 받을 수 있다. 모두 전세로 세팅하면 전세가가 낙찰가를 넘어선다.

자금력에 따라 전세, 월세를 조절할 수 있는 것은 다가구 투자의 장점 중 하나다.

임대 세팅 이후 보증금으로 투자금을 모두 회수한다고 하더라도 먼저 낙찰 잔금을 치러야 한다. 열 가구 이상의 모든 임대를 맞추는 데는 짧게는 3개월, 길게는 6개월 내외의 시간이 걸리므로 투자금 회수 기간을 6개월 이상 넉넉히 잡아둔다.

352쪽의 〈그림 5-14〉는 2024년 6월 잔금을 치른 서울 은평구 갈현동의 다가구 주택 경매다. 지하철 3호선을 도보로 이동할 수 있는 매물이고 감정가는 15억 6,000만 원이다.

대지 시세는 평당 3,000만 원으로 형성되었으나 이 가격에 매수세는 없었다. 1992년 준공으로 오래된 터라 건물 가치는 거의 없다고 보

〈표 5-1〉 해당 건물 임대 시세

호수	면적(평)	방갯수	보증금	월세
101	31.77	근생	2,000	80
201	7.99	1.5	2,000	40
202	9.06	2	2,000	60
203	8.82	2	2,000	60
204	9.07	2	2,000	60
205	8.14	1.5	2,000	40
301	7.99	1.5	2,000	40
302	9.06	2	2,000	60
303	8.82	2	2,000	60
304	9.07	2	12,000	-
305	8.14	1.5	2,000	40
401	12.12	2	11,000	-
402	26.27	2	11,000	-
403	11.12	2	11,000	-
		합계	65,000	540

았다.

현장 조사 결과 1층과 2층에 임차인이 거주 중이고 지하 2개 호실에도 사람이 살고 있다. 3층은 주인 세대 거주 중이었다. 결론적으로 지하층은 소액 월세로 임대를 주면 되고, 나머지도 새로 인테리어를

〈그림 5-14〉 서울 은평구 다가구 주택 경매 매물

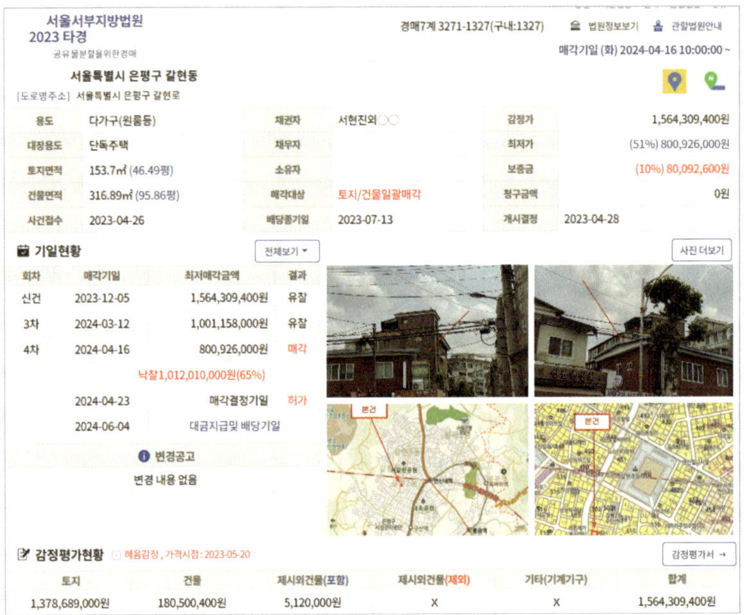

하면 1층, 2층, 3층 모두 각 2억 정도의 전세금 회수가 가능하다.

이 경매 사건은 소유자가 자녀들과의 의견 차이로 일부러 경매로 매각하는 경우다. 8명이 경합하여 결국 10억 원에 팔렸다. 이는 감정가 대비 약 65% 낙찰가율을 보인다. 인근 대지 55평에 2019년 준공된 매물은 21억 원에 거래되었으며 임대보증금 5억 원, 월세 500만 원 수준이다.

많은 사람들이 치솟는 경쟁률의 아파트에 관심을 가질 때 서울 및 광역시 요지의 땅을 싸게 살 수 있는 다가구 경매가 새로운 대안이 될 수 있다.

수익률 높일 수 있는 외국 도시 민박업

마지막 예시로 2024년 9월 감정가 12억의 마포구 동교동에 위치한 다가구 주택이 경매로 나와 살펴보았다.

경의선 숲길을 끼고 있으며 2호선 홍대입구역, 신촌역 중간에 위치해 입지가 좋은 편이다.

해당 물건 현재 시세는 평당 4,000~4,500만 원 정도로 형성되어 있

〈그림 5-15〉 서울 마포구 다가구 주택 경매 매물

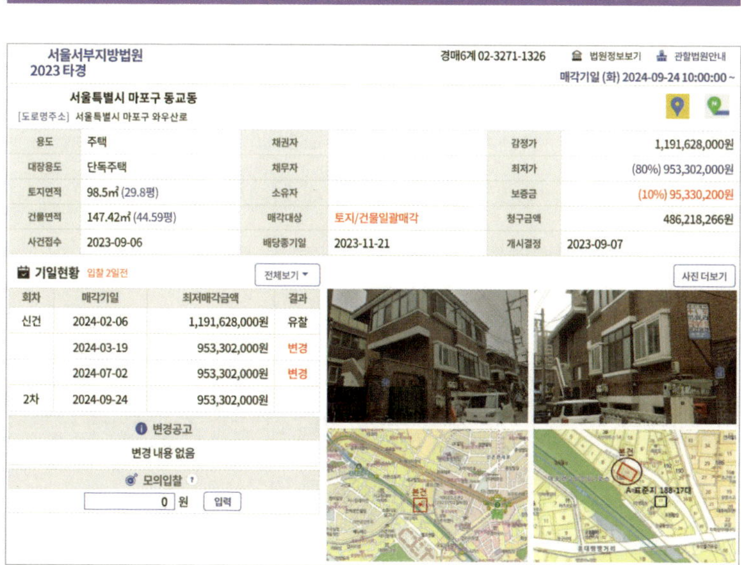

서울서부지방법원
2023 타경

경매6계 02-3271-1326 법원정보보기 관할법원안내
매각기일 (화) 2024-09-24 10:00:00 ~

서울특별시 마포구 동교동
[도로명주소] 서울특별시 마포구 와우산로

용도	주택	채권자		감정가	1,191,628,000원
대장용도	단독주택	채무자		최저가	(80%) 953,302,000원
토지면적	98.5㎡ (29.8평)	소유자		보증금	(10%) 95,330,200원
건물면적	147.42㎡ (44.59평)	매각대상	토지/건물일괄매각	청구금액	486,218,266원
사건접수	2023-09-06	배당종기일	2023-11-21	개시결정	2023-09-07

기일현황 입찰 2일전 전체보기 사진 더보기

회차	매각기일	최저매각금액	결과
신건	2024-02-06	1,191,628,000원	유찰
	2024-03-19	953,302,000원	변경
	2024-07-02	953,302,000원	변경
2차	2024-09-24	953,302,000원	

변경공고
변경 내용 없음
모의입찰
0 원 입력

〈그림 5-16〉 해당 건물 위치

는데, 인근 아파트 시세와 비교할 때 매력적으로 다가올 수 있다.

해당 다가구 주택의 장점은 좋은 입지 외에도 '에어비앤비'라고 불리는 숙박업 중 하나인 '외국인 도시민박업'으로의 활용이 가능하다는 것이다.

합정, 상수, 홍대 지역은 호스트들의 수요가 가장 많은 곳 중 하나다. 현장 조사 중에도 호스트들이 줄지어 다니며 중개업소에 매물이 나오면 꼭 연락을 달라고 명함을 돌리고 있었다.

이 경매 사건은 일반적인 임차인들을 들이기보다 관련 임대사업 호스트를 임차인으로 두는 것이 수익률을 높일 수 있다.

이처럼 다가구 주택은 1층 근린 상가를 활용할 수도 있고, 지역 특색에 따른 트렌드 접목이나 사옥 등 사업 목적으로 활용 시 건물 가치를 높일 수 있다. 즉 업종과 임차인에 따라 월세가 달라지고 건물 가치가 달라지는 것이다.

단, 외국인 도시 민박업은 전대차 동의가 필요하다. 일반적으로 다가구 건물의 임대인들은 외국인 도시 민박업 시스템을 잘 모르거나 알아도 귀찮거나 혹시 무슨 일이 생길지 몰라 동의해 주지 않는 경우가 많다.

그래서 전대 동의를 받아낸 물건이라면 보지도 않고 계약하기도 한

〈그림 5-17〉 2024년 9월 경매 입찰한 해당 건물 현장조사 사진

〈그림 5-18〉 해당 경매 물건 지 바로 옆 필지

다. 그만큼 수요가 많고 시세보다 최소 30~40만 원 내외의 월세를 올려 받을 수 있는 곳이다. 낙찰받아 호스트를 임차인으로 둔다면 직접 인테리어를 하니 관리도 편하다.

해당 물건의 감정가는 12억 원 선이다. 일부 신혼부부들은 "12억으로 마포구의 복도식 소형 아파트도 못 사는데 차라리 건물주나 하자"라는 생각을 한다. 실제로 30~40대 젊은 층의 대기 매수세가 꽤 있는 편이다. 그러니 오래된 다가구 주택이라고 해서 환금성이 떨어진다는 편견은 버려도 좋다.

〈그림 5-18〉은 경매 물건 지 바로 옆 필지로 매입 후 건물을 멸실한 상태다. 뒤편 부동산을 함께 매입해서 개발하려고 시도 중이며 앞으로의 개발 압력도 강하다.

이러한 매매, 임차 수요가 풍부한 지역의 다가구 매입 경매에 도전해 보라. 꼭 아파트만 고집할 필요가 없으니 아파트 살 돈으로 건물주가 될 기회와 비교해 보라는 것이다.

2026년 경매 시장은 아파트뿐만 아니라 다가구 주택에도 기회가 있다. 건물은 감가되지만 시간이 지날수록 땅의 가치는 상승한다. 무엇보다 인서울, 역세권, 대학교 인근 등 임차 수요를 확인하고 입찰할 수 있다.

땅을 깔고 있으면서 월세가 나오는 건물을 경매로 싸게 매입하면 현금흐름을 만들기와 노후 대비, 인플레이션 헤지 수단이 된다.

다가구 주택, 반드시 서울만 고집할 필요는 없다

자금이 부족하다면 서울만 고집할 필요가 없다. 358쪽의 〈그림 5-19〉는 총 투자금 2억 원이 들어간 2021년식 신축 4층 다가구 주택이다.

낙찰가는 7억 2,000만 원, 대출은 3억 4,000만 원을 받았다(낙찰가의 47%). 현재 금리는 5.3% 수준으로 월 150만 원의 이자가 발생한다.

9개 호실의 임대 보증금으로 2억 500만 원을 회수하였고 취득세 등 모든 비용을 포함한 실투자금은 2억 원이 채 되지 않는다.

2억 원으로 건물주가 되어 1층 커피샵을 포함한 8곳에서 매달 안정적으로 월세를 받고 있다. 월세 435만 원에서 대출 이자 150만 원을 빼면 약 280만 원의 순 현금흐름이 나온다.

이렇듯 한 번에 2~3억 원 이상을 상가 한 칸 사는 데 쓰기보다는 땅

〈그림 5-19〉 대전시 서구 다가구 주택 매물

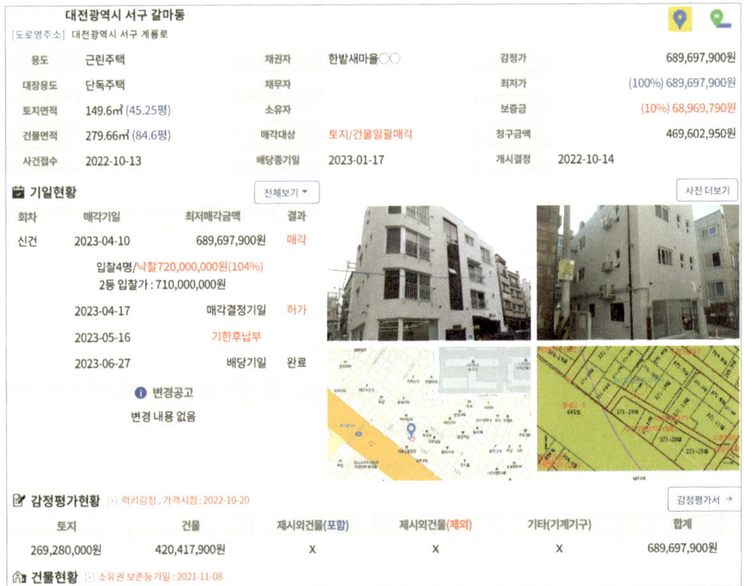

을 소유할 수 있고 현금흐름이 발생하는 다가구 주택을 눈여겨보길 바란다.

2026년 1월 현재 기준 플러스피(전세가>낙찰가) 세팅이 가능하기에 돈이 없다고 포기할 필요가 없다. 여러분의 신용만 좋다면 수 개월 정도의 돈을 빌려 도전할 수 있다. 다른 사례를 살펴보자.

〈그림 5-20〉은 2024년 8월 말 낙찰된 대지 160여 평, 건물 약 200평의 감정가 26억 다가구 주택이다. 18명이 경합하여 감정가의 71% 수준에 매각되었는데 필자도 여기에 포함되어 있다.

1층 2가구, 2층 6가구, 3층 6가구, 4층 3가구 총 17가구에서 임대

〈그림 5-20〉 대전시 동구 다가구 주택 매물

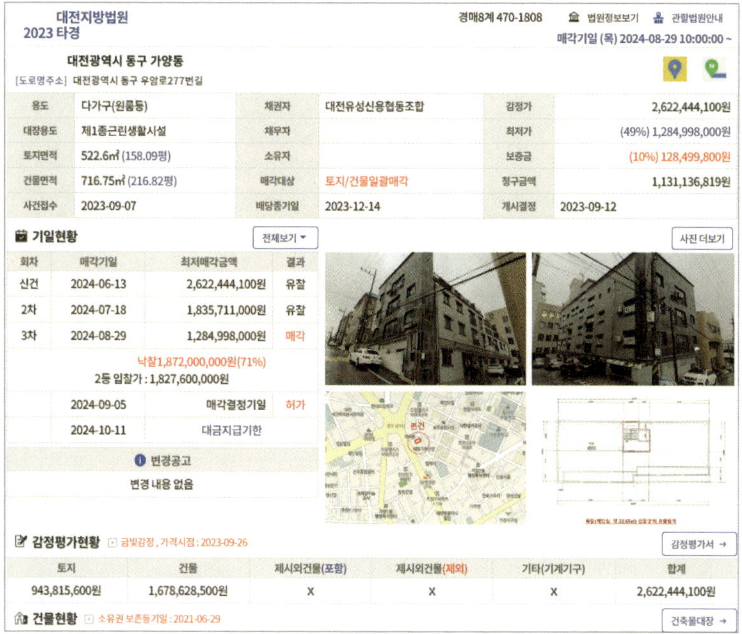

대전지방법원
2023 타경

경매8계 470-1808 법원정보보기 관할법원안내
매각기일 (목) 2024-08-29 10:00:00 ~

대전광역시 동구 가양동
[도로명주소] 대전광역시 동구 우암로277번길

용도	다가구(원룸등)	채권자	대전유성신용협동조합	감정가	2,622,444,100원
대장용도	제1종근린생활시설	채무자		최저가	(49%) 1,284,998,000원
토지면적	522.6㎡ (158.09평)	소유자		보증금	(10%) 128,499,800원
건물면적	716.75㎡ (216.82평)	매각대상	토지/건물일괄매각	청구금액	1,131,136,819원
사건접수	2023-09-07	배당종기일	2023-12-14	개시결정	2023-09-12

기일현황 전체보기 / 사진 더보기

회차	매각기일	최저매각금액	결과
신건	2024-06-13	2,622,444,100원	유찰
2차	2024-07-18	1,835,711,000원	유찰
3차	2024-08-29	1,284,998,000원	매각
	낙찰1,872,000,000원(71%) 2등 입찰가 : 1,827,600,000원		
	2024-09-05	매각결정기일	허가
	2024-10-11	대금지급기한	

변경공고
변경 내용 없음

감정평가현황 금빛감정, 가격시점 : 2023-09-26 감정평가서 →

토지	건물	제시외건물(포함)	제시외건물(제외)	기타(기계기구)	합계
943,815,600원	1,678,628,500원	x	x	x	2,622,444,100원

건물현황 소유권 보존등기일 : 2021-06-29 건축물대장 →

수입이 발생한다. 이 물건의 장점은 넓은 대지와 더 이상 손 볼 곳 없는 2021년식 신축 건물이라는 점이다. 게다가 임대 수요가 충분하다는 걸 확인할 수 있었다.

총 17가구에서 나오는 임대 보증금은 약 20억 원, 올 전세 세팅 시 낙찰가 18억 7,000만 원을 훌쩍 넘는다. 이는 초기 자금을 0원으로 만들 수 있다는 뜻이다. 일단 전세로 맞춘 후 자신의 자금 흐름에 따라 월세로 바꾸어 가기도 한다.

투자는 결국 같은 돈으로 더 안전하고 더 높은 수익률을 찾는 게임이

〈표 5-2〉 해당 건물 임대 내역

호수	보증금	월세
101	2,000	75
102	2,000	65
201	2,500	35
202	500	45
203	10,000	-
301	500	55
302	500	40
303	500	60
401	2,000	60
합계	20,500	435

다. 자본주의 사회에서 이 게임의 승자는 평생 편안한 삶을 살 수 있다.

거주의 편의성은 아파트를 따라갈 수 없지만 최유효 이용과 자신의 건물 가치 향상을 위해 늘 생각하고 노력한다면, 시세차익과 안정적인 현금흐름이라는 달콤한 과실을 누릴 수 있을 것이다.

2024년 하반기 이후 다가구 무피 투자(전세 임대가가 낙찰가보다 같거나 큰 경우) 사례가 많이 보이고 있다. 여러분도 내가 사는 곳 인근에 경매로 나온 다가구 주택이 있는지 살펴보고 되도록 땅을 소유하는 투자를 하길 바란다.

안정적인 노후 준비 가능한 다가구, 건물 경매

우리나라는 저출산, 고령화의 구조적인 문제를 안고 있다. 장기 저성장에 들어간 이상 전통적 산업에 속된 말로 먹을 게 별로 없다. 자본의 생산성이 한계를 보이며 너도나도 안전한 곳에 투자하려다 보니 수익성이 오히려 떨어진다.

그에 따라 상가, 자영업 등의 개별성이 강하고 모험적인 투자보다는 다가구 주택 경매를 추천한다. 약 2040년까지 1인, 2인 가구 수가 늘어나는 지역의 안정적인 수요가 있는 곳을 봐야 한다는 말이다. 필자가 땅을 깔고 있는 부동산에 관심을 끊지 않는 이유는 비교적 안전하면서 현금흐름이 발생하기 때문이다.

안정적인 월세 수입은 누구나 바라지만 준비 과정을 소홀히 하거나 닥쳐서 급하게 매입하는 이들을 종종 보곤 한다. 원하는 지역의 낙찰 결과를 꾸준히 확인하고 시세 파악을 위한 노력과 발품을 판다면 원하는 부동산을 소유하는 건 시간 문제일 것이다.

내 집 마련 이후의 투자처로 수익형 부동산을 꼽는 사람들이 많다. 수익과 변동성이 큰 코인, 개별 주식 투자도 좋지만 안정적인 현금흐름을 만들 수 있는 부동산에 관심을 두길 바란다. 가치 있는 부동산을 사서 오래 보유하는 것이 우리가 할 수 있는 최선의 투자 방법이라 믿는다.

현금흐름을 만드는 소액 상가 경매

1,000만 원으로 현금흐름 3배 차익 만들기

한때 1억 원 모으기가 유행한 적이 있다. 아무리 돈 가치가 낮아졌다고 하지만 1억 원이라는 돈의 가치는 크다. 매월 200만 원씩 무려 4년을 꼬박 저축해야 모을 수 있는 돈이다.

저축에 재미를 느끼는 사람이 있는가 하면 아주 낮은 이자를 받느니 예금 따윈 하지 않겠다는 사람도 있다. 지금처럼 돈의 가치가 하락하는 시기에 무작정 저축만 하는 것이 능사가 아니다. 1,000~2,000만 원 정도 모이면 바로 투자처를 찾아볼 수 있어야 한다.

〈그림 5-21〉 해당 상가 매물 상권 위치

약 1,000만 원의 소액으로 투자할 수 있는 상가 경매 물건이 눈에 들어왔다. 현장 조사 후 입찰했고 결과는 단독 낙찰이다. 감정가 대비 70% 최저가 수준에 입찰했으며 혹시 한 명 정도 들어오지 않을까 생각했으나 아무도 입찰하지 않았다. 아파트 경매 입찰자 수는 많지만 비(非)아파트 입찰자 수는 여전히 적다.

소액 상가 경매에 관심 있는 사람들을 위해 해당 경매 부동산의 현장 조사부터 낙찰 후 대출, 월세 세팅까지 전체 과정을 상세히 서술한다.

송도 타임스페이스 상권은 CGV 영화관, 스타벅스, 유명 어린이 병원, 미용실, 필라테스, 한방 병원 등 다양한 업종이 있는 성숙 상권이다. 저녁 시간에도 송도 IT, 바이오기업 등의 직장인들과 인천대학교 학생

〈그림 5-22〉 해당 상가 매물 현황조사서

임차인현황 건물소멸기준 : 2020-11-17 / 배당종기일 : 2023-11-17 매각물건명세서 → 예상배당표 →

순위	성립일자	권리자	권리종류(점유부분)	보증금금액	신고	대항	참조용 예상배당여부(최저가기준)
1	사업 2020-12-01 확정 없음 배당 없음		상가임차인 408호	[보] 10,000,000원 [월] 350,000원	X	없음	현황조사 권리내역
비고	현황조사서 : 임차인(별지) 점유						

건물 등기 사항 건물열람일 : 2024-12-27 채권총액 : 75,600,000원 등기사항증명서 →

구분	성립일자	권리종류	권리자	권리금액	상태	비고
갑1	2020-09-10	소유권	케이비부동산신탁		이전	보존
갑2	2020-11-17	소유권이전		(거래가) 92,020,000원	이전	매매 신탁재산의 처분
을1	2020-11-17	(근)저당	하나은행	75,600,000원	소멸기준	
갑3	2023-08-21	임의경매	하나은행	청구: 661,955,687원	소멸	

등 유동인구가 많지만 경매로 나온 해당 건물 1층에는 공실 상가가 여러 개 보였다.

현장조사를 하며 상가 입점 현황과 공실 여부를 확인했다. 이로 인해 4층에는 공실이 없다는 걸 확인했다. 만약 해당 층에 공실이 있었다면 낙찰 이후 임대에 시간이 걸릴 수 있으므로 입찰하지 않으려 했다. 다행히도 해당 층은 네일샵 등 뷰티 관련 업종들이 모여 있었고 경매 중인 호실도 미용실이 영업 중이었다. 현황조사서 상 임대 시세는 보증금 1,000만 원, 월세 35만 원이었다. 하지만 실제 시세는 달랐다.

3층, 4층 임대 시세는 전용 평당 약 9~10만 원(환산 시 50만 원 이상)으로 실제로 이 시세에 거래되고 있었다. 일반 매물로 사려고 해도 나온 매물이 없다.

초보자들이 현황조사서에 나온 월세를 그대로 믿는 경우가 많다. 하지만 임대 시세는 반드시 현황 조사를 통해 확인해야 한다.

〈그림 5-23〉 야간에 가본 상가 현장

해당 상가는 붙임 머리를 전문으로 하는 미용실을 운영했는데, 시술 단가가 높고 운영자의 SNS 인스타그램 팔로워가 수천 명으로 고객 후기가 좋았다.

현재 성업 중이므로 어느 정도의 시설비가 투입되었을 것이라고 판단할 수 있었다. 수년간 영업하며 쌓인 후기와 오가는 손님을 보며 단골 고객이 많아 재계약 가능성을 높게 보았다. 또한, 해당 층에 공실이 없었기에 만약 현재 임차인이 퇴거한다고 해도 미용실, 네일샵 등 뷰티 업종을 넣는데 무리가 없을 것이라 판단했다. 임대료 산정은 당연히 현재 시세가 기준이 되고 분양 평당 10만 원 수준이다.

여기까지 조사를 마치고 입찰했다. 결과는 아무도 입찰하지 않았고 단독 낙찰이다.

〈그림 5-24〉 송도 상가 경매 낙찰 내역

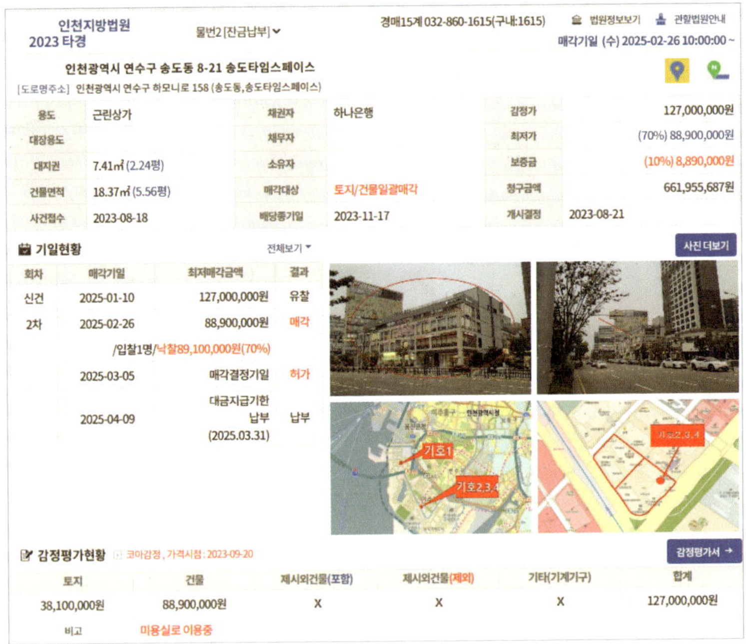

- 감정가 : 1억 2,700만 원
- 낙찰가 : 8,910만 원
- 취득세 및 법무비용 : 450만 원
- 총 비용 : 9,360만 원
- 대출 : 7,500만 원(낙찰가의 84%, 이자율 5.9%, 월 이자 36만 9,000원)
- 임대 보증금 : 1,000만 원 / 월세 55만 원
- 실투자금 : 860만 원
- 순 월세 : 18만 1,000원(이자 제외)

〈그림 5-25〉 송도 상가 부동산임대차계약서

부 동 산 임 대 차 계 약 서

□ 전세 ■ 월세

임대인과 임차인 쌍방은 아래 표시 부동산에 관하여 다음 계약내용과 같이 임대차계약을 체결한다.

1.부동산의 표시

소 재 지	인천광역시 연수구 송도동 8-21외1필지 송도타임스페이스			
토 지	지 목	대	면 적	7.41 ㎡
건 물	구조 및 용도	철 근 콘 크 리 트 구 조	면 적	18.37 ㎡
임대할부분		D408호 전체	면 적	18.37 ㎡

2. 계약내용

제 1 조 (목적) 위 부동산의 임대차에 한하여 임대인과 임차인은 합의에 의하여 임차보증금 및 차임을 아래와 같이 지불하기로 한다.

보 증 금	금 일천만 원정 (₩10,000,000--)
계 약 금	금 일천만 (₩10,000,000) 원정은 계약시에 지불하고 영수함. 영수자(㊞)
중 도 금	금 원정은 년 월 일에 지불하며
잔 금	금 (₩) 원정은 년 월 일에 지불한다.
차 임	금 오십오만 (₩550,000) 원정은 매월 30일날 (선불로,후불로) 납부한다.

제 2조 (**존속기간**) 임대인은 위 부동산을 임대차 목적대로 사용 수익할 수 있는 상태로 2025 년 03 월 31 일까지 임차인에게 인도하며, 임대차 기간은 인도일로부터 2027 년 03 월 30 일까지로 한다.

제 3조 (**용도변경 및 전대 등**) 임차인은 임대인의 동의없이 위 부동산의 용도나 구조를 변경하거나 전대 임차권 양도 또는 담보제공을 하지 못하며 임대차 목적 이외의 용도로 사용할 수 없다

제 4조 (**계약의 해지**) 임차인의 차임연체액이 2기의 차임액에 달하거나 제3조를 위반하였을 때 임대인은 즉시 본 계약을 해지 할 수 있다.

제 5조 (**계약의 종료**) 임대차계약이 종료된 경우에 임차인은 위 부동산을 원상으로 회복하여 임대인에게 반환한다 이러한 경우 임대인은 보증금을 임차인에게 반환하고, 연체 임대료 또는 손해배상금이 있을 때는 이들을 제하고 그 잔액을 반환한다

제 6조 (**계약의 해제**) 임차인이 임대인에게 중도금(중도금이 없을때는 잔금)을 지불하기 전까지, 임대인은 계약금의 배액을 상환하고, 임차인은 계약금을 포기하고 본 계약을 해제할 수 있다

제 7조 (**채무불이행과 손해배상**) 임대인 또는 임차인이 본 계약상의 내용에 대하여 불이행이 있을 경우 그 상대방은 불이행한 자에 대하여 서면으로 최고하고 계약을 해제 할 수 있다 그리고 계약 당사자는 계약해제에 따른 손해배상을 각각 상대방에 대하여 청구할 수 있다

- 자기자본 수익률 : 7.9%
- 레버리지 수익률 : 25%

잔금 즉시 현재 임차인과 계약서를 작성했다. 겨우 860만 원으로 상가 한 채의 주인이 된 것이다.

소액이 투자되었기에 오래 보유하며 월세를 받아도 되지만, 매수자가 있을 때 언제든 매각해도 된다. 이렇듯 소액으로 25%의 수익률을 만들어내는 것은 경매이기에 가능하다.

이 부동산의 적정 매도가격은 얼마일까? 수도권 기준으로 구분 상

가가 시장에서 거래되려면 수익률이 최소 6~7% 정도는 나와야 한다. 수익률 6%를 원하는 사람에게 매각하면 임대보증금을 더해 약 1억 2,000만 원이 나온다. 이 가격에 매도한다면 비용을 제외한 매각 차익은 약 2,400만 원 선이다.

800만 원을 들여 현금흐름을 만들고, 투자금 대비 3배의 수익을 올릴 수 있는 것은 경매 투자이기에 가능하다.

경매 물건을 검색하고 현장 가서 확인한 후 입찰하면 되는 간단한 게임이지만, 이를 꾸준히 실행으로 옮기는 사람은 많지 않다. 이런 부동산이 단독 낙찰인 것만 봐도 아직 기회가 얼마나 많은지 느낄 수 있다.

빠르게 수익 내는 신축급 빌라 단기 매도법

6,000만 원으로 3개월 만에 2,000만 원 순수익을 올리다

2016년 준공된 방 3개짜리 4층 빌라가 경매로 나와 현장에 다녀왔다. 주차 공간, 인접 도로, 내부 구조 등 예상보다 상태가 좋았다.

현재 기준 서울, 수도권 빌라는 공급이 거의 멈춘 상태다. 아무도 전세를 계약하지 않으려고 하니 월세 거래가 늘고 있다. 이는 저렴하게 낙찰받아 월세로 수익률을 낼 수 있다는 뜻이다.

또는 인테리어 후 전세가 수준에서 매매한다면 임차 예정자는 월세를 내는 것과 전세가 수준의 매매가를 비교하게 된다.

〈그림 5-26〉 경기도 부천시 신축 빌라 매물

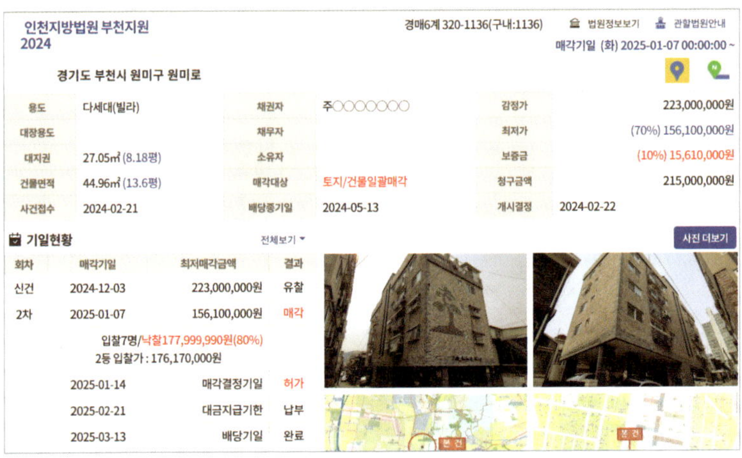

인천지방법원 부천지원 2024

경매6계 320-1136(구내:1136) 법원정보보기 관할법원안내

매각기일 (화) 2025-01-07 00:00:00 ~

경기도 부천시 원미구 원미로

용도	다세대(빌라)	채권자	주○○○○○○○	감정가	223,000,000원
대장용도		채무자		최저가	(70%) 156,100,000원
대지권	27.05㎡ (8.18평)	소유자		보증금	(10%) 15,610,000원
건물면적	44.96㎡ (13.6평)	매각대상	토지/건물일괄매각	청구금액	215,000,000원
사건접수	2024-02-21	배당종기일	2024-05-13	개시결정	2024-02-22

기일현황 전체보기

회차	매각기일	최저매각금액	결과
신건	2024-12-03	223,000,000원	유찰
2차	2025-01-07	156,100,000원	매각
	입찰7명/낙찰177,999,990원(80%) 2등 입찰가 : 176,170,000원		
	2025-01-14	매각결정기일	허가
	2025-02-21	대금지급기한	납부
	2025-03-13	배당기일	완료

사진 더보기

결국 실거주를 원하는 분께 매도하였다. 투입된 비용은 다음과 같으며 낙찰 이후 잔금일부터 매매 잔금일까지 약 3개월 반이 소요되었다.

- 낙찰일 : 2025년 1월 7일
- 잔금일 : 2025년 1월 23일
- 매매 계약일 : 2025년 3월 19일
- 매도 잔금일 : 2025년 5월 7일
- 감정가 : 2억 2,300만 원
- 낙찰가 : 1억 7,800만 원
- 기존 전세가 : 2억 1,500만 원
- 현재 전세 시세 : 2억 2,000만 원~2억 3,000만 원

낙찰 이후 비용 지출 내역은 다음과 같다.

- 취득세 및 법무비용 : 310만 원
- 인테리어 비용 : 910만 원
- 미납 관리비 : 80만 원
- 대출 이자 : 205만 원
- 청소비용 및 잡비 : 90만 원
- 총 비용 : 1억 9,400만 원
- 대출 : 1억 3,300만 원 (금리 5.3%)
- 실제 투자금 : 6,100만 원

낙찰 이후 매매 관련 내역은 다음과 같다.

- 매도가 : 2억 2,800만 원
- 양도차익 : 약 3,400만 원
- 중개보수 및 중도상환 수수료 : 약 500만 원
- 세금 : 약 700만 원(단기 매매 사업자 활용/지방세 포함)
- 최종 수익금 : 세후 약 2,000만 원

단기 매도 및 절세를 위해 매매 사업자를 활용하였고 6,000만 원을 투자해 약 4개월 만에 2,000만 원의 수익을 올렸다.

위의 내용을 참고한 후 이를 시스템화하여 1년에 3건 정도 진행을

〈그림 5-27〉 경기도 부천시 신축 빌라 매매 계약서

부동산(다세대주택) 매매 계약서

매도인과 매수인 쌍방은 아래 표시 부동산에 관하여 다음 계약 내용과 같이 매매계약을 체결한다.

1. 부동산의 표시

소재지	경기도 부천시 원미구 원미동 190-23 엘리타운 제4층						
토지	지목	대	면적	333.7 ㎡	대지권종류	소유권대지권	대지권비율 333.7분의27.05
건물	구조	철근콘크리트구조	용도	다세대주택		면적	44.96 ㎡

2. 계약내용

제1조 [목적] 위 부동산의 매매에 대하여 매도인과 매수인은 합의에 의하여 매매대금을 아래와 같이 지급하기로 한다.

매매대금	금 이억이천팔백만원정	(₩228,000,000)
계약금	금 이천삼백만원정	은 계약시에 지급하고 영수함. ※영수자
잔금	금 이억오백만원정	은 2025년 06월 30일에 지급한다.

제2조 [소유권 이전 등] 매도인은 매매대금의 잔금 수령과 동시에 매수인에게 소유권 이전등기에 필요한 모든 서류를 교부하고 등기절차에 협력 하여야 하며, 위 부동산의 인도일은 2025년 06월 30일 로 한다.

제3조 [제한물권 등의 소멸] 매도인은 위 부동산에 설정된 저당권, 지상권, 임차권 등 소유권의 행사를 제한하는 사유가 있거나 제세공과금 기타 부담금의 미납 등이 있을 때에는 잔금 수수일까지 그 권리의 하자 및 부담 등을 제거하여 완전한 소유권을 매수인에게 이전한다. 다만, 승계하기로 합의하는 권리 및 금액은 그러하지 아니하다.

제4조 [지방세 등] 위 부동산에 관하여 발생한 수익의 귀속과 제세공과금 등의 부담은 위 부동산의 인도일을 기준으로 하되, 지방세의 납부의무 및 납부책임은 지방세법의 규정에 의한다.

제5조 [계약의 해제] 매수인이 매도인에게 중도금(중도금이 없을때에는 잔금)을 지급하기전 까지 매도인은 계약금의 배액을 상환하고

〈표 5-3〉 매매사업자 소득세율

과세표준	세율	누진공세
1,400만 원 이하	6%	–
1,400만 원 초과~5,000만 원 이하	15%	126만 원
5,000만 원 초과~8,800만 원 이하	24%	576만 원
8,800만 원 초과~1억 5,000만 원 이하	35%	1,544만 원
1억 5,000만 원 초과~3억 원 이하	38%	1,944만 원
3억 원 초과~5억 원 이하	40%	2,549만 원
5억 원 초과~10억 원 이하	42%	3,594만 원
10억 원 초과	45%	6,594만 원

한다고 가정하면 약 6,000만 원의 추가 수익을 올릴 수 있다.

이렇듯 현금흐름이 필요하면 임대를, 차익이 필요하면 매각을 통해 자본을 불릴 수 있다.

모두가 꿈꾸는 핵심지 아파트 경매로 소유하기

강력한 규제 안에서 토허제도 무력화시키는 경매 투자법

토지에 적용해야 할 규제를 아파트까지 적용해야 할 만큼 이재명 정부는 절박하다. 토지거래허가구역 내 부동산을 사려고 하면 시장, 군수, 구청장의 허가를 받아야 한다. 개인의 사유 재산권을 침해하면서까지 거래를 막으려는 이유는 간단하다. 급등할 우려가 있기 때문이다. 이를 다른 말로 하면 투자가치가 높다는 뜻이 된다.

그렇다면 이런 정부의 규제 안에서 서울 핵심지 아파트를 매입할 방법은 없는 것일까? 놀랍게도 있다. 경매로 부동산을 매입하게 되면 토지거래허가 및 실거주 의무 등이 면제되므로 때에 따라 이를 활용할 필요가 있다. 일시적 자금 융통이 가능하다면 최근 토허제가 재지정 되어 묶인 강남 3구 소재 및 용산구 아파트를 낙찰 받아도 좋다는 뜻이다.

서초구 60평대 대형 아파트 토지거래허가 없이 10억 싸게 매입하기

최근 서초구의 시세 약 30억 원 60평대 아파트를 21억 원에 낙찰받았

〈그림 5-28〉 서초구 대형 아파트 경매 예

서울중앙지방법원
2024 타경

경매8계 530-1818(제4별관 민사집행과) 법원정보보기 관할법원안내
매각기일 (수) 2025-02-12 10:00:00 ~

(06557) 서울특별시 서초구 방배동 775-1 래미안방배에버뉴
[도로명주소] 서울특별시 서초구 동광로19길 51 (방배동,래미안방배에버뉴)

용도	아파트	채권자	오에스비저축은행	감정가	2,440,000,000원
대장용도	공동주택	채무자		최저가	(80%) 1,952,000,000원
대지권	75.13㎡ (22.73평)	소유자		보증금	(10%) 195,200,000원
건물면적	181.48㎡ (54.9평)	매각대상	토지/건물일괄매각	청구금액	1,514,026,550원
사건접수	2024-09-20	배당종기일	2024-12-06	개시결정	2024-09-24

기일현황 전체보기 / 사진 더보기

회차	매각기일	최저매각금액	결과
신건	2025-01-08	2,440,000,000원	유찰
2차	2025-02-12	1,952,000,000원	매각
	입찰3명/낙찰2,103,400,000원(86%) 2등 입찰가 : 2,085,000,000원		
	2025-02-19	매각결정기일	허가
	2025-03-28	대금지급기한	납부
	2025-05-01	배당기일	완료

배당종결된 사건입니다.

감정평가현황 (주)세움감정 , 가격시점 : 2024-10-07 감정평가서 →

토지	건물	제시외건물(포함)	제시외건물(제외)	기타(기계기구)	합계
1,708,000,000원	732,000,000원	X	X	X	2,440,000,000원

건물현황 소유권 보존등기일 : 1991-02-12 공시가격: 1,593,000,000원 → 건축물대장 →

번호	소재지	층별	구조	전용면적	감정가격	비고
1	방배동 775-1	9층905호	철근콘크리트조	181.48㎡(54.9평)	732,000,000원	12층 건중 9층

기타 이용상태 (침실4, 주방및식당, 거실, 욕실2, 드레스룸, 발코니, 현관 등) / 급배수설비, 난방 설비, 소화설비, 승강기설비 등

〈그림 5-29〉 서초구 대형 아파트 매매가 및 전세 시세

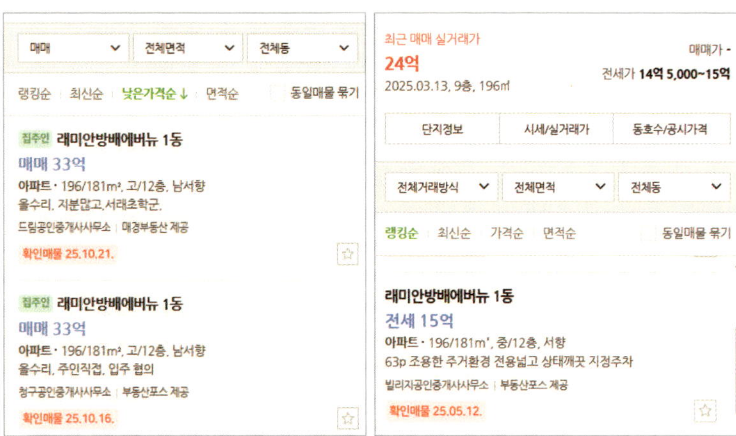

다. 실거주를 하지 않아도 되며 자금조달계획서도 제출 의무가 없다.

현재 매물 시세는 최소 30억 원 이상, 전세 시세는 15억 원이다. 즉 7억 원으로 서울 최상급지인 서초구 대형 아파트에 투자할 수 있다는 말이다.

많은 사람들이 돈이 부족하다며 쉽게 포기하거나 비슷한 돈을 들고 하급지로 밀려날 때 경매와 전세보증금(또는 대출)을 활용해 충분히 상급지로 갈 수 있다는 것을 보여준다.

투자하기 전 알아두면 좋을 것들

- 시세차익을 원하는지 월세 수입을 원하는지 분명히 하라.
- 입찰 전 수익률 분석은 반드시 필요하다. 기본 수익률 외 레버리지 수익률은 투입된 내 자금이 얼마의 기간에 회수되는지를 보여준다(예: 20%라면 5년, 25%라면 4년). 필자는 기본적으로 5년 이내를 선호한다.
- 지식산업센터는 매매·임대 시세를 파악하기가 비교적 쉽고 현재 기준 수도권은 분양가의 절반 수준에 낙찰이 가능하다. 하지만 단기간에 시세 차익은 어렵다는 사실을 인지하자. 월세를 받고 싶은 투자자라면 서울, 교통이 편리한 수도권 지역의 경매 사건을 찾아 입찰할 필요가 있다.
- 남의 말에 수시로 흔들리거나 월세 받는 투자는 어렵다는 선입견으로 기회를 놓치지 말자.

| 에필로그 |

당신에게 필요한 것은 실행할 용기다

"흔들목마는 쉴 새 없이 움직이지만 조금도 앞으로 나아가지 못한다."

혹시 여러분이 지난 몇 년 동안 '재테크'라고 믿고 해온 것들이 혹시 이 흔들목마는 아니었을까?

투자는 활동(activity)과 진전(progress)을 구분해야 한다. 아무리 바삐 움직여도 물가상승률 정도의 수익에 그쳤다면 그건 제자리걸음이다. 예·적금을 열심히 넣는다고 부자가 되지 못하는 이유도 같다.

지금의 시대는 물가상승률을 넘어서는 현금흐름과 자본 이득을 만들어내는 능력이 필수다. 물론 쉽지 않다. 마음만 앞서 욕심을 부리다가 오히려 큰 손해를 볼 수도 있고, 리스크를 두려워하는 마음 때문에 당장 움직이지 못해 발만 동동거릴 때도 있다. 이 책은 바로 그 지점을 넘어설 수 있도록 하기 위해 '경매의 기술'과 '실행의 용기'에 대한 내용을 담으려고 노력했다.

여기서 본질적인 질문 하나를 해야 할 때다. 왜 나는 부동산 경매를 15년째 하고 있을까?

지난 십수 년간 경매, 공매, 급매, 미분양, NPL, 신탁 공매 등 부동산과 관련된 거의 모든 투자법을 활용했다. 수많은 투자 수단 중 경매를 가장 안전한 기술로 확신하게 된 이유는 단순하다. 내가 가격을 정할 수 있고, 시세보다 싸게 살 수 있으며, 노력한 만큼 보상이 나오는 구조이기 때문이다.

이를 알기 전에는 금융 투자도 많이 해봤다. 주식, 해외 펀드(CHINA, BRICs 등), 글로벌 리츠, ETF 등 다양한 시도를 했다. 애초에 큰 기대를 하지 않았지만 실제로도 결과가 좋지 않았다. 수익률 마이너스 20%가 난 계좌에서조차 은행은 운용비용으로 수수료를 떼어 갔다. 그 때 깨달았다. 내 돈을 타인(금융기관, 펀드매니저 등)에게 맡겨 안정적으로 불리기란 거의 불가능하다는 사실을 말이다.

그 후로 나는 절대로 내 돈을 남의 손에 맡기지 않고 내가 통제할 수 있는 곳에서만 굴리겠다고 다짐했다. 모든 결정을 내가 하고 내가 책임을 지는 것이 차라리 덜 억울할 것 같았다. 그렇게 내가 컨트롤할 수 있는 투자를 찾기 시작했고, 나름의 경험과 조사 끝에 얻은 결론이 '부동산 경매'였다. 부동산 경매는 내가 원하는 매물을 싸게 살 수 있고, 내가 원하는 시점에 팔 수 있었다. 무엇보다 장기 보유만 가능하다면 절대 손해 보지 않는 구조다. 실제로 지난 10년여 년간 단 한 번도 경매 투자로 손실을 본 적이 없다. 시장 전망을 잘해서가 아니라 기본적으로 안전마진을 확보할 수 있었기 때문이다. 그 결과 장기 투자가 가능했고, 그러한 투자가 거듭될수록 경험과 수익이 쌓여 삶이 달라졌다.

투자란 돈을 던지는 것이다. 더 큰 돈으로 돌아올 것을 기대하면서 말이다. 그렇다면 행동하기 전에 스스로에게 물어야 한다. 얼마의 돈을 어디에 던질 것인가? 이는 언제까지 얼마의 수익률을 목표로 할 것인가를 스스로 정하는 일을 의미한다.

대부분의 초보 투자자는 기준이 없다. 운에 기대고, 타인의 의견에 휘둘리고, 단기 성과에 매달린다. 하지만 투자는 하면 할수록 장기적으로 조금씩 나아지는 과정이어야 한다. 정확한 비교와 냉정한 분석, 현실적인 목표 수립이 먼저다.

두 개의 직선을 떠올려보자. 처음엔 별 차이가 나지 않을 것이다. 하지만 목표 지점이 다른 두 선은 시간이 지날수록 각도가 점점 벌어지고 그 차이는 엄청난 결과를 불러온다. 투자도 마찬가지다. 기준과 방향성이 여러분의 10년, 20년 후 인생을 바꾼다. 그러니 결코 기준을 낮추지 말라. 두려워 말고, 계획된 리스크를 감수하라.

이를 위해 이 책은 실전 사례를 중심으로 구성했다. 그동안의 작은 성공 경험들이 쌓이며 투자 대상과 방법이 다양해졌고, 많은 사람들에게 실무 지식을 알릴 수 있었다. 그 결과 수많은 초보 낙찰자들과 각자의 스토리들이 탄생했다. 대학생부터 투잡·쓰리잡을 하는 젊은 직장인, 은퇴 후 임대수입을 생각하고 오신 노년기의 부부까지 많은 사람들과 교류하 며 현장 경험과 지식을 지금도 계속해서 알려오고 있다.

처음에는 “내가 과연 할 수 있을까?”라고 의문을 갖던 사람들이 지금은 당당히 첫 낙찰을 받고, 내 집 마련을 하고, 꾸준히 현금흐름을 만들고 있다. 이들의 공통점은 단 하나다. 계속 생각만 하는 대신 실행을 선택했다는 것. 책만 읽고, 강의만 듣거나 또는 유튜브 영상만 보는 사람은 절대 변하지 않는다. 행동하지 않는 재테크 공부는 또 다른 흔들목마일 뿐이다.

나는 여러분에게 감성적인 위로를 할 생각이 없다. “괜찮아요. 다 잘 될 겁니다.”라는 말을 하기 위해 이 책을 쓴 것이 아니다. 이 책을 읽는 독자들에게 원하는 건 하나다. 여러분의 마인드가 변하고, 결국 통장 잔고가 실제로 바뀌는 것이다.

나는 이 책이 시대에 상관없이 읽히는 투자의 바이블이고 싶다. 쉽고 원론적인 내용보다 그동안 투자를 해오며 얻은 생각, 구체적 사례, 실질적으로 도움이 되는 내용을 담으려고 했다. 그럴 듯하고 과장된 수익률을 제시하는 책이 많이 팔리긴 하겠지만 여러분의 경제 사정은 나아지기 어렵기 때문이다.

나는 학자가 아닌 투자자이며, 대한민국에서 가장 다양한 방법으로 부동산을 싸게 사고 있는 사람이다. 하지만 나 역시 오류를 범할 수 있고 아직 배워야 할 것도 많다. 부디 이 책을 통해 투자에 대한 생각, 실행하는 용기, 자본주의 사회에서 살아남을 수 있는 마인드를 가지게 되길 바란다.

이제 여러분 차례다.

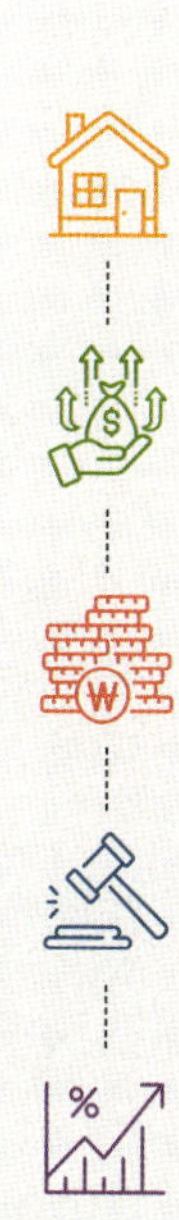

부록

왕초보 투자자를 위한 경매 용어 핵심 정리

(부동산)경매

국가(법원)의 강제력을 사용하여 채무자에게 빚을 갚도록 강제하는 절차다. 채권자로부터 경매 신청이 들어오면 법원은 채무자 소유의 부동산을 처분하지 못하도록 부동산등기부에 개시결정을 하고 채무자 소유의 재산을 매각한다. 낙찰된 매각 대금으로 채권자의 금전 채권을 충당시키는 것을 목적으로 하는 절차다.

강제경매

채무자에 대하여 집행권원(확정된 이행판결, 가집행선고판결, 화해조서, 조정조서, 확정된 지급명령, 공정증서 등)을 가지고 있는 채권자가 그 집행권원에 표시된 이행청구권의 실현을 위하여 채무자 소유의 재산을 압류한 후 법원을 통해 강제로 매각해 그 매각대금에서 금전 채권의 만족을 얻는 집행 방법이다.

임의경매

근저당권 등 담보권의 실행으로 진행되는 경매 절차를 말한다.

재경매

최고가매수신고인(차순위매수신고인 포함)이 잔금 납부기일까지 잔금을 치르지 않는 경우에 이전의 최저가로 다시 실시하는 경매를 말한다.

경매개시결정 등기

채권자가 집행법원에 경매 신청을 하면, 법원은 경매 절차의 개시결정(판결의 일종)을 하고 직권으로 그 사유를 등기부에 기입할 것을 관할 등기소의 등기공무원(등기관)에게 촉탁한다. 이때 등기부에 등재되는 것이 경매개시결정 등기이며, 이때부터 또는 경매개시결정이 채무자에게 송달된 때에 경매 목적물에 대한 압류의 효력이 발생한다.

공매

국가기관이 국세징수법에 의하여 압류한 재산을 불특정 다수 매수 희망자들의 자유경쟁을 통해 공개적으로 매각하는 제도를 말한다. 입찰이 전자입찰 방식으로 진행되기 때문에 경매보다 편리하다.

공유자 우선매수권

최고가매수신고인의 가격으로 낙찰자의 지위를 가져올 수 있는 권리를 말한다. 공유물 분할 경매에서 해당 사건 공유자가 최저가의 10%를 입찰보증금으로 준비해 공유자 우선매수권을 행사할 수 있다. 법원은 최고가매수신고인이 있다 하더라도 우선매수를 하겠다고 신고한 공유자에게 매각을 허가해야 한다.

과잉매각

한 채무자가 여러 개의 부동산을 매각할 때 일부 부동산의 매각대금으로 모든 채권자의 채권액과 집행비용을 변제하기에 충분한 경우를 과잉매각이라고 한다. 과잉매각에 해당하면 집행법원은 다른 부동산의 매각을 허가하지 않는다.

당해세

경매나 공매의 목적이 되는 부동산 자체에 부과되는 국세 및 지방세와 가산금을 말한다.

대리 입찰

경매에서 입찰 행위는 소송상의 행위라고 할 수 없으므로 대리인은 변호사가 아니더라도 상관없으며, 대리 행위에 대하여 법원의 허가를 필요로 하지 않는다. 따라서 민법상의 임의대리가 갖추어야 할 대리권을 증명할 수 있는 서면(위임장+인감증명서)을 집행관에게 제출하고 대리 입찰에 참가하면 된다. 다만 대리 입찰을 업으로 하는 경우는 불가하다.

대위변제

제3자가 채무자의 빚을 대신 변제하면 구상권 범위 내에서 종전 채권자의 지위가 변제자에게 이전하는 것을 말한다. 실무에서 가장 빈번하게 일어나는 대위변제는 후순위 임차인보다 선순위 채권이 있을 때, 채권을 변제해서 선순위 임차인의 지위로 향상시켜 대항력을 유지하거나 보증금 전액을 보전받기 위해 하는 경우가 많다.

대항력

임차인이 주택을 인도받고 주민등록을 마치면 다음 날 0시부터 소유자가 다른 사람으로 바뀌어도 집을 비워주지 않아도 되는 힘을 뜻한다.

말소기준권리

경매가 진행 중인 부동산에 존재하는 권리들이 매각 후 소멸되는지 낙찰자에게 인수되는지 판단의 기준이 되는 권리를 말한다. 말소기준권리보다 후순위이면 낙찰자가 잔금 납부 후 모두 말소되며 말소기준권리보다 선순위이면 낙찰자에게 인수되는 것이 원칙이다.

매각 (불)허가

최고가매수신고인이 선정되고 나서 1주일 이내에 담당재판부가 경매의 과정이 적법하게 진행됐는지를 검토하여 낙찰에 대한 허가 또는 불허가를 결정하는 것을 말한다. 불허가결정이 나는 경우에는 최고가매수신고인이 이에 대해서 이의를 제기할 수 있다.

매각물건명세서

매각으로 소멸하지 않는 권리, 그 밖에 유의해야 하는 권리 사항들에 대한 내용을 정리해둔 서류다. 매각물건명세서는 입찰기일 1주일 전부터 법원에 비치하여 일반인이 열람할 수 있게 하여야 한다.

맹지

타인의 토지에 둘러싸여 있어 도로와 접한 부분이 없는 토지를 말한다. 통행이 불가능하므로 이런 토지에는 원칙적으로 건축법에 따라 건물을 세울 수 없다.

무잉여

입찰가에서 남아 있는 채권과 경매 비용을 변제하면 남는 것이 없다고 인정될 때 이러한 사실을 압류 채권자에게 통지 후 경매 절차를 법원이 직권으로 취소하는 것을 말한다.

문건 송달 내역

초보자들이 지나치기 쉽지만 문건 처리 및 송달 내역을 자주 들여다보는 것이 좋다. 해당 경매 사건과 관련된 이해관계인의 서류 접수 내역, 담당 경매계에서 이해관계인에게 어떤 문서를 발송했는지 등을 알 수 있다. 문건 송달 내역의 예를 들면 임차인의 배당요구와 철회, 임금채권자의 배당요구, 해당 사건 열람, 유치권 접수나 채권자의 배당배제 신청 등이 있다.

배당

부동산의 매각 대금으로 권리의 우선순위에 따라 채권자에게 매각대금을 나누어주는 것을 말한다.

배당요구

법률에 따라 우선변제청구권이 있는 채권자, 집행력 있는 정본을 가진 채권자 등 경매에서 압류채권자 이외의 채권자가 집행에 참가하여 변제를 받는 방법을 말한다. 다만 배당요구는 배당요구 종기일까지 꼭 신청해야 한다.

배당요구 종기일

집행법원은 경매개시결정 이후 1주일 내에 부동산 경매 절차에 소요되는 기간을 고려하여 첫 매각기일 이전까지 배당요구를 마치도록 한다. 등기사항전부증명서에 등재하지 않은 채권자(임차인 등)는 반드시 배당요구 종기일까지 배당요구를 해야 배당을 받을 수 있다.

변경

경매법원이 경매를 적법하게 진행시킬 수 없다고 판단해 경매기일을 바꾸는 것을 말한다. 경매기일이 바뀌어도 최저 입찰 가격은 변동되지 않는다.

사건번호

채권자가 법원에 경매 신청을 하면 법원은 담당 재판부(경매계)를 정하고 순서대로 번호를 부여하는데 이를 사건번호라고 한다(예: 2020 타경 1234호).

물건번호

채무자는 같으나 여러 개의 부동산을 개별매각할 때 각각의 물건에 순서를 정하여 매각할 경우 물건번호를 부여한다. 이 경우 입찰자는 사건번호와 함께 물건번호를 기재하여야 한다.

선순위 임차인

대항력 발생일이 말소기준권리보다 앞서는 임차인을 말한다. 선순위 임차인은 매수인(새로운 소유자)에게 보증금 전액을 받을 때까지 거주할 수 있다.

소액임차인

임차보증금이 주택임대차보호법이 규정하는 소액 보증금 범위에 해당하는 임차인을 말한다. 주택임대차보호법은 민법보다 상위에 있으며, 경매 절차에서 다른 어떤 권리자보다 일정 금액에 대해 먼저 배당을 받을 수 있다.

압류

국가권력으로 특정한 재산이나 권리를 개인이 마음대로 처분하지 못하게 하는 행위를 말한다.

가압류

금전 채권 또는 금전으로 환산할 수 있는 채권을 회수하기 위해 미리 채무자의 재산을 확보하여 장래에 집행이 가능하도록 하는 보전 처분을 말한다.

용적률과 건폐율

용적률은 대지면적에 대한 건축물의 연면적 비율을 말하며, 건폐율은 대지면적에 대한 건축면적의 비율을 말한다.

우선변제권

주택임대차보호법상 임차인이 보증금을 우선변제 받을 수 있는 권리를 말한다. 대항 요건과 확정일자를 갖춘 주택 임차인의 경우 배당에 참여했을 때 확정일자보다 늦은 후순위 권리에 우선하여 보증금을 변제받을 수 있다.

최우선변제권

임차인이 거주하는 주택이 경매로 매각되는 경우, 어떤 담보물권보다 최우선으로 배당받을 수 있는 권리를 말한다.

유찰

경매에 나온 물건에 입찰하는 사람이 없어 다음 회차로 넘어가는 것을 말한다. 유찰이 되면 법원에 따라 20% 또는 30% 저감된 금액을 최저가로 하여 경매가 진행된다.

유치권

타인의 물건에 관하여 생긴 채권을 회수하지 못한 자가 그 채권이 변제기에 있는 경우, 채권을 변제받을 때까지 그 물건을 유치(점유)할 수 있는 권리를 말한다. 주로 공사대금 채권이 많으며 대금을 받을 때까지 목적물의 인도를 거절할 수 있다. 유치권은 법정 담보물권으로서 점유로 공시되며 등기가 필요 없다.

인도명령

권원 없는 점유자가 해당 부동산의 인도를 거부할 때 대금을 납부한 낙찰자는 6개월 이내에 법원에 인도명령을 신청하여 점유자에게 부동산을 인도받을 수 있다.

임차권 등기

임대차 계약 종료 시 보증금을 돌려받지 못한 상태에서 대항력을 유지하기 위해 하는 등기를 뜻한다. 임차권 등기를 마친 임차인은 이사를 가더라도 대항력 및 우선변제권을 상실하지 않고 그대로 유지한다. 다만 임차권 등기가 된 주택에 다른 임차인이 들어올 경우 최우선변제를 받을 수 없다.

입찰보증금

경매 물건을 입찰할 때는 최저 경매 가격의 10%를 보증 금액으로 입찰표와 함께 제출해야 한다. 입찰보증금은 현금, 수표 또는 보증보험증권으로 제출할 수 있다.

저당권

채무자(빌린 사람)가 채권자(빌려준 사람)에게 점유를 넘기지 않고, 그 채권의 담보로 제공된 목적물(부동산)에 대하여 우선적으로 변제를 받을 수 있는 약정 담보물권을 말한다.

근저당권

계속적인 거래로 발생하는 여러 채권을 장래의 결산기에 일정 한도액까지 담보하기 위해 부동산에 설정하는 저당권을 말한다. 근저당권은 현재 채무가 없어도 성립이 가능하고, 등기 시 근저당의 뜻과 채권최고액에 대한 내용을 등기해야 한다. 실제 채권액이 채권최고액을 초과했을 때는 그 금액 이상의 우선변제권이 주어지지 않는다.

전세권

전세권자가 전세금을 지급하고 다른 사람의 부동산을 약정 기간 용도에 맞게 사용하거나 이를 통해 수익을 얻을 수 있는 권리를 말한다. 전세권등기를 위해서는 임대인의 동의가 필요하다.

주택임대차보호법

국민 주거생활의 안정 보장을 목적으로 주거용 건물의 임대차에 관하여 민법에 대한 특례를 규정한 법률이다. 이 법에 따라 우선변제권의 정의와 효력은 물론 최우선변제권의 소액임차인 범위와 변제받을 수 있는 보증금 금액이 정해진다.

지상권

다른 사람의 토지에 건물을 짓거나 나무를 심어 소유하기 위하여 그 토지를 사용할 수 있는 권리를 말한다.

법정지상권

당사자의 설정 계약이 아닌 법률의 규정에 의해 인정되는 지상권을 말한다. 토지의 소유자와 건물의 소유자가 동일인이었다가 어떤 이유로 분리됐을 때 사회적 · 경제적으로 건물을 보존하는 것이 바람직하다는 취지에서 인정되는 제도다.

차순위매수신고

최고가매수신고인이 잔금을 납부하지 못하면 재경매를 실시하지 않고 차순위매수신고인에게 그 지위가 넘어간다. 최고가매수 금액에서 보증금을 공제한 액수보다 높은 가격으로 응찰한 사람은 차순위매수신고를 할 수 있다.

최저 경매 가격(최저가)

입찰 가격을 산정할 때 기준이 되는 금액을 말한다. 이 가격 미만으로 입찰가를 쓰면 무효 처리되므로 반드시 최저가 이상을 적어 입찰해야 한다. 1회차 경매에서는 감정평가액이 최저 경매 가격이 된다.

취하

채무자가 채무를 변제해 채권자가 경매 신청 의사를 철회하는 것을 말한다. 경락인이 잔금을 납부하기 전까지만 가능하다.

특별매각 조건

매각할 부동산에 대하여 따로 지정한 조건을 말한다. 낙찰자가 대금 지급기일 이후에 대금을 납부할 경우 지연이자를 연 2할로 변경하거나 재매각 시 입찰보증금을 20~30%로 하는 경우 등이 있다.

현황조사서

법원 집행관이 경매 대상 부동산에 직접 방문하여 현재 상태를 조사하고 작성하는 서류로 주로 임차인 등 점유자에 관한 내용이 포함되어 있다. 1회차 매각일 14일 전부터 누구든 열람할 수 있다.

확정일자

임대차 계약서가 특정일에 실제로 존재함을 증명하는 것을 뜻한다. 계약 당일 받는 것이 좋으며 전세권과 같은 효력을 갖는다